WIR ESSEN UNS SCHLANK

DIE 100 BESTEN FATBURNER UND KALORIENKILLER AUS DER NATUR

Mit ausführlicher Kalorien- und Nährwerttabelle

Sven-David Müller, MSc.

Unter Mitarbeit von Diplom-Pädagogin Almut Müller

WIE SIE DIESES BUCH NUTZEN KÖNNEN

Allein, wenn Sie die vorgestellten Fatburner und Kalorienkiller in Ihre Ernährung einbauen, werden Sie dauerhaft Gewicht verlieren. Effektiver ist es, Alltagsbewegung und Sport in Ihr Tagesprogramm einzubauen. Um gezielt mehrere Kilogramm Gewicht zu verlieren, können Sie sich an den Wochenplänen (siehe Seite 84 ff.) orientieren. Sie enthalten pro Tag etwa 1200 bis 1400 Kilokalorien und jede Menge Kalorienkiller. Sie sparen etwa 800 bis 1000 Kilokalorien pro Tag ein und können in einer Woche etwa ein Kilogramm Fettmasse verlieren. Ebenso gut können Sie sich aus den vielen Rezeptvorschlägen diejenigen heraussuchen, die Ihnen besonders gut gefallen, und sich einen individuellen Tagesplan zusammenstellen. Die Mahlzeiten sind dabei beliebig gegeneinander austauschbar, so dass selbst Schichtarbeiter keine Probleme haben, die Kalorienkiller in Ihren Tagesablauf einzubauen. Essen Sie sich dreimal am Tag satt - nicht mehr, aber auch nicht weniger. Vor dem Essen hat sich ein Glas Wasser oder ein Ballaststoff-Drink bewährt, nach dem Essen kurbelt eine Tasse starker Kaffee die Fettverbrennung an. Zwischendurch trinken Sie am besten zwei bis drei Liter Mineralwasser. Ich habe für Sie die besten Tipps und Tricks zusammengestellt, die Ihnen das Durchhalten Ihrer Ernährungs- und Lebensumstellung viel leichter machen.

Wilhelm Busch (deutscher Dichter, 15.4.1832 bis 9.1.1908):
„Nichts ist schwerer zu ertragen, als eine Reihe von guten Tagen!"

Hippokrates (griechischer Arzt, um 460 v. Chr. bis um 370 v. Chr.):
„Lass deine Nahrung die Medizin und deine Medizin die Nahrung sein!"

Zentrum und Praxis für Ernährungskommunikation, Diätberatung und Gesundheitspublizistik (ZEK), Sven-David Müller, MSc., Ostheimer Str. 27d, 61130 Nidderau bei Frankfurt am Main, info@svendavidmueller.de, www.svendavidmueller.de, www.muellerdiaet.de, www.dkgd.de

INHALTSVERZEICHNIS

Vorwort

Liebe Leserin, lieber Leser,

aufbauend auf 25 Jahren Erfahrung in der Diätberatung und Ernährungswissenschaft habe ich dieses Programm für Sie zusammengestellt. In mehr als 30.000 Kontakten zu meinen Patienten habe ich die vielfältigen Probleme von Menschen kennengelernt, die wie Sie abnehmen möchten. In diesem Buch habe ich die besten Tipps und Tricks zusammengestellt und ein Programm entwickelt, das auf den neuesten Erkenntnissen der Ernährungswissenschaft und Ernährungsmedizin fußt. Dabei ist es trotzdem leicht für jeden umsetzbar und alltagstauglich. Aus eigener Erfahrung kenne ich die Probleme von Menschen mit Stoffwechselstörungen, denn ich leide seit meinem siebten Lebensjahr an Diabetes mellitus und muss mich seitdem an feste Ernährungsregeln halten.

Aber dieses Buch vermittelt Ihnen mehr als eine Diät. Vielmehr beschreibe ich ein Programm, das die Bestandteile Ernährungsumstellung, Bewegung, Verhalten, Entspannung und auch den Schlaf einbezieht. Die Ernährungsregeln sind wissenschaftlich fundiert und leicht in die Praxis umzusetzen. In meiner Lehrküche und mit meinen Patienten habe ich jedes Rezept ausprobiert. Ich koche gerne und probiere grundsätzlich alle Rezepte aus, bevor ich sie auch in den „Praxistest“ gebe. Jeden Abend verwandelt sich meine Küche in eine Lehr- und Versuchsküche. Rezepte müssen funktionieren und schmecken. Gerade eine kreative Küche macht schlank. Seit April 1987 beschäftige ich mich intensiv mit ernährungswissenschaftlichen und ernährungsmedizinischen Themen. Ich verfolge für Sie das Ziel, wissenschaftliche Erkenntnisse praktisch verfügbar zu machen. Gerade im Bereich der Stoffwechsel- und Adipositasforschung gibt es zunehmend neue Erkenntnisse, die die alten über den Haufen werfen. Europa und Deutschland hinken seit vielen Jahren immer mehr hinter den wissenschaftlichen Erkenntnissen her. Daher wundert es auch nicht, dass die Menschen hierzulande immer dicker werden. Inzwischen sind mehr als 50 Prozent der Frauen und rund zwei Drittel der Männer zu dick. Die bisherigen Diät-Konzepte haben versagt und die Wissenschaft weiß auch warum. Es ist an der Zeit, endlich Programme zu publizieren, die bei der dauerhaften Gewichtsreduktion helfen.

Mit diesem Buch mache ich aber nicht nur mein Programm verfügbar, sondern ich verrate auch meine „Geheimtipps“, die schon viele Menschen schlank und zufrieden gemacht haben. In den letzten zweieinhalb Jahrzehnten konnte ich feststellen, dass praktisch jeder sein Gewicht reduzieren kann. Aber das Gewicht dann auch zu halten ist kompliziert. Ist es wirklich kompliziert? Nein, eben nicht, wenn nur bestimmte Regeln beachtet werden. Gehören Sie auch zu den Menschen, die schon häufiger eine Diät gemacht haben? Haben Sie langfristig abgenommen, oder immer mehr zugenommen? Der Jo-Jo-Effekt macht bei vielen Menschen jede Diät langfristig zum Gewichtsdebakel. Das alles liegt daran, dass die meisten Diäten falsch zusammengesetzt sind. Und das, obwohl die Ernährungswissenschaft längst weiß, wie es wirklich funktioniert. Alle Diäten, die wenig Eiweiß (Protein) enthalten, müssen scheitern. Überhaupt sind Diäten eigentlich Quatsch. Zumindest wenn sie behaupten, dass man nur einige Woche das Ernährungsverhalten umzustellen bräuchte und alle Probleme dadurch für immer gelöst seien. Das ist natürlich Unsinn. Was vor einer Diät falsch war, ist nachher nicht richtig. Das predige ich meinen Patienten seit 1989. Wer also sein Ernährungsverhalten nicht ein für alle Male umstellt, hat den Kampf um ein gesundes, schönes Gewicht und eine gute Figur bereits verloren.

Die aktuelle Forschung im Bereich Übergewicht und Adipositas zeigt erstaunliche Ergebnisse, die auch Sie jetzt mit diesem Buch erstmalig nutzen können: Aktuelle Untersuchungen zeigen sogar, dass Übergewicht im Gehirn nachweisbare Spuren hinterlässt. Mediziner von der Universität Tübingen sprechen in diesem Zusammenhang von einem „dicken Hirn". Die Veränderungen des Körpergewichts sind also nicht nur am Hosenbund und auf der Waage mess- und sichtbar, sondern auch die Gehirnfunktion ändert sich mit zunehmendem Gewicht. Die Hirnströme von Übergewichtigen unterscheiden sich von denen Normalgewichtiger. Interessant ist in diesem Zusammenhang auch, dass es Frauen offensichtlich schwerer als Männern fällt, nein zu sagen, und dass es bei der Wahrnehmung von kalorienreichen Nahrungsmitteln Unterschiede in der Hirnaktivität bei den Geschlechtern gibt. Auch das ist wahrscheinlich auf die Evolution der Menschheit zurückzuführen. Denn das Austragen von Kindern ist mit einem höheren Energieverbrauch verbunden, als die Zeugung. In der Vergangenheit haben Frauen ihre Reserven erhalten müssen, um den Fortbestand der menschlichen Rasse zu gewährleisten. Heute müssen sie ihre Gesundheit erhalten und einen attraktiven Körper ohne übergroße Reserven haben.

Änderungen in der Zusammensetzung und Stoffwechselfunktion der Darmflora werden zunehmend mit der Ausprägung von Fettleibigkeit und anderen schwerwiegenden Stoffwechselstörungen in Verbindung gebracht. Professor Antonio Gasbarrini von der EAGEN, einer Organisation im europäischen Gastroenterologie-Verband, ist der Meinung, dass aktuelle Untersuchungen hierzu hilfreich für das Verständnis der Ausbildung von Fettleibigkeit waren und auf mögliche neue Wege zur Bekämpfung dieser Erkrankung deuten. „Wir wissen schon seit vielen Jahren, dass Fettleibigkeit das Ergebnis komplexer Wechselwirkungen zwischen genetischen und Umweltfaktoren ist", sagt er. „Die neuesten Erkenntnisse, dass sich Veränderungen in der Darmflora auch auf die Ausbildung von Fettmasse, Insulinresistenz und unterschwelligen Entzündungen auswirken, sind faszinierend und bieten bei einigen Stoffwechselstörungen bisher ungeahnte Möglichkeiten für neue therapeutische Ansätze." Die Wahrscheinlichkeit ist hoch, dass eine Beeinflussung der Darmflora durch Probiotika einen entscheidenden Einfluss auf die Entstehung von Übergewicht, entzündlichen Erkrankungen und Stoffwechselstörungen ausübt. Es liegt nahe, dass Probiotika auch zur Gewichtsreduktion bei Übergewicht beitragen. Und das ist nur ein Teil der aktuellen Erkenntnisse, die in der Regel unerwähnt bleiben. Mit dem Hinweis „Sie sind übergewichtig! Und Sie müssen sich mehr bewegen und anders essen!" können viele Übergewichtige nichts anfangen. Und diese Aussagen lösen auch Ihr Problem nicht. In diesem Buch zeige ich Ihnen, wie es wirklich funktioniert.

Aber damit nicht genug. Kennen Sie die Empfehlung, dass Sie nur abnehmen können, wenn Sie viele kleine Mahlzeiten einhalten? Das erscheint vor dem Hintergrund des Wissens um den Insulinstoffwechsel geradezu unsinnig. Viel besser ist es, sich dreimal täglich satt zu essen. Jeder Snack macht Appetit oder sogar Hunger und hemmt die Fettverbrennung. Essen Sie möglichst nichts zwischen den Mahlzeiten. Es gibt nur wenige Ausnahmen, die ich Ihnen in diesem Buch natürlich nicht vorenthalte. Studien beweisen außerdem, dass eine kohlenhydratreiche Kost der Entwicklung von Übergewicht kaum entgegenwirken kann. Aber auch die fettreichen Diätkonzepte wie Atkins, Low Carb und Co haben ihr Versagen inzwischen unter Beweis gestellt. Vielmehr geht es um eine moderate Kohlenhydrat- und Fettzufuhr. Und die Devise lautet Slow Carb! Dann liegen Sie richtig. Aber nur, wenn Sie täglich mindestens 100 Gramm Eiweiß aufnehmen. Sonst ist die Diät zum Scheitern verurteilt. War Ihre letzte Diät so aufgebaut? Wahrscheinlich nicht. Daher hat sie auch nicht funktioniert.

Gehörten Chrom, Zimt oder andere Kalorienkiller und Fatburner zu Ihrem Gewichtsreduktionsprogramm? Nein? Dann haben Sie sich einen Teil der Möglichkeiten, die in Nahrungsinhaltsstoffen stecken, genommen. Chrom hat einen Einfluss auf die Blutzuckerregulation und den Insulinspiegel. Damit auch auf die Hunger-Sättigungs-Regulation, den Fettaufbau und den Fettabbau und damit natürlich auf Ihr Körpergewicht. Aber keine Angst, Sie müssen keine Nahrungsergänzungsmittel einnehmen, sondern nur die richtigen Lebensmittel essen, und schon haben Sie eine ausreichende Chromversorgung. In meinen Rezepten ist so viel Chrom enthalten, dass Sie leichter abnehmen können.

Wussten Sie, dass auch scharfe Gewürze beim Abnehmen helfen? Nein? Etwas Chili im Essen verbrennt zusätzlich Kalorien und baut Fett ab. Nutzen Sie diese Effekte. Dafür brauchen Sie keine Schlankheitsmittel, sondern Chilischoten. Damit können Sie preiswert und lecker abnehmen. Hat man Ihnen bei der Ernährungsberatung berichtet, dass das Trinken von kaltem Wasser den Energiebedarf erhöht? Sie verbrauchen also mehr Kalorien, wenn Sie kaltes Wasser trinken. Das hat eine Studie an der Charité in Berlin ergeben. Wenn Sie jeden Tag 2 Liter kaltes Wasser – idealerweise aus dem Kühlschrank — trinken, verbrauchen Sie viele Kalorien mehr und nehmen leichter ab. Wussten Sie das und haben Sie das bisher genutzt? Nein oder nur teilweise? Sie sehen schon in diesem Vorwort, dass es viele Möglichkeiten gibt, leichter abzunehmen.

Es ist auch wichtig zu wissen, ob Ihr letztes Ernährungsprogramm zur Gewichtsreduktion auch Entspannung einbezog. Nein? Dann müssen Sie sich nicht über einen Jo-Jo-Effekt oder gar das Scheitern wundern. Ohne Entspannung geht es nicht. Haben Sie Informationen über Schlaf erhalten? Die Wissenschaft zeigt, dass zu wenig Schlaf dick macht und den Hormonstoffwechsel massiv beeinflusst. Wenn Sie regelmäßig nicht ausreichend schlafen, können Sie nicht wirklich abnehmen und vor allem Ihr Gewicht nicht halten. Wenig Schlaf, unregelmäßiges Leben, Stress und Proteinmangel führen zu Übergewicht und machen Diäten unwirksam. Haben Sie das gewusst? Oder haben Sie sich wie fast alle Übergewichtigen jahrelang nur um die Fetteinsparung gekümmert, Kalorien gezählt oder den glykämischen Index berechnet? Lernen Sie mit diesem Buch, wie Sie wirklich abnehmen können und was Sie tun müssen, um dauerhaft schlanker, aktiver und gesünder zu werden. Ich rate Ihnen zusätzlich, eine Selbsthilfegruppe für Übergewichtige zu besuchen, denn Gruppeneffekte machen eine Gewichtsreduktion effektiver und angenehmer. Treffen Sie sich regelmäßig mit Gleichgesinnten. Und verzichten Sie auf Schlankheitsmittel. Erlernen Sie stattdessen eine Entspannungstechnik wie Autogenes Training, denn dies ist wohl eines der besten Schlankheitsmittel. Entspannung hilft beim Abnehmen und macht den regelmäßigen ausreichenden Schlaf zu einem regelrechten Fatburner und Kalorienkiller – Sie nehmen im Schlaf ab. Dafür brauchen Sie mehr als nur ein relativ kohlenhydratarmes Abendessen. Sie brauchen Entspannung und gesunden, ausreichenden Schlaf. Schlafen und entspannen Sie sich schlank. Und nutzen Sie die Möglichkeiten, die in Kalorienkillern, Fatburnern und Fettkillern stecken. Ich habe Rezepte für Sie entwickelt, die satt machen und den Stoffwechsel auf Fatburning einstellen. Damit nehmen Sie garantiert besser ab, als bei allen bisherigen Diäten. Wenn Sie sich zudem noch viel bewegen, dann klappt es umso besser – auch bei Ihnen!

Wenn Sie Fragen oder Anregungen haben, können Sie sich jederzeit gerne an mein Büro und meine Praxis wenden. Ich versuche Ihnen zu helfen. Schreiben Sie mir. Und natürlich werde ich Ihre Anregungen in eine neue Auflage einbeziehen. Mein Ziel ist es, Ihnen bei der Bewältigung Ihres mehr oder minder gewichtigen Problems zu helfen. Ich wünsche Ihnen, dass Sie den Weg zu einem schlankeren, gesünderen Leben mit diesem Buch finden werden. Beste Grüße von Ihrem

Sven-David Müller,
Master of Science (MSc.)
Staatlich anerkannter Diätassistent
Diabetesberater DDG
Master of Science in
Applied Nutritional Medicine
(Angewandte Ernährungsmedizin)

Essen Sie sich doch einfach schlank – Abnehmen fast wie im Schlaf

Übergewicht entsteht durch eine positive Energiebilanz, die von vielen Faktoren bedingt wird. In die zentrale Informationsverarbeitung fließen modulierende Faktoren und gespeicherte Informationen, wie erlernter Appetit und erlernte Sättigung, ein. In- und Output entscheiden über die Nahrungs- und damit auch über die Energieaufnahme. Mahlzeitenbezogene Signale repräsentieren den viszeral sensorischen Input, dem optische und olfaktorische Reize vorausgehen. Durch das Essen entstehen Geschmacksreize, die zur Ausschüttung von Hormonen wie dem Sättigungshormon Cholecystokinin, dem Fettgewebshormon Leptin, dem Neuropeptid Y und dem Pro-Opio-Melanocortin des Hypothalamus führen. Hunger und Sättigung sind abhängig von Steuerungsmechanismen im Verdauungstrakt, in der Großhirnrinde und im Hypothalamus. Diese sind beim Übergewichtigen gestört; es besteht eine Leptinresistenz. Das heißt, eine erhöhte Leptinkonzentration führt nicht – wie bei Normalgewichtigen mit intaktem Regelkreis – zu einer Hemmung der Nahrungsaufnahme.

Den gastrointestinalen Signalen zur Regulation der Nahrungs- und Energiezufuhr, den Signalen von Magen und Darm, kommt deshalb beim Übergewichtigen eine besondere Bedeutung zu. Essen leitet den Verdauungsprozess ein, der vereinfacht in 3 Phasen abläuft und durch Kontakt des Speisebreis mit dem Magen und dem Dünndarm forciert wird und damit das periphere Sättigungssystem in Gang setzt. Gastrointestinale Sättigungsfaktoren sind die Dehnung und Entleerung des Magens und die Freisetzung von Hormonen im Dünndarm.

War für Sie Abnehmen bisher auch immer sehr schwierig? Haben Sie sofort wieder zugenommen und am Ende mehr gewogen als zuvor? Viele Menschen haben den Glauben an eine sinnvolle gesunde Diät schon verloren. Aber dieses Buch ist anders. Hier finden Sie alle wichtigen Informationen und Rezepte, die wirklich beim Abnehmen helfen. Mit dem Kalorienkiller-Fatburner-Konzept wird Abnehmen für Sie zum Kinderspiel.

Kalorienkiller und Fatburner sind Substanzen, die den Stoffwechsel zur Fettverbrennung führen, die Sättigung nachhaltig fördern und zum gesunden Fettgewebsabbau beitragen. Sie beugen sogar dem gefürchteten Jo-Jo-Effekt vor. Ich habe für Sie wissenschaftliche Studien analysiert und natürliche Nahrungsinhaltsstoffe entdeckt, die eindeutig den Kalorienverbrauch steigern, die Fettverbrennung fördern. Dadurch, dass sie wenige Kohlenhydrate enthalten, vermeiden Sie den Insulin-Teufelskreis und Heißhunger-Attacken. Die Kalorienkiller und Fatburner hemmen den Appetit und beugen, wenn Sie sie dauerhaft in Ihren Ernährungsplan miteinbauen, sogar dem gefürchteten Jo-Jo-Effekt vor. Mit diesem Kochbuch möchte ich Ihnen Kalorienkiller in Theorie und Praxis vorstellen und Ihnen zeigen, dass Sie zukünftig auch ohne Diäten abnehmen können. Obwohl nach Expertenschätzung rund ein Fünftel der Bevölkerung praktisch immer »auf Diät« ist und im Frühjahr mindestens ein Drittel der Menschen dem Bauch zu Leibe rücken will, nimmt die Zahl der Übergewichtigen nicht ab. Das ist nicht etwa merkwürdig, sondern leicht zu erklären: Diäten sind einfach wirkungslos. Jo-Jo-Effekt und ungesunde Crashdiäten sorgen nämlich dafür, dass die Menschen nur kurzfristig abnehmen. Häufig schließt sich eine »Diätkarriere« an, in der kleine Polster an Bauch und Hüften zu einem dicken Problem heranwachsen. Aus einem kleinen Schönheitsmakel wird dann oft ein riesiges Gesundheitsthema.

Meine fünfundzwanzigjährige Erfahrung in der Diät- und Ernährungsberatung sowie in der Betreuung von Übergewichtigen hat mir gezeigt, dass wir alltagstaugliche Konzepte statt starrer Diätpläne benötigen. Das Kalorienkiller-Fatburner-Konzept zwingt Sie nicht, eine komplizierte Diätkostform einzuhalten, die sich im Alltag einfach nicht durchführen lässt, vielmehr erhalten Sie eine Vielzahl von Tipps und Tricks, die Ihnen beim Abnehmen helfen. Mit den Kalorienkillern unf Fatburnern können auch Berufstätige und gestresste Eltern leicht abnehmen und dauerhaft schlanker bleiben. Wenn Sie jeden Tag eine Anzahl Kalorienkiller und Fatburnern in Ihren Speiseplan einbauen, nehmen Sie auch nicht wieder zu. Die Kalorienkiller wirken besonders effektiv im Rahmen einer kalorienreduzierten Ernährungsweise, die reichlich körperliche Aktivität in Form von Alltagsbewegung und Fitnesssport einschließt. Aber natürlich ist es auch möglich, allein durch die Kalorienkiller und Fatburner gezielt abzunehmen. Mit einer Reduktion der Kalorienzufuhr und einer Steigerung des Energieverbrauchs durch Sport ist der Effekt allerdings deutlich größer.

Essen und dabei abnehmen ist keine verführerische »Diätlüge«, sondern vielmehr beschreibt diese Aussage den Effekt von Kalorienkillern und Fatburner. Durchbrechen Sie den Teufelskreis eines ständigen Zu- und Abnehmens, und setzen Sie voll auf Kalorienkiller und Fatburner: Heizen Sie Ihren Stoffwechsel an, bringen Sie Ihre Verdauung in Schwung, fördern Sie die Sättigung, und hemmen Sie den Appetit. Das alles können Kalorienkiller, wie wissenschaftliche Studien eindeutig belegen.

STARTEN SIE NOCH HEUTE MIT DEM PROGRAMM:

Trinken Sie kaltes (Mineral-) Wasser, und Sie verbrauchen durch eine Steigerung der Wärmeproduktion des Körpers mehr Energie. Essen Sie Harzer Käse, der viel sättigendes Eiweiß, aber praktisch kein Fett enthält. Würzen Sie Ihre Speisen und auch Getränke scharf, und steigern Sie so Ihren Energieverbrauch. Trinken Sie nach den Mahlzeiten einen starken Kaffee oder Schwarztee oder Espresso, um den Energiestoffwechsel anzukurbeln. Nehmen Sie ausreichend Vitamine und Mineralstoffe auf, um dafür zu sorgen, dass alle Prozesse im Stoffwechsel optimal funktionieren können.

SIE WERDEN SEHEN:

Mit verhältnismäßig kleinem Aufwand schlagen Sie dem Jo-Jo-Effekt ein Schnippchen. Sie werden und bleiben für immer schlanker! Starten Sie jetzt mit einem schlanken Leben ohne Einschränkungen und sagen Sie den wirkungslosen Diäten und dem Kalorienzählen einfach ade!

GESUNDE ERNÄHRUNG NACH KALORIENKILLER-ART

Während klassische Diäten seitenlang die Ge- und Verbote beschreiben, kommt die Kalorienkiller-Ernährungsweise mit wenigen einfachen Tipps und Hinweisen aus. Die Nahrungsinhaltsstoffe liefern unserem Körper unterschiedlich viele Kalorien. Eine Ernährung mit einem optimalen Mix aus Kohlenhydraten, Proteinen und Fetten ist Voraussetzung für eine Gewichtsreduktion. Eine Kalorienkiller-Ernährungsweise setzt auf langsam resorbierbare Kohlenhydratträger. Sie enthalten reichliche Mengen an Ballaststoffen, die für lang anhaltende Sättigung sorgen. Zu dieser Gruppe gehören Vollkornprodukte, Pellkartoffeln, Frischobst, Hülsenfrüchte und Gemüse. Von besonderer Wichtigkeit für den menschlichen Organismus sind Proteine (Eiweiße) und deren kleinste Bausteine (Aminosäuren). Häufig wird diesen Stoffen zu wenig Beachtung geschenkt, sie sind jedoch wichtig für eine aktive Muskulatur, sie verbrauchen bei der Verarbeitung im Stoffwechsel reichlich Kalorien und sättigen nachhaltig. Aminosäuren sind sogar echte Schlankstoffe. Besonders gute Protein- und Aminosäurelieferanten sind fettarme Milchprodukte wie Harzer Käse, Kochkäse und Magerquark. Für einen optimalen Stoffwechsel sorgen auch die Proteine aus magerem Rind- und Schweinefleisch, aus Sojaprodukten und Hülsenfrüchten. Fette versorgen den Körper mit Energie und mit lebensnotwendigen Fettsäuren. Ganz auf sie zu verzichten ist daher nicht möglich. Es kommt vielmehr darauf an, hochwertige Fette in ausreichenden Mengen zu wählen. Raps- und Leinöl gehören ebenso dazu wie das Fett, das in Fischen und Nüssen enthalten ist. Gesättigte Fettsäuren und Transfettsäuren sollten Sie meiden.

EMPFEHLUNGEN FÜR DIE TÄGLICHE ENERGIEZUFUHR

ALTER IN JAHREN	KCAL FRAUEN	KCAL MÄNNER
15 bis 19	2400	3000
19 bis 25	2200	2600
25 bis 51	2000	2400
51 bis 65	1800	2200
über 65	1700	1900

Mehrbedarf bei:

mittelschwerer Arbeit (z. B. Haushalt) + 200 kcal

Schwerarbeit
(z. B. Arbeit in der Landwirtschaft) + 600 kcal

Schwerstarbeit
(z. B. Hochleistungssportler) + 1200 kcal

Wenn Sie abnehmen möchten, müssen Sie Ihre Energiezufuhr unterhalb dieser Grenze halten *(siehe Seite 10)*. Die Ernährungsweise in diesem Buch liefert täglich inklusive Power-Protein-Schub und Zwischendurch-Gemüse 1250 bis 1400 Kilokalorien. Das ist ideal für die Gewichtsreduktion. Aber es geht nicht nur um Kalorien, sondern auch um die Substanzen, die das Gewicht regulieren oder beim Fettabbau helfen können. Dazu gehören die Eiweißbausteine, die auch als Aminosäuren bezeichnet werden. Aminosäuren stehen in vielen Bereichen der Gesunderhaltung hoch im Kurs und machen jetzt als Schlankmacher von sich reden: Der prominente Schwimm-Weltmeister und Arzt Mark Warnecke hat mit einer Aminosäuremischung 18 Kilogramm innerhalb eines halben Jahres abgenommen und gleichzeitig Muskulatur zugelegt.

Die Aufnahme von Aminosäuren in Kombination mit einer kalorienreduzierten Ernährungsweise und Sport kann beim Abnehmen helfen. Aminosäuren können eine ganzheitliche Adipositastherapie mit reichlich Bewegung wirksam unterstützen, kommentiert Professor Dr. Jürgen Spona, Aminosäurenexperte aus Wien und wissenschaftlicher Beirat des Deutschen Kompetenzzentrum Gesundheitsförderung und Diätetik.

Sie können über zwei verschiedene Ebenen eine Gewichtsreduktion fördern: durch die Förderung der Fettverbrennung und Zügelung des Appetits. Bei diesen Prozessen spielen vor allem die Aminosäuren Arginin, Ornithin, Lysin und Phenylalanin eine entscheidende Rolle. Arginin, Ornithin und Lysin gelten als Stimulanzien des Wachstumshormons, das die Fettmobilisierung und Fettverbrennung fördert, erläutert Professor Spona. Phenylalanin stimuliert die Produktion eines weiteren Hormons, nämlich die des Cholecystokinins.

Der in der Darmschleimhaut gebildete Botenstoff wirkt als Regulator von Hunger und Appetit. Die Bildung von Cholecystokinin in den Darmzellen löst die Weiterleitung eines Reizes an das Gehirn aus, der die Sättigung signalisiert und eine weitere Nahrungsaufnahme stoppt. Trotz dieser vielversprechenden Wirkungen sind Aminosäuren dennoch kein Wunder- oder Allheilmittel im Kampf gegen Übergewicht. Abnehmwillige müssen Kalorien einsparen und sich viel bewegen. Nur dann können Aminosäuren die Pfunde leichter purzeln lassen, betont Professor Dr. Jürgen Spona.

Die Entwicklung der Essgewohnheiten

Zu Beginn seiner Entwicklung ernährte sich der Mensch fast ausschließlich von Blättern, Früchten sowie Nüssen und Samen. Der geringe tierische Anteil bestand vorwiegend aus den auf den Blättern befindlichen Insekten. Vor 2 Millionen Jahren entwickelte sich der Mensch vom Sammler zum Jäger, der Anteil tierischer Nahrungsmittel nahm zu. Vor etwa 10.000 Jahren begann die Zeit des Ackerbaus und die Domestikation von Haus- und Nutztieren. Sehr spät setzte der regelmäßige Milchkonsum ein. Doch einschneidende Änderungen des Ernährungsverhaltens begannen erst vor rund 200 Jahren mit Einsetzen der Industrialisierung. Durch Möglichkeiten der Kühllagerung, der Konservierung und Lebensmittelverarbeitung wurde der Mensch unabhängiger von der Natur, die Kost wurde energie-, zucker- und fettreicher, der Stärke- und Ballaststoffanteil ging stark zurück. Seit Mitte des 18. Jahrhunderts liegt eine völlig veränderte Ernährungssituation vor.

DIE WICHTIGSTEN ÄNDERUNGEN DES LEBENSMITTELVERBRAUCHS IN DEUTSCHLAND SEIT DER INDUSTRIALISIERUNG:

IN DEN LETZTEN 200 JAHREN IST DER VERBRAUCH FOLGENDER PRODUKTE BZW. INHALTSSTOFFE WESENTLICH ...	
... GESUNKEN	... GESTIEGEN
• Getreide auf 30% des früheren Getreideverbrauchs • Hoch ausgemahlene Mehle von fast ausschließlichem Anteil auf unter 20% des Getreideverbrauchs • Ballaststoffe auf 25% des früheren Ballaststoffaufnahme • Kohlenhydrate von fast 80% auf etwa 45% der Gesamtenergiezufuhr	• Niedrig ausgemahlene Mehle von geringem Anteil auf über 80% des Getreideverbrauchs (18% der Gesamtenergiezufuhr) • Isolierte Zucker von geringer Menge auf etwa 110 g pro Person und Tag (11% der Gesamtenergiezufuhr) • Fett von unter 10% auf etwa 36% der Gesamtenergiezufuhr • Energie tierischer Herkunft von geringem Anteil auf etwa 45% der Gesamtenergiezufuhr • Alkohol auf etwa 5% der Gesamtenergiezufuhr • Ballaststofffreie Lebensmittel auf das 5-fache

Der Energiegehalt der Nahrung stieg von 0,9 Kilokalorien pro Gramm Mitte des 18. Jahrhunderts auf heute 2,3 Kilokalorien pro Gramm. Das ist auf den immer weiter steigenden Konsum von Fast-Food, Fertiggerichten, Süßigkeiten und auch den reichlichen Konsum von Zucker (z. B. Limonade oder Cola) und Fett zurückzuführen.

Mitte des 18. Jahrhunderts: 0,9 kcal/g
Heute: 2,3 kcal/g

DIE NEUE EPIDEMIE: ÜBERGEWICHT

Während in vergangenen Jahrhunderten die klassischen Infektionskrankheiten, und heute die Grippe, immer wieder Epidemien auslösten, entwickelen sich aktuell Übergewicht und Adipositas in einem solchen Ausmaß, dass das Wort Epidemie richtig erscheint, auch wenn Übergewicht natürlich nicht durch Viren, Pilze oder Bakterien übertragen wird. Grundsätzlich scheint die Neigung zu Übergewicht aber schon übertragbar, denn in bestimmten Familien, in bestimmten Bevölkerungsgruppen oder Bildungsschichten ist Übergewicht besonders häufig. Das Essverhalten ist ein wichtiger Punkt bei der Entstehung von Übergewicht und das Essverhalten wird geprägt – angesteckt – durch die Menschen in der näheren und fernen Umwelt (Stichwort Werbung und Fernsehen). Übergewicht stellt eine Gefahr für die Gesundheit dar. Bei Übergewicht ist das Risiko für Krankheiten wie Herz-Kreislauf-Erkrankungen, Krebs und Gelenkprobleme deutlich erhöht. Übergewicht belastet den Kreislauf und den Stoffwechsel.

DICKE STERBEN FRÜHER ALS DÜNNE!

Diese Aussage, die im 4. Jahrhundert v. Chr. im *Corpus Hippocraticum* niedergeschrieben wurde, trifft 2500 Jahre später unverändert zu. Die Zahl der Übergewichtigen nimmt nicht nur in den Industrienationen, sondern auch den Schwellenländern zu. Die Weltgesundheitsorganisation WHO hat Adipositas zur globalen Epidemie erklärt. Ein Drittel der Gesamtkosten im Gesundheitswesen in Deutschland fallen wegen fehlernährungsbedingter Krankheiten an. Nach Angaben des Bundesministeriums für Gesundheit treten 64 % der Todesfälle in Deutschland in Folge ernährungsbedingter und ernährungsabhängiger Erkrankungen auf.

KÜRZERES LEBEN DURCH ÜBERGEWICHT UND ADIPOSITAS

- 40-jährige Frauen (BMI 25-29,9) haben eine um 3,3 Jahre verringerte Lebenserwartung
- 40-jährige Männer (BMI 25-29,9) haben eine um 3,1 Jahre verringerte Lebenserwartung
- Bei 40-jährigen Frauen mit Adipositas (BMI>30) verringert sich die Lebenserwartung um 7,1 Jahre
- Bei 40-jährigen Männern mit Adipositas (BMI>30) verringert sich die Lebenserwartung um 5,8 Jahre

Allein im Zeitraum von 1985 bis 1990 war ein Anstieg der Übergewichtigen mit einem BMI >30 von 16,5% auf 19,3% bei den Frauen und von 15,1% auf 17,6% bei den Männern zu beobachten. Auch bei Kindern ist die Tendenz steigend. Bereits bis zu 23% der deutschen Kinder und Jugendlichen weisen Übergewicht und Adipositas auf. Dass der Prävention eine große Bedeutung zukommt, wird noch dadurch verdeutlicht, dass 85% der übergewichtigen Kinder auch als Erwachsene übergewichtig sind. In Deutschland gab es Schätzungen für das Jahr 1995, dass Adipositas und ihre Folgekrankheiten Kosten in Höhe von rund 11 Milliarden Euro verursacht haben. Das Deutsche Kompetenzzentrum Gesundheitsförderung und Diätetik schätzt, dass die übergewichtsbedingten Kosten im Jahr 2012 bei mindestens 150 Mrd. Euro liegen werden. Im Jahr 2000 beschrieb die WHO die Adipositas erstmalig als chronische Krankheit, in Deutschland ist sie jedoch als solche vom Gesundheitssystem noch nicht anerkannt.

In den kommenden 10 Jahren wird sich nach Einschätzung der WHO die Zahl der Diabetiker verdoppeln. Betroffen sind insbesondere Übergewichtige, denn sie haben ein erhöhtes Risiko, einen Typ-2-Diabetes mellitus zu entwickeln.

WAS IST ÜBERGEWICHT?

Sie kennen das sicher: Der eine schwört auf BMI, der nächste findet, dass eine Frau jenseits der Kleidergröße 42 übergewichtig ist, der dritte rechnet nach wie vor: Körpergröße minus 100. Aus ernährungsphysiologischer Sicht ist Übergewicht aber nicht eine große Zahl von Kilogramm, sondern eine zu große Fettmenge im Körper. Übergewicht ist eine oberhalb der Norm liegende Fettmenge im menschlichen Körper, während Fettsucht oder krankhaftes Übergewicht als Adipositas bezeichnet wird. Der Body-Mass-Index (BMI) wird aus Körpergewicht und Körpergröße berechnet. Werte unter 19 gelten als zu niedrig, über 25 als zu hoch.

$$\text{BMI} = \frac{\text{Körpergewicht in KG}}{\text{Körpergrösse in Metern}^2}$$

Dieser Wert wird heute vorwiegend als statistische Größe verwendet. Zur Analyse des Gewichtsproblems einzelner Personen ist er eher ungeeignet. Niemand würde auf die Idee kommen, einen durchtrainierten Kraftsportler mit einem BMI von über 25 als übergewichtig zu bezeichnen. Auch eine normale Personenwaage kann nur das Gewicht anzeigen, die Verteilung von Fett- und Muskelmasse bleibt im Dunkeln. Besser funktioniert eine Körperfettwaage, sie kann die Werte für Wasser-, Fett-und Muskelmasse im Körper bestimmen. Mit dieser Waage können Sie im Verlauf einer Gewichtsreduktion nachprüfen, wie viele Kilogramm Fett Sie aus den Fettzellen entleeren. Die einfachste Methode zur Bewertung des Körperfettgehalts – neben dem kritischen Blick in

den Spiegel – ist die Messung des Bauchumfangs. Messen Sie zu Beginn der Umstellung auf eine Kalorienkiller- und Fatburner-Ernährungsweise den Bauchumfang und danach zur Überprüfung etwa alle 14 Tage.
Nun kann es sein, dass Sie aus kosmetischen Gründen ein paar Kilo abnehmen möchten; beträgt Ihr Bauchumfang jedoch mehr als 80 Zentimeter (bei Frauen) oder 94 Zentimeter (bei Männern), sollten Sie auf alle Fälle abnehmen. Das gesundheitliche Risiko für verschiedene Folgeerkrankungen steigt oberhalb dieser Werte erheblich an. Setzen Sie auf Kalorienkiller und Fatburner, um Gutes für Ihre Gesundheit und Ihre Figur zu tun. Jeder Zentimeter zählt.

MESSEN SIE IHREN BAUCHUMFANG MIT EINEM MASSBAND

- vor dem Frühstück
- stehend mit freiem Oberkörper – am besten vor dem Spiegel
- an der dicksten Stelle des Bauches – das ist meist zwei Zentimeter oberhalb des Nabels
- leicht ausgeatmet

BEZEICHNUNG	BMI
Untergewicht	bis 18,4
Normalgewicht	18,5 - 24,9
Übergewicht	25,0 - 29,9
Adipositas Grad 1	30,0 - 34,9
Adipositas Grad 2	35,0 - 39,9
extreme Adipositas Grad 3	ab 40,0

PROBLEMFALL APPETIT

Hunger und Appetit sind Hauptfeind aller Menschen, die zu Übergewicht neigen. Und Hunger und Appetit machen praktisch jede Gewichtsreduktion zu einem Spießrutenlauf. Mit diesem von mir für Sie zusammengestellten Programm haben Sie diese Probleme weniger bis überhaupt nicht. Aber wissenschaftliche Studien beweisen, dass unser Körper nach einer Gewichtsreduktion praktisch alles tut, um wieder zuzunehmen. Auch wenn Sie das überhaupt nicht möchten. Und die Effekte des Körpers gehen weit über den Jojo-Effekt hinaus. Dieser entsteht ja insbesondere durch den Muskelabbau, der bei fast allen Diätprogrammen gegeben ist. Aber auch bei den Hormonen, die Appetit und Hunger vermitteln tut sich einiges. Eine aktuelle Veröffentlichung zeigt beispielsweise, dass nach einem Gewichtsverlust Hormone im Körper verstärkt gebildet werden, die Hunger und Appetit direkt auslösen. Noch ein Jahr nach einer Gewichtsabnahme „schwirren" hunger- und appetitauslösende Substanzen durch den Körper und alles ist durch verschiedene Stoffe wie Leptin, Ghrelin auf Gewichtszunahme eingestellt. Um dem zu entkommen, müssen Sie Ihr Essverhalten dauerhaft wie in diesem Buch beschrieben umstellen, denn dann entkommen Sie auch der Hormon-Falle.

DER MENSCH IST IN DIE EVOLUTIONSFALLE GETAPPT

Die menschliche Erbausstattung – das Genom – ist für die Wohlstandsgesellschaft nicht ideal. Im Gegenteil: Wir sind in die Genomfalle getappt und verfetten. Über Jahre wurde die Aussage, dass Übergewicht auch vererbt wird, bestritten. Die Genforschung konnte in den vergangenen Jahren eine Vielzahl von Genen entschlüsseln und hier bestimmte Typen herauskristallisieren. Inzwischen steht fest, dass uns auch unsere Gene dick und dicker machen. Aber trotzdem bleibt es bei der Tatsache, dass jedes Pfund durch den Mund geht. Wir erben also nicht den Bauch, sondern nur die Neigung zum Übergewicht. Wer sich diszipliniert oder einfach den Fatburner und Kalorienkiller Sport mag, entwickelt nie einen großen Fett-Bauch. Wer aber als Couchpotatoe lebt und lieber Cremetorte, Colagetränke, Fast-Food und andere Fettigkeiten – oder auch fettige Zuckerigkeiten – im Übermaß verzehrt, muss sich nicht wundern, wenn die Gene der Vorfahren voll durchschlagen und in Wampe oder fetten Schenkeln enden. Während es in der Vergangenheit notwendig war, Fettreserven zu speichern, ist es heute ein kosmetisches und gesundheitliches Problem für sehr viele Menschen. Auf diesem Planeten leiden inzwischen mehr Menschen an Übergewicht als an Unterernährung. Die WHO gibt Übergewicht als weltweites Hauptgesundheitsproblem an. Betroffen sind immer noch durchschnittlich 800 Millionen Menschen von Unterernährung. Dennoch haben sich Übergewicht und Adipositas inzwischen zu einer Epidemie entwickelt.

In der Vergangenheit war die Bewegung garantiert, die Nahrungsaufnahme aber nicht. Heute ist es genau umgekehrt. Die Nahrungsaufnahme ist garantiert, die Bewegung aber nicht. Praktisch alle Studien zeigen, dass die Hauptursache der Übergewichtigkeit im Bewegungsmangel liegt. Der menschliche Stoffwechsel ist auf das „Hamstern" eingestellt. Menschen, die gute Futterverwerter waren, haben sich durchgesetzt und daher haben heute auch drei Viertel der Menschen „Hamstergene", die das Abnehmen schwer und das Zunehmen leicht machen. In der Vergangenheit war die Hungernot eine Bedrohung, heute steckt die Bedrohung in Supermarktregalen und unseren Kühlschränken. Ich habe meinen Patienten immer gefragt: *„Wozu brauchen wir heute noch Bäuche, wo wir Kühlschränke haben?"* Wir brauchen sie natürlich nicht – aber die Evolution wird viele Jahrtausende brauchen, um unseren Stoffwechsel zu verändern. So lange müssen wir auf Fatburner, Kalorienkiller und eine gezielte Ernährungsumstellung setzen, um Gutes für unsere Gesundheit und unsere Figur zu erreichen. Dabei ist es nicht notwendig, dass wir alle superschlanke Models werden. Aber zwischen Magermodels und übergewichtigen Menschen gibt es eine weite Spanne, und aus ernährungswissenschaftlichen Überlegungen ist es für die Gesundheit ausreichend, innerhalb eines Jahres 10% des Ursprungsgewichts abzubauen. Das ist mit Fatburnern und Kalorienkillern problemlos möglich, und außerdem können sie mühelos in den Alltag eingebaut werden. Damit kommt es zu einer behutsamen Ernährungsumstellung in Richtung mehr Gesundheit. Mit Fatburnern in Ihrem Speiseplan müssen Sie sich vor einer erneuten Gewichtszunahme nicht fürchten. Fatburner und Kalorienkiller können mehr als eine Diät und daher kann Ihnen auch der Jojo-Effekt nichts anhaben. Mit den in diesem Buch beschriebenen Fatburnern und Kalorienkillern können Sie der Genomfalle ausweichen.

VOLKSKRANKHEIT ÜBERGEWICHT

Nach aktuellen Statistiken leiden rund 50 Millionen Menschen in Deutschland unter Übergewicht und täglich werden es mehr. Übergewicht ist aber mehr als nur ein kosmetisches Problem, sondern in Form von übermäßigen Fettablagerungen in den Fettzellen vor allem gesundheitliches Problem. Und es sieht nicht schön aus. Studien zeigen, dass fast alle Übergewichtigen mit Ihrem Gewicht unzufrieden sind und abnehmen möchten. Viele Übergewichtige mögen ihr Spiegelbild nicht besonders gern und träumen von einer schlankeren Linie. Übergewicht ist ein gesellschaftliches Problem und die Hauptursache des Übergewichts liegt in den Diäten, die zu seiner Bekämpfung durchgeführt werden. Diäten haben sich weder als kurzzeitige Kuren noch als dauerhafte Ernährungsweise bewährt. Seit es immer mehr Diäten gibt, gibt es auch immer mehr Übergewichtige und Menschen, die feststellen, dass sie durch die Diäten ihren Stoffwechsel geschädigt haben. Der JoJo-Effekt ist zu einem Schreckgespenst geworden. Eine Untersuchung aus dem Jahre 2007 brachte zutage, dass die meisten übergewichtigen Menschen in der Europäischen Gemeinschaft in Deutschland leben. Die Deutschen haben in der Moppel-Liga den Bauch ganz vorn.

BUNDESREPUBLIK DICKLAND (BRD)

Die Menschen in Deutschland haben ein dickes Problem. Viele von ihnen sind zu schwer und die Zahl der Übergewichtigen nimmt noch immer weiter zu – und leider auch die Ausprägung des Übergewichts. Selbst bei den Kindern und Jugendlichen sind Übergewicht und auch Fettsucht (Adipositas) keine Seltenheit mehr.

Übergewicht ist im ländlichen Raum weiter verbreitet als in Großstädten, wie die Daten vom Statistischen Bundesamt aus der Mikrozensus-Bevölkerungsstichprobe belegen. Die Befragung von 380.000 Personen ergab, dass in Deutschlands Metropolen wie beispielsweise Hamburg (41,2 %) und Berlin (44,5 %) deutlich weniger Übergewichtige mit einem BMI zwischen 25 und 30 leben als auf dem Land und in den neuen Bundesländern (50,2 %). Das Bundesland Mecklenburg-Vorpommern schnitt mit 57,4 % Übergewichtigen am „dicksten“ ab. Bei den Männern ist das Übergewicht weiter auf dem Vormarsch, ebenso bei den westdeutschen Frauen, während die Prävalenz, das Schon-Bestehen von Übergewicht, bei den ostdeutschen Frauen zwar rückläufig ist, aber trotzdem noch höher als bei den Frauen aus den westlichen Bundesländern liegt. Den höchsten Anteil übergewichtiger Männer gibt es in der Altersgruppe zwischen 65 und 70 Jahren, auch Frauen sind in dieser Lebensjahresspanne am dicksten, jedoch anzahlmäßig um 13 % geringer als Männer. 67 % der westdeutschen und 66 % der ostdeutschen Männer sind mit einem BMI über 25 übergewichtig. Bei den Frauen sind es 52 % im Westen und 57 % im Osten. Die Sterblichkeit steigt durch Übergewicht an; bei Frauen sind mehr als die Hälfte aller Todesfälle direkt oder indirekt auf Adipositas zurückzuführen.

Wo leben die dicksten Menschen?

Die meisten dicken Menschen in der BRD leben in Mecklenburg-Vorpommern. Insgesamt sind die Menschen in den neuen Bundesländern dicker als die in den alten Bundesländern. In den Stadtstaaten ist Übergewicht ein weit weniger gewichtiges Problem als in den großen Bundesländern.

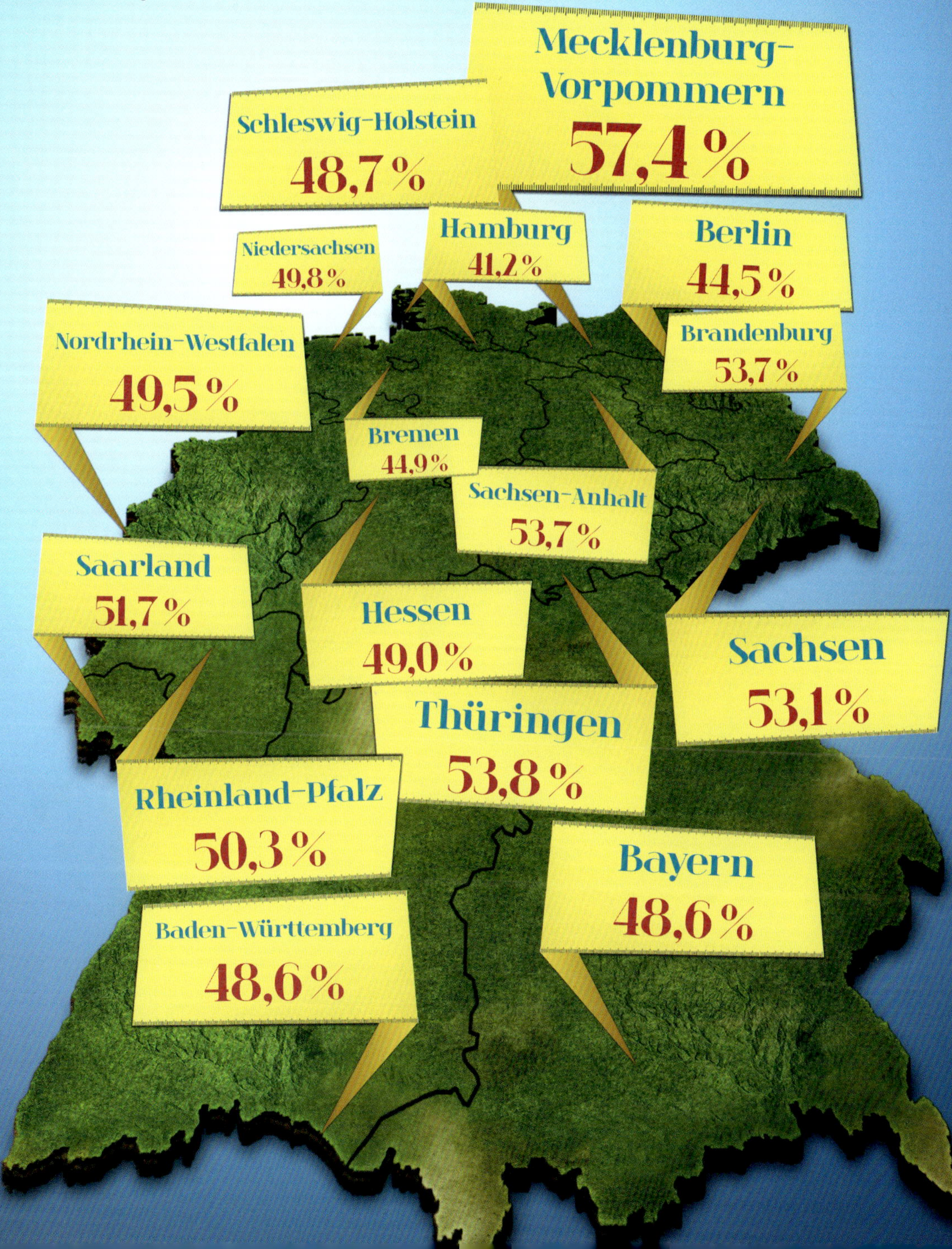

Quelle Statistisches Bundesamt, Mikrozensus 2005

Übergewichtige Menschen in den 25 EU-Staaten

Schweden
♂ 58,3 % ♀ 37,6 %
ø Gewicht | ø Größe | ø BMI
74,9 kg | 172,5 cm | 25,2
Finnland
♂ 67,8 % ♀ 52,4 %
ø Gewicht | ø Größe | ø BMI
74,7 kg | 170,3 cm | 25,8
Estland
♂ 45,7 % ♀ 42,8 %
ø Gewicht | ø Größe | ø BMI
73,4 kg | 170,8 cm | 25,2
Dänemark
♂ 52,2 % ♀ 37,3 %
ø Gewicht | ø Größe | ø BMI
75,9 kg | 172,6 cm | 25,5
Lettland
♂ 50,5 % ♀ 50,4 %
ø Gewicht | ø Größe | ø BMI
73,6 kg | 171,3 cm | 25,1
Deutschland
♂ 75,4 % ♀ 58,9 %
ø Gewicht | ø Größe | ø BMI
74,7 kg | 171,8 cm | 25,3
Litauen
♂ 57,6 % ♀ 42,4 %
ø Gewicht | ø Größe | ø BMI
74,5 kg | 170,8 cm | 25,5
Polen
♂ 56,4 % ♀ 47,6 %
ø Gewicht | ø Größe | ø BMI
71,3 kg | 169,4 cm | 24,8
Tschech. Republik
♂ 73,2 % ♀ 57,6 %
ø Gewicht | ø Größe | ø BMI
74,8 kg | 172,4 cm | 25,2
Slowenien
66,5 % ♀ 44,7 %
Gewicht | ø Größe | ø BMI
74,5 kg | 170,9 cm | 25,5
Slowakei
♂ 69,0 % ♀ 51,0 %
ø Gewicht | ø Größe | ø BMI
73,4 kg | 171,2 cm | 25,0
Ungarn
♂ 62,9 % ♀ 49,1 %
ø Gewicht | ø Größe | ø BMI
73,4 kg | 169,3 cm | 25,6
Zypern
♂ 58,0 % ♀ 73,0 %
ø Gewicht | ø Größe | ø BMI
72,6 kg | 168,4 cm | 25,6
Malta
♂ 69,4 % ♀ 51,2 %
ø Gewicht | ø Größe | ø BMI
72,2 kg | 164,9 cm | 26,6
Griechenland
♂ 72,6 % ♀ 46,0 %
ø Gewicht | ø Größe | ø BMI
74,1 kg | 169,1 cm | 25,9

LAND	ANTEIL FETTLEIBIGE		ANTEIL ÜBERGEWICHTIGE	
Deutschland	23,6 %	22,5 %	35,5 %	53,5 %
Großbritannien	23,9 %	23, 4 %	34,8 %	44,1 %
Zypern	23,8 %	27, 0 %	34,4 %	46,3 %
Tschech. Rep.	26,3 %	24,5 %	31 %	48,6 %
Finnland	19,3 %	19,5 %	32,1 %	47,6 %
Malta **	17 %	22,5 %	33,6 %	46,3 %
Slowakei	19 %	19,5 %	31,6 %	49,3 %
Lettland	17,5 %	9,3 %	32,5 %	41 %
Ungarn	21 %	21 %	28 %	42 %
Irland	16 %	19,8 %	32 %	46,5 %
Spanien	15,5 %	13,5 %	32 %	45 %
Polen	19,5 %	15,5 %	28 %	41 %
Portugal	14,5 %	14,3 %	31,5 %	44 %
Griechenland	14,9 %	20 %	31 %	53 %
Slowenien *	14 %	16,5 %	30,5 %	50 %
Luxemburg	13,9 %	15,3 %	30,6 %	46 %
Estland **	14,5 %	13,5 %	28 %	32 %
Litauen **	16 %	16,5 %	26 %	41,5 %
Österreich	14 %	9,9 %	26,5 %	40 %
Belgien	13 %	14 %	27,5 %	49 %
Niederlande	9,3 %	10 %	28 %	44,6 %
Schweden	11,2 %	14,5 %	26 %	44 %
Dänemark	11 %	12,5 %	25,6 %	40 %
Frankreich **	12,9 %	12 %	23 %	35,5 %
Italien	8,5 %	9 %	25,5 %	42 %

*Stadtbevölkerung
** Nach eigenen Angaben

Frauen (2. und 4. Spalte) Männer (3. und 5. Spalte)

Erschreckend ist, dass der durchschnittliche Body-Mass-Index in Deutschland schon jetzt bei 25,3 liegt. Damit ist statistisch betrachtet schon heute jeder Mensch in Deutschland zu dick. Glücklicherweise ist der Body-Mass-Index eine statistische Größe zur Bewertung des Körpergewichts von größeren Bevölkerungsgruppen. Er zeigt jedoch deutlich, dass es in Deutschland wirklich ein Gewichtsproblem gibt. Einerseits gibt es immer mehr dicke Menschen und andererseits immer mehr Untergewichtige. Die Gruppe der Menschen, die normalgewichtig sind, wird immer kleiner. Durch das allgemeine Schönheitsideal sind in den westlichen Industrieländern Männer viel häufiger zu dick als Frauen. Frauen sind häufiger auf Diät und für Männer gilt immer noch der unsinnige Spruch „Ein Mann ohne Bauch ist ein Krüppel!". Dabei zeigen Studien, dass Männer mit Bauch rascher krank werden und früher sterben.

Die Diätprogramme der letzten Jahrzehnte haben anscheinend versagt, ebenso die Ernährungsaufklärung. Das von mir vorgestellte Programm zeigt Ihnen einen einfachen Ausweg auf, der auch in Familien leicht umzusetzen ist. Es lässt sich ganz einfach in den Alltag einbauen, kostet nicht viel und ist durch wissenschaftliche Studien bestens geprüft. Außerdem hat dieses Programm im Vergleich zu vielen Schlankheitsmitteln und Grasdiäten auch keine unerwünschten Wirkungen.

IST DICKSEIN SCHICKSAL?

Übergewicht ist kein Schicksal, das Sie bedingungslos annehmen müssen. Mit den Kalorienkiller- und Fatburner-Tricks schaffen Sie es, Ihr Gewicht zu senken und dauerhaft schlank zu bleiben! Energieaufnahme und -speicherung werden im Stoffwechsel durch vielfältige Mechanismen geregelt. Warum aber gerät diese fein abgestimmte Steuerung bei so vielen Menschen durcheinander? Die Antwort ist ganz einfach. Der Mechanismus ist nicht gestört, im Gegenteil: Er funktioniert ausgezeichnet. Was nicht mehr zusammenpasst, sind die heutigen Lebensumstände und das genetische »Programm« unseres Körpers. Die Menschheitsgeschichte war von Hungersnöten bestimmt und nicht wie heute vom »großen Fressen«. Das Überleben der Spezies »Mensch« war jahrtausendelang nur dadurch gesichert, dass der Organismus in der Lage war, Energie in den Fettzellen zu speichern, damit diese in Notzeiten langsam freigesetzt werden konnte. So deutet Ihr Körper eine Diät, bei der Sie einige Kilogramm abnehmen, immer noch als Notzeit. Nach Beendigung der Diät ist das Hauptziel des Stoffwechsels daher der Wiederaufbau von Fettmasse.

Die Fettzellen-Anzahl: keine feste Größe

Zwischen 40 und 120 Milliarden Fettzellen hat jeder Mensch – je nach Körperumfang. Nicht nur die Anzahl der Fettzellen macht Hüfte und Po dick, auch die Größe der Depots entscheidet. Wer abnehmen will, muss sie zum Schrumpfen bringen, indem er ihnen die Energie raubt. Mit diesem Programm klappt das garantiert. Viele Jahre galt die Annahme, dass die endgültige Anzahl von Fettzellen im Baby- und Kleinkindalter festgelegt wird und im Laufe des Lebens nicht mehr zu verändern ist. Neueste Erkenntnisse zeigen, dass diese Annahme nicht stimmt. Die Kalorienkiller können die Anzahl von Fettzellen reduzieren.

Was in der Menschheitsgeschichte niemals zuvor möglich war, ist in der Wohlstandsgesellschaft eingetreten: Die Fettzellen schaden dem Körper direkt. Der Schutz vor dem Verhungern ist heute, zumindest in den Industrienationen, vor den schädigenden Einflüssen weit in den Hintergrund getreten. Die Fettzellen haben sich sozusagen vom überlebenswichtigen Helfer zum tödlichen Monster entwickelt. Fettzellen gibt es überall in unserem Körper. Manche Fettzell-Ansammlungen kann man sozusagen schon von weitem sehen und andere sind verborgen unter unseren Fußsohlen, schützen den Herzmuskel oder die Augäpfel. Nicht nur Fett, sondern auch die Fettzellen sind überlebenswichtig. Aber die Menge und das Volumen macht es aus, ob es gesund und schön oder krank und unschön ist. Die wichtigste Aufgabe der Fettzellen ist die Speicherung von Fett. Fettzellen sind übrigens nicht wirklich groß und schwer. Sie wiegen nur 0,3 bis 0,9 Mikrogramm (ein Mikrogramm ist ein Millionstel Gramm). Die Anzahl der Adipozyten ist nicht für alle Zeiten feststehend, vielmehr kann sie durch Überernährung auch zunehmen. Übergewichtige Menschen können zwei- oder dreimal mehr Fettzellen haben als schlanke Menschen. Durch eine Reduktionskost werden die Fettzellen nicht kurzfristig abgebaut, sondern mehr oder weniger entleert.

Die Fettzellen unterscheiden sich aber in erster Linie hinsichtlich ihres Befüllungsgrades. Bei übergewichtigen Menschen sind sie prall mit Fett gefüllt und bei schlanken Menschen deutlich weniger. Die Fettzellen sind jedoch keine reinen Energiespeicher, wie Wissenschaftler noch vor einigen Jahren dachten. Vielmehr sind sie hormonaktiv und sorgen durch vielfältige Mechanismen dafür, dass sie möglichst immer gut versorgt sind und uns auch bei einer Hungersnot mit Energie versorgen können. Dafür müssen sie Mechanismen haben, die eine Freisetzung des Fettes nicht zu rasch ermöglichen. Außerdem brauchen die Fettzellen nach einer Hungersnot – oder Diät – Prozesse, die sie rasch wieder befüllen. Die Fettzellen produzieren beispielsweise das Sättigungshormon Leptin. Aber bei übergewichtigen Menschen wirkt das Leptin nicht mehr richtig. Übergewichtige leiden unter Insulin- und Leptinresistenz.

Neben Leptin bilden die Fettzellen auch viele andere Hormone und Botenstoffe – und je größer eine Fettzelle, desto mehr produziert sie auch folgende Substanzen:

- » Tissue factor
- » Tumor necrosis factor-Alpha (Ursache der Insulinresistenz in Muskelzellen)
- » Transforming growth factor-Alpha
- » Plasminogen-Aktivator-Inhibitor-1 (Blutgerinnung)
- » Angiotensinogen (Blutdruck)
- » Lipoproteinlipase (Fettstoffwechsel)
- » Apolipoprotein E (Fettstoffwechsel)
- » Cholesterinestertransferprotein (für niedriges HDL-Cholesterin bei Adipositas mitverantwortlich)
- » Komplementfaktoren
- » Faktor D (Adipsin)
- » Faktor C3
- » Faktor B
- » Sexualsteroide etc.

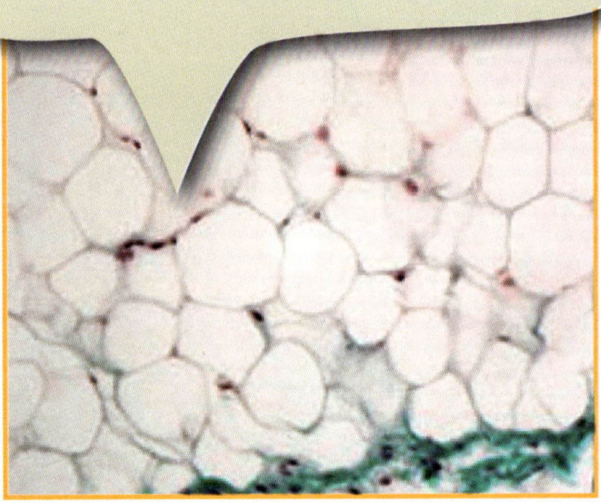

Menschliche Fettzellen (Quelle: http://www.unifr.ch/anatomy/elearningfree/allemand/bindegewebe/zelle/fixe/d-adipozyt.php)

Aber damit nicht genug. Auf der Oberfläche der Fettzellen befinden sich Rezeptoren für viele verschiedene Hormone. Nach Bindung dieser Hormone an ihre Rezeptoren werden in der Zelle bestimmte biochemische Prozesse ausgelöst. Das erklärt auch, warum Frauen an den Oberschenkeln und am Po nur schwer abnehmen. An den Fettzellen in der seitlichen Gesäß- und Oberschenkelregion der Frau ist der Besatz mit bestimmten Rezeptoren etwa fünfmal größer als an Fettzellen in anderen Regionen des menschlichen Körpers. Damit wird nach Aktivierung dieser Rezeptoren der Fettabbau in der Gesäß- und Oberschenkelregion wesentlich stärker gehemmt. Den Fettabbau steigern können in der menschlichen Fettzelle Katecholamine, Wachstumshormone und in geringerem Ausmaß wahrscheinlich Glucagon. Daneben wird die Lipolyse lokal auch durch Stoffwechselprodukte, wie die freien Fettsäuren und Adenosin, gesteuert. Viele Übergewichtige spüren die Wirkung dieser Hormone, Adipokine und anderen Substanzen aus den Fettzellen am eigenen Leib. Nach jeder Diät haben sie den Eindruck, dass sie rascher satt sind, was meist mit einer angeblichen Verkleinerung oder dem Schrumpfen des Magens erklärt wird. In Wirklichkeit hat die Entleerung der Fettzellen das hormonelle Chaos beseitigt und die Hunger-Sättigungs-Regulation funktioniert wieder ganz normal. Aber leider schleicht sich oft schon nach wenigen Tagen wieder das Kaloriendurcheinander ein und die Fettzellen erhalten das, wonach sie verlangen: Fett. Sie werden wieder größer und wieder dicker. Durchbrechen Sie diesen Teufelskreis und bauen Sie auf die Wirkung von Fatburnern und Kalorienkillern. Stellen Sie Ihre Ernährungsweise grundlegend um. Dann bleiben Ihre Fettzellen klein und der Hunger sowieso.

DAS MONSTER „FETTZELLE“

Die Fettzellen sind eigentlich nicht als krankheitsauslösendes und figurschädliches Monster geplant. Sie produzieren Hormone, Boten- sowie Entzündungsstoffe und andere Substanzen. Eine kiloschwere Chemiefabrik schlummert mehr oder weniger wabbelnd im Körper, deren Arbeit nach aktuellen Forschungsergebnissen weitreichende Folgen für den gesamten Stoffwechsel und damit das Leben hat. Forscher haben mehr als 100 Substanzen, die Fettzellen bilden, identifiziert. Praktisch alle greifen massiv in den Stoffwechsel ein und die meisten machen dick. Viele der „Fettzell-Substanzen“ sind Entzündungsstoffe (Zytokine) und andere regulieren den Blutdruck (Angiotensin II). Aber die Fettzellen produzierten bei Übergewicht besonders große Mengen sogenannter Adipokine. Riesenfettzellen überschwemmen den ganzen Organismus mit Botenstoffen. Oft haben Übergewichtige auch noch besonders viele Fettzellen. Viele Riesenfettzellen.

Unter normalen Umständen sind die Fettzellen nicht riesig. Bei Übergewicht ändert sich aber ihr Zustand: Die Fettzellen blähen sich mit reichlich Fett zu Riesenfettzellen auf. Diese Monsterzellen bilden mehr Hormone und Botenstoffe als normale Fettzellen. Das wiederum führt zu noch mehr Fett in ihnen – der Effekt potenziert sich. Die Zellen sorgen selbst für ihre Ernährung und bringen uns dabei praktisch ums Leben. Das Fettgewebe übernimmt dann die Regie im Körper, und das hat gefährliche Folgen. Die Hormone und Botenstoffe, die es produziert, übernehmen die Führung im Hormon-Botenstoff-Orchester des Körpers. Besonders rasch zeigt sich das Missverhältnis am Insulin. Es wirkt nicht mehr, und dadurch steigt der Blutzuckerspiegel an. Diabetes mellitus Typ 2 ist die Folge.

Die Fettzellen verursachen eine Insulinresistenz. Vor allem die Fettzellen am Bauch haben es in sich. Sie sind besonders aktiv und produzieren mehr Hormone und Botenstoffe als das subkutane Fettgewebe oder die Fettzellen an den Hüften oder den Oberschenkeln. Daher ist der dicke Bauch auch gefährlicher, als dicke Oberschenkel es sein können. Aber schön und gesund ist natürlich beides nicht. Aus den Fettzellen am Bauch strömen ständig freie Fettsäuren, Entzündungssubstanzen und Hormone ins Blut. Das ist auch der Grund dafür, warum Männer, oft die Fettgewebe insbesondere am Bauch ansammeln, früh am Herzinfarkt versterben. Frauen, die ihr Fett mehr in die Fettzellen an Po, Oberschenkel und Hüften einlagern, klagen zwar über optische Probleme, haben jedoch weniger mit Fettzell-bedingten Krankheiten zu kämpfen. Dicke Menschen mit der männlichen Fettverteilung – dem sogenannten Apfeltyp – haben ein großes Krankheitsrisiko. Dicke Menschen mit der weiblichen Fettverteilung – dem sogenannten Birnentyp – sind weniger gesundheitsgefährdet, dafür schwindet das „weibliche“ Fett nur unter größten Mühen. Viele Frauen begeben sich sogar in die Hände von Schönheitschirurgen, da sie der Meinung sind, dass die unschönen Fettpolster an Oberschenkeln und Hüften

anders nicht verschwinden. Das ist aber falsch, denn auch die hartnäckigsten Fettpolster an den Beinen lassen sich durch Fatburner und gezielte Bewegung reduzieren. Das ist sicher gesünder und vor allem preiswerter als plastische Chirurgie. Aber es gibt auch gute Nachrichten aus der Forschung: Die Produktion von Adipokinen in den Fettzellen lässt sich umkehren. Niemand ist seinen Fettzellen ausgeliefert. Die Lösung des Problems ist ganz einfach: Weniger Kalorien aufnehmen, mehr Kalorien verbrauchen (Stichwort Fatburner oder Kalorienkiller). Nehmen die Fettzellen an Volumen ab, dann verringert sich die Menge der gesundheitsschädlichen Adipokine von ganz allein. Fatburner, Kalorienkiller und die richtige Ernährungsweise, wie sie in diesem Buch für Sie zusammengestellt ist, machen also garantiert dauerhaft schlank.

FETTZELLEN: ENERGIESPEICHER UND HORMONFABRIKEN

In jeder Fettzelle befindet sich ein Energiespeicher für Notzeiten. Echte Notzeiten gibt es glücklicherweise in unseren Breiten nicht mehr, jede Diät- und Fastenaktion wird von Ihrem Körper aber als eine solche Notzeit gedeutet. Nachdem die Fettreserven eine Zeit lang angegriffen wurden, sind die Fettzellen bei einem wieder ausreichenden Nahrungsangebot bestrebt, die Speicher schnellstmöglich wieder aufzufüllen. Fettzellen sind jedoch weit mehr als nur Fettspeicher: Sie produzieren Hormone, Boten- sowie Entzündungsstoffe und andere Substanzen. Besonders rasch zeigt sich die Wirkung auf das Hormon Insulin. Eine große Anzahl an Fettzellen sorgt dafür, dass es zu einer Insulinresistenz kommt. Obwohl der Körper genügend Insulin produziert, kann der Blutzuckerspiegel nicht gesenkt werden, weil der Körper eine Resistenz dagegen entwickelt hat. Die Folge: Diabetes mellitus Typ 2. Auch die Produktion des Sättigungshormons Leptin funktioniert bei Übergewichtigen nicht mehr reibungslos. Zunächst hatten Wissenschaftler die Idee, Leptin als appetitzügelndes Medikament einzusetzen. Diese Hoffnungen haben sich jedoch zerschlagen, als man feststellte, dass Übergewichtige ständig eine hohe Leptinkonzentration aufweisen und trotzdem hungrig sind, obwohl die Fettzellen prall gefüllt sind. Es ist zu einer Leptinresistenz gekommen, der Körper reagiert nicht mehr auf die appetithemmenden Signale.

MUSKELMASSE – FETTMASSE

Während bei schlanken Menschen der Fettanteil an der Körpermasse 15 bis 25 Prozent beträgt, kann er bei starkem Übergewicht auf mehr als 50 Prozent ansteigen. Männer haben in der Regel weniger Fettgewebe und mehr Muskulatur als Frauen. Das ist auch der Grund, warum Männer rascher abnehmen, denn der Energiebedarf des Körpers ist stark vom Anteil der Muskelmasse abhängig. Ein hoher Muskelanteil am Körpergewicht bedeutet einen höheren Kalorienbedarf. Ziel sollte also sein, Muskelmasse aufzubauen und den Fettpolstern an Bauch und Beinen zu Leibe zu rücken. Mit Kalorienkillern kein Problem! Bedenken Sie aber: Für den Abbau von einem Kilogramm Körperfett müssen etwa 7000 Kilokalorien eingespart werden. Das kann man an einem Tag nicht schaffen, denn der durchschnittliche Energieverbrauch pro Tag liegt »nur« bei etwa 2000 bis 2500 Kilokalorien. Diäten, die Ihnen einen Gewichtsverlust von einem Kilogramm pro Tag vorgaukeln, sind nicht seriös, Sie verlieren während der – meist sehr kargen – Diätphase nur Wasser, Muskelmasse und Glykogen (die Speicherform von Kohlenhydraten), jedoch kaum Fett.

DIE FETTZELLE FÜTTERT SICH SELBST

Wenn Sie bisher gedacht haben, dass die Fettzellen Gebilde sind, die den Bauch oder die dicken Oberschenkel bilden und einfach nur in der großen Gruppe herumschwabbeln, müssen Sie umdenken. Fettzellen sind außerordentlich aktiv. Aber leider nicht im Sinne einer Gewichtsreduktion. Sie tun vielmehr alles, um dicker zu werden und möglichst auch noch die Zahl der Fettzellen insgesamt zu vermehren. Mit verschiedenen Fatburnern und Kalorienkillern ckönnen Sie aber den Fettzellen den Kampf ansagen und das ganz ohne Hunger!

DIE FETTPOLSTER SOLLEN WEG

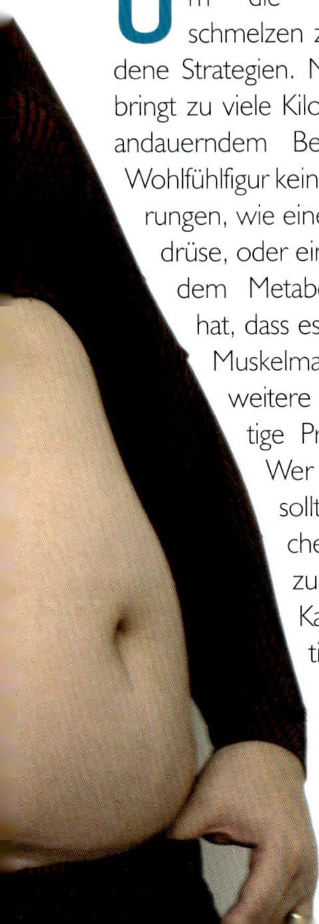

Um die überflüssigen Fettpolster schmelzen zu lassen, gibt es verschiedene Strategien. Nicht nur, wer zu viel isst, bringt zu viele Kilos auf die Waage, auch bei andauerndem Bewegungsmangel hat die Wohlfühlfigur keine Chance. Stoffwechselstörungen, wie eine Unterfunktion der Schilddrüse, oder eine lange »Diätkarriere«, die dem Metabolismus derart geschadet hat, dass es zu einer Verringerung der Muskelmasse gekommen ist, sind weitere Faktoren für das gewichtige Problem mit den Pfunden. Wer Stress mit Essen bekämpft, sollte vielleicht als Erstes versuchen, Entspannungsübungen zu erlernen. Ansonsten gilt: Kalorienkiller bieten die richtige Strategie auf dem Weg zu einer schlanken und gesunden Figur. Nahrungsinhaltsstoffe haben unterschiedlich viel Energie und verschiedene Effekte bei der Körperfettreduktion. Wenn Sie über die Zusammensetzung der Nahrung Bescheid wissen, haben Sie sozusagen schon die ersten Pfunde verloren.

ENERGIEGEHALT DER NÄHRSTOFFE

1 Gramm Kohlenhydrate: 4 kcal
- aufpassen -
Slow Carbs sind ideal

1 Gramm Protein (Eiweiß): 4 kcal
- mindestens 100 Gramm täglich -
machen satt, schlank und hemmen den Jojo-Effekt

1 Gramm Fett: 9 kcal
- sehr aufpassen -
- möglichst wenig gesättigte Fettsäuren aber ausreichend mehrfach ungesättigte Fettsäuren

ABNEHMEN IST EINFACH – ABER HALT NUR IN DER THEORIE!

Sind Ihnen strenge Diätpläne zuwider? Haben Sie Kalorienzählen und Abwiegen satt? Haben Sie sich schon an viele Diäten streng gehalten und doch nicht abgenommen? Dann ist die Kalorienkiller-Ernährungsweise, die ich in diesem Buch für Sie beschreibe genau das Richtige für Sie. Die gesamte

Familie kann mitessen, und für die Gesundheit tun Sie nur Gutes. Dabei müssen Sie nicht in erster Linie Ihre Energiezufuhr einschränken, sondern Ihren Energieverbrauch durch Kalorienkiller erhöhen. Verwenden Sie einfach Kalorienkiller und Fatburner in jeder Mahlzeit, und Sie werden automatisch abnehmen. Für jede Mahlzeit gibt es im Rezeptteil des Buches Vorschläge. Suchen Sie sich Müslis, belegte Brote, Suppen, Salate und andere kalte und warme Mahlzeiten aus, und genießen Sie die abwechslungsreiche Kalorienkiller-Küche. Auch für die »Schleckermäulchen« ist gesorgt. Es gibt Rezepte für köstlichen Kuchen und fruchtige Desserts, sogar Eiscreme ist nicht verboten! Wenn Sie Ihre tägliche Kalorienzufuhr einschränken, nehmen Sie natürlich schneller ab. Aber auch ohne Kalorienbeschränkung gelingt der Fettabbau allein durch den Einsatz von Kalorienkillern.

Nahrungsfasern (Ballaststoffe) als Lebensmittelbestandteile oder Konzentrate beeinflussen die Magendehnung durch gesteigerte Reizung von speziellen Sinneszellen, den Mechanorezeptoren, und führen wahrscheinlich zu einem beschleunigten Transport des Speisebreis in einen bestimmten Magenabschnitt, das Antrum pyloricum, in dessen Folge ein Sättigungsgefühl entsteht.

Das Feedback für Sättigungssignale des Magens scheint auch bei Übergewichtigen zu funktionieren, sodass die Beeinflussung des Dualismus Hunger/Sättigung einen erfolgreichen Ansatz für die Vorbeugung und Therapie des Übergewichts darstellt. Das Wiedererlernen des Sättigungsgefühls ist eine conditio sine qua non für ein erfolgreiches Gewichtsmanagement bzw. für ein gesundheitsförderndes Körpergewicht. Zum Abnehmen brauchen Sie reichlich Ballaststoffe!

SÄTTIGUNGSWIRKUNG DER NÄHRSTOFFE

Proteine – sehr sättigend
(Empfehlung: magere Proteinträger wie Seefische, magere Milchprodukte, fettarmes Fleisch)
Ballaststoffreiche Kohlenhydratträger – gut sättigend
(Empfehlung: Hülsenfrüchte, Vollkornprodukte, Gemüse und Frischobst)

Fett – kaum sättigend
(Empfehlung: wenig hochwertiges Pflanzenöl: Lein-, Raps- oder Nussöle sowie Diätmargarine)
Kohlenhydrate mit hohem glykämischen Index
– machen eher hungrig als satt
(Empfehlung: möglichst meiden!)

GLUTAMAT MACHT DICK!

Der in aller Munde befindliche Geschmacksverstärker Glutamat beeinflusst die Appetitregulation des Sättigungszentrums im Gehirn und leistet damit der Entstehung von Übergewicht Vorschub. Dieses Ergebnis bringt die jüngst durchgeführte Studie des deutschen Professors Michael Hermanussen und seines Teams an der Kieler Universität zutage, daher sollten Sie Glutamat als Geschmacksverstärker und Lebensmittel, die Glutamat enthalten, strikt meiden. Achten Sie aber nicht nur auf Natriumglutamat, sondern auch auf Hefeextrakt, denn dieser enthält natürlich große Mengen des dick machenden Stoffes. Wer sich glutamatreich ernährt, darf sich nicht wundern, wenn er immer dicker wird und eine Diät nicht funktioniert. Seit längerem ist bekannt, dass Glutamat in extrem hoher Dosierung eine nervenschädigende Wirkung hat. Die Studie der deutschen Forschergruppe umfasste Tierversuche sowie Untersuchungen am Menschen. An 30 trächtigen Rattenweibchen sowie deren Nachwuchs erkundeten die Wissenschaftler die Effekte von oral zugeführtem Glutamat in verschiedenen Dosen. Nach Geburt und Entwöhnungsphase erhielten die Jungtiere weiterhin Glutamatzugaben verabreicht. Die aufgenommene Substanz bewirkte dosisabhängig eine gesteigerte Gefräßigkeit der Ratten. Die Tiere, die die höchsten Glutamatdosen zugefüttert bekommen hatten, verdreifachten ihre Trinkmenge und verdoppelten fast ihre Nahrungsaufnahme. Der Einfluss zeigte sich bei männlichen Tieren bezeichnender als bei weiblichen. Einen zweiten Zusammenhang offenbarten die Forscher zwischen aufgenommener Glutamatmenge und der körpereigenen Produktion des sogenannten Wachstumshormons (HGH) oder auch Somatropin. Dieses Hormon hat bei Tieren wie auch beim Menschen Einfluss auf die Fettverbrennung und die Entstehung von Fettleibigkeit, welcher das Hormon entgegenwirkt. Gleichzeitig ist das Wachstumshormon aber auch zuständig für das entwicklungsgemäße Körperwachstum und daher unentbehrlich für die körperliche Entwicklung im Wachstumsprozess. Die Glutamataufnahme über die Nahrung der trächtigen Ratten beeinträchtigte die altergemäße Entwicklung des Nachwuchses. Die mütterliche Fütterung mit der höchsten Glutamatbeimengung bewirkte ein stark vermindertes Größenwachstum. Messungen zeigten dass die Konzentration des Wachstumshormons im Blutserum bei diesen Tieren, die vor ihrer Geburt Glutamat über die mütterliche Nahrung erhalten hatten, signifikant niedriger waren. Bei aufrechterhaltener Zufütterung der Mütter mit der Aminosäure während der Säugungsphase blieb die Wachstumsrate der Rattenbabys weiterhin auffallend unter dem Durchschnitt.

Anhand dieser Zusammenhänge lässt sich auch das Ergebnis der Humanstudie erklären. Diese bestätigte die Hypothese, dass krankhaftes Übergewicht in engem Zusammenhang mit geringer Körpergröße steht. Die Messdaten von 807.592 deutschen Wehrdienstpflichtigen zwischen 27-29 Jahren sowie 1.423.368 Frauen ergaben, dass ab BMI-Werten über 38, also bei krankhaftem Übergewicht, die Durchschnittsgröße der Probanden kontinuierlich sank. Bei den männlichen Probanden war dieser Zusammenhang deutlicher ausgeprägt als bei den Frauen. Gesteigerter Essdrang sowie eine deutlich verringerte Sekretion des Wachstumshormons und infolgedessen eine eingeschränkte Wachstumsentwicklung sind die Hauptmerkmale glutamatinduzierter Nervenschädigung, fasst Hermanussen die Untersuchungsergebnisse zusammen. Männliche Probanden reagierten hierbei grundsätzlich sensitiver. Die gegenwärtige Studie zeige zum ersten Mal, dass eine Gruppe viel verwendeter Nahrungszusatzstoffe, in Mengendimensionen, die nur ganz gering über der täglich mit der üblichen Nahrung aufgenommenen Menge liegen, ein beachtenswertes Potential zur Störung der vom Sättigungszentrum gesteuerten Regulation des Appetits aufweist und dadurch den weltweit verbreiteten Hang zu Übergewicht fördert. Angesichts der Datenlage ist der Bedarf an weiteren empirischen Untersuchungen also hinreichend gegeben. Glutamat in Form von Glutaminsäure ist eine Aminosäure, die in geringen Mengen natürlicherweise im menschlichen Körper sowie in einigen Nahrungsmitteln wie Sojaprodukten (Sojaprotein) vorkommt. Der seit den 70er Jahren als Geschmacksverstärker eingesetzte Zusatzstoff ist heute das wichtigste Additiv in der Nahrungsmittelproduktion. Aber Glutamat ist nicht der einzige Bösewicht, der die Figur schädigt und genau das Gegenteil von Kalorienkillern oder Fatburnern darstellt. Neben Glutamat machen Fruktose, gesättigte Fettsäuren und größere Mengen Kohlenhydrate mit einem hohen glykämischen Index dick.

FRUCHTZUCKER KANN ZUM PROBLEM WERDEN

Fruktose heißt zu Deutsch Fruchtzucker. Wie kann etwas so Natürliches dick machen? Aktuelle Studien aus den USA und Deutschland vermuten einen engen Zusammenhang zwischen dem erhöhten Fruktosekonsum und der Begünstigung von Übergewicht. Der stetig zunehmende Einsatz von Fruktose als Zuckeraustauschstoff in herkömmlichen Lebensmitteln und der konstant hohe Zuckerkonsum sind aufgrund neuester wissenschaftlicher Untersuchungen zu hinterfragen, betont Judith Männich. Das massive Problem der stetig ansteigenden Zahl übergewichtiger Menschen weltweit ist seit langer Zeit bekannt. Aktuelle Studien aus den USA vermuten einen engen Zusammenhang zwischen dem in den letzten 30 Jahren massiv angestiegenen Fruktosekonsum von jährlich 0,29 kg/Person auf 33,1 kg/Person (vereinhundertfünfzehnfacht) in Form von „High-Fructose Corn Syrup (HFCS)", einer in den USA üblichen Form des Maissirups, und der Anzahl übergewichtiger Menschen . Auch hierzulande steigt der Einsatz von Fruktose als Zuckeraustauschstoff in Lebensmitteln wie Getränken und Milchprodukten. Derartige Produkte locken den Verbraucher mit Deklarationen wie „weniger Zucker", „nur aus der Süße von Früchten" oder „ohne Kristallzucker". Als Resultat kommt es lediglich zu einer Irreführung des Verbrauchers, da solche angeblichen „Diät"-Produkte anstelle der erwarteten positiven Effekte gesundheitliche Risiken nach sich ziehen. Fruktose liefert genau wie Glukose vier Kilokalorien pro Gramm. Wissenschaftler des Deutschen Instituts für Ernährungsforschung (DIfE) in Potsdam wiesen im Tierversuch einen engen Zusammenhang zwischen einer Begünstigung der Fetteinlagerung und dem erhöhten Fruktosekonsum in Form von fruktosehaltigen Getränken nach. Des Weiteren zeigten sich erhebliche negative Auswirkungen auf die für die Hunger-Sättigungs-Regulation ausschlaggebenden Hormone Leptin, Ghrelin und Insulin. Ergänzend dazu belegt die Studie, dass die Gewichtszunahme nicht auf eine überschüssige Energiezufuhr zurückzuführen ist. Die mit Fruktose gefütterten Tiere nahmen im Vergleich zu der Kontrollgruppe sogar weniger Energie auf. Zur Feststellung der Übertragbarkeit der Studie auf den Menschen bedarf es weiterer Untersuchungen. Aus ernährungswissenschaftlicher Sicht lässt sich jedoch weiterhin der Verzehr von Obst empfehlen. Ein ausreichender Obstverzehr gewährleistet eine gute Versorgung mit wichtigen Vitaminen, Mineral- und sättigenden Ballaststoffen.

Bakterien helfen beim Abnehmen

Bisher waren Probiotika insbesondere dafür bekannt, die Abwehrkräfte zu stärken. Aktuelle Forschungsergebnisse weisen aber darauf hin, dass bestimmte Bakterien und andere Probiotika einen Einfluss auf die Entstehung von Übergewicht haben. Zudem scheinen sie eine Diät unterstützen zu können.

Aber das Scheitern einer Diät ist schon viel früher vorprogrammiert. Und auch die Entstehung von Übergewicht. Wussten Sie, dass Ihre Darmflora, also die Bakterien und andere Mikroorganismen in Ihrem Dickdarm, über Ihre Gewichtsentwicklung (mit)entscheiden? Nein? Dabei wissen Wissenschaftler längst, dass die Darmflora bei Übergewichtigen anders ist, als bei Schlanken oder Normalgewichtigen. Mit der falschen Darmflora können Sie nur schwer abnehmen. Und eine ballaststoffreiche Kost mit viel Gemüse, Obst und Vollkorngetreide ist dann sogar eher ungünstig. Denn wenn die falschen Bewohner Ihren Darm besiedeln, gewinnen Sie daraus zu viele Kalorien und Ihr Körper baut Fettgewebe daraus auf. Dann machen Ballaststoffe nicht nur satt, sondern auch dick. Machen Sie Joghurt, Sauerkraut, Kefir oder Brottrunk zum Schlankheitsmittel. Diese Probiotika stellen Ihre Darmflora um und machen Abnehmen und schlank bleiben zum Kinderspiel. Dafür ist es schon ausreichend, jeden Tag morgens und abends einen Becher probiotischen Joghurt zu essen. Und wenn Sie keine Milchprodukte vertragen, trinken Sie morgens und abends ein großes Glas Brottrunk oder essen frisches Sauerkraut. Das kann Ihre Kalorienbilanz entscheidend verbessern. Bei einer optimalen Darmflora kann es auch weniger zu Entzündungsreaktionen kommen, die dick machen. Denn eine gesunde Darmflora beugt dem Eindringen von Krankheitserregern und Allergenen vor. Zudem haben

Sie, wenn Sie eine gesunde Darmflora haben, weniger dickmachende Hormone im Blut und dem gesamten Körper. Ihr Organismus ist dann auf Schlanksein eingestellt. Haben Sie das gewusst? Nehmen sie ab sofort täglich ausreichend Probiotika auf und gesunden Sie Ihre Darmflora. Dann machen Sie Ballaststoffe aus Gemüse, Obst und Vollkornprodukten plötzlich satt und schlank! Beugen sie damit auch Allergien und Unverträglichkeiten vor und lindern Sie vielfältige Beschwerden.

DARMBAKTERIEN KÖNNEN FREUND ODER FEIND SEIN

Der menschliche Darm enthält eine große Anzahl und Vielfalt symbiotisch lebender, mitunter als Darmflora bezeichneter Mikroorganismen. Die menschliche Darmflora besteht aus mindestens 10^{14} (einhundert Billionen) Bakterien (mit einem Gewicht von etwa 1,5 kg) und bis zu 2.000 verschiedenen Bakterienarten. Jede Person besitzt eine einzigartige Darmflora, unabhängig von Umweltfaktoren ist jedoch ein gewisser Kern an Mikrobenarten allen Menschen eigen. Die Darmflora übernimmt wichtige Funktionen wie das Bereitstellen einer Immunbarriere gegen krankheitserregende Bakterien und sie spielt bei der Produktion von Vitaminen sowie der Verarbeitung ansonsten unverdaulicher Bestandteile unserer Nahrung eine Schlüsselrolle. Die Darmflora und ihre Stoffwechselprodukte helfen darüber hinaus auch bei der Steuerung des individuellen Energieverbrauchs und der Energiespeicherung.

ZUSAMMENHANG ZWISCHEN DARMFLORA UND FETTLEIBIGKEIT

Jüngste, vor allem an Tieren durchgeführte Studien deuten auf einen erheblichen Zusammenhang zwischen Darmflora und der Ausbildung von Fettleibigkeit sowie damit verbundener Störungen. Die Anhaltspunkte werden als so stark eingestuft, dass im letzten Jahr von belgischen Forschern der englische Begriff „MicrObesity" (Mikroben und Fettleibigkeit, „obesity" engl. für Fettleibigkeit) geprägt wurde.

Nach Prof. Gasbarrini besitzen fettleibige Personen eine Darmflora mit geringerer Vielfalt und veränderten Stoffwechselwegen, die zu Übergewicht führt und das Abnehmen erschwert. Prof. Gasbarrini vertritt die Auffassung, dass die Aufklärung des möglichen Zusammenhangs zwischen Darmflora und Fettleibigkeit noch viele Jahre in Anspruch nehmen kann und komplizierter zu sein scheint als ursprünglich gedacht, da möglicherweise Wechselwirkungen zwischen Darmflora und Ernährungsgewohnheiten bestehen. „Bei der Geburt ist der Mensch im Wesentlichen frei von Bakterien, und die Kolonisierung erfolgt unmittelbar nach der Entbindung", erklärt er. „Schließlich entwickelt sich der Körper zum Wirt für viele komplexe Mikrobenkolonien, und nach heutiger Kenntnis steht fest, dass Ernährungsgewohnheiten einer der wichtigsten, zur Vielfalt der menschlichen Darmflora beitragenden Faktoren sind. Alles, was wir bis jetzt sagen können, ist, dass fettleibige Personen im Vergleich zu normalgewichtigen Personen unterschiedliche Ausprägungsgrade bestimmter Darmbakterien besitzen, was die Art und Weise des Stoffwechsels für unterschiedliche Nahrungsmittel beeinflusst."

Bei der Entstehung von Übergewicht und Adipositas spielt die Darmflora eine wichtige und bisher noch extrem unterschätzte Rolle. Menschen, die zu viele Kilos auf die Waage bringen, haben andere Bakterien und Hefepilze im Darm als Normalgewichtige. Die Mikroorganismen der Darmflora von Übergewichtigen tragen dazu bei, dass die Nahrung besonders effizient ausgenutzt wird. Der Körper erhält sozusagen mehr Kalorien aus der Nahrung, als bei Normalgewicht. Anscheinend haben die Bewohner unseres Darms einen entscheidenden Anteil an der Entstehung von Übergewicht. Bestimmte Milchsäurebakterien (Laktobazillen) können die Darmflora gesunden und die Energieausbeute vermindern. Der Körper kann dann weniger Energie (Kalorien) aus der Nahrung aufnehmen. Dafür ist es aber wichtig, möglichst kalorienarme Probiotika aufzunehmen. Sie sollten möglichst zucker- und fettfrei sein. Dazu gehören beispielsweise frisches Sauerkraut, fettarmer Kefir, fettarmer probiotischer Joghurt ohne Zucker und Brottrunk. Insbesondere die Kohlenhydratverwertung wird bei Übergewichtigen durch die veränderte Darmflora verändert und damit bezüglich der Gewichtsentwicklung verschlechtert. Die Gesamtenergiebilanz kann um 10 Prozent erhöht sein, und es ist schon ein gewaltiger Unterschied, ob 2000 Kilokalorien im Körper sind oder 2200. Im Tierversuch bauen Mäuse 40 Prozent weniger Körperfett auf und benötigen weniger Insulin. Zudem führen die falschen Bewohner im Darm auch dazu, dass verstärkt Körperfett aufgebaut wird. Auch der Aufbau von Fett selbst wird gefördert. Zudem wird der Fettsäureabbau gehemmt. Auch wird der Fettabbau gehemmt. Aber die Darmflora ist auch verantwortlich dafür, dass Substanzen in den Körper gelangen oder nicht. Sie dichten den Darm sozusagen ab. Gelangen bestimmte Stoffe über die Darmschleimhaut in den Körper, kommt es zu Entzündungen. Und im Rahmen von entzündlichen Reaktionen wird die Entstehung von Übergewicht auch wieder gefördert. Das trifft umso mehr zu, da es zusätzlich zu Veränderungen der Insulinwirkung kommt. Es kommt zur Insulinresistenz und auch der Fettaufbau wird gefördert. Wer eine ungesunde Darmflora hat, muss sich nicht wundern, wenn er zunimmt, nicht abnimmt oder immer wieder Opfer des Jo-Jo-Effektes wird. Die negativen Stoffwechselauswirkung der Darmflora fördern auch die Entstehung von Diabetes mellitus Typ 2, Fettstoffwechselstörungen sowie Fettleber.

Wie kann ein besseres Verständnis der Darmflora zur Entwicklung neuartiger Ansätze im Kampf gegen Fettleibigkeit beitragen? „Wenn wir ein spezifisches, mit einem erhöhten Risiko für Stoffwechselstörungen beim Menschen verbundenes Darmfloraprofil identifizieren können, kann ein solches Profil in Zukunft möglicherweise mit Präbiotika, Probiotika oder gezielten Antibiotika modifiziert werden", so Prof. Gasbarrini. „Allerdings ist noch viel mehr Arbeit erforderlich, bevor wir einen solchen Ansatz empfehlen können." Es ist wahrscheinlich, dass die Einnahme von Antibiotika die Entstehung von Übergewicht fördern könnte, da sie negativen Einfluss auf die Darmflora hat. Andererseits könnten Antibiotika auch einen Stellenwert in der Vorbeugung und Behandlung von Übergewicht haben, wenn sie bestimmte Bakterien der Darmflora zerstören, die sonst Übergewicht fördern.

ABNEHMEN MIT DEM CALCIUMKICK

Es gibt auch Stoffe, deren erstaunliche Effekte Sie sich beim Abnehmen und der dauerhaften Umstellung Ihrer Ernährungsweise einfach zu Nutze machen können. Aktuellen Studien zufolge steht Calcium neben seiner Bedeutung für den Knochenstoffwechsel mit der Entstehung von Adipositas und Hypertonie in Verbindung. Damit könnte Calcium auch einen möglichen Einfluss auf das metabolische Syndrom ausüben. Das im Jahr 1808 entdeckte Erdalkalimetall ist eines der in der Natur am häufigsten vorkommenden Elemente. In Lebensmitteln lässt sich Calcium heute vor allem in Milch und Milchprodukten in größeren Mengen finden, wobei es im Vergleich zu anderen Lebensmitteln in diesen in einer besonders leicht absorbierbaren Form vorliegt. Neben der stützenden Funktion auf das Skelett spielt Calcium eine wichtige Rolle bei der Blutgerinnung und trägt zusätzlich zur neuromuskulären Erregbarkeit bei. Als Folge eines Calciummangels tritt in der Regel die Knochenstoffwechselstörung Osteoporose auf. Bei dieser verringert sich die Knochenmasse, während die Zusammensetzung der Knochen erhalten bleibt. Osteoporose zeichnet sich aus durch einen übermäßigen Verlust der Skelettmasse, der zu Wirbelbrüchen, Rumpfverformungen sowie Einschränkungen der Mobilität führt. Dies betrifft vor allem Frauen nach der Menopause aufgrund der hormonellen Umstellung in diesem Zeitraum.

Studien beobachteten darüber hinaus einen Zusammenhang zwischen der Calciumaufnahme und Hypertonie. Es ließ sich feststellen, dass der Auslöser ein Ungleichgewicht zwischen der Calciumkonzentration in der Zelle und ihrem Umfeld ist. Gewöhnlich findet zwischen diesen Orten ein regelmäßiger Austausch statt, den das Enzym Ca-ATPase bewerkstelligt. Bei einer verminderten Aktivität dieses Enzyms kommt es zu einem reduzierten Einstrom von Calcium aus dem Zellumfeld in das Zellinnere. Dadurch erhöht sich der Calciumspiegel in der Zelle, was in einem steigenden peripheren Gefäßwiderstand und erhöhtem Blutdruck resultiert. Eine Reduktion der intrazellulären Calciumspiegel bewirkt vermutlich eine Absenkung des Blutdrucks. Die Normalisierung intrazellulärer Calciumspiegel spielt offenbar auch bei Übergewicht eine bedeutende Rolle. Laut Aussage des Wissenschaftlers McCarron vom Depature of Nutrition der Universität von Kalifornien in Davis reguliert eine hohe Calciumzufuhr die intrazellulären Calciumspiegel. Daraufhin erfolgt eine Hemmung des Fettaufbaus bei einer gleichzeitigen Erhöhung des Fettabbaus im Gewebe, was die Abnahme der Fettpolster bei Personen in einer Untersuchung von McCarron erklärt. In dieser ließ sich beobachten, dass bei einer calciumreichen Ernährung, die in der Studie aus Milch und Milchprodukten bestand, das Risiko für die Entwicklung von Übergewicht niedriger ist als bei einer calciumarmen Kost. Bei einer calciumreichen, energiereduzierten Kost sank im Vergleich zu einer calciumarmen, energiereduzierten Ernährung das Gewicht der Teilnehmer signifikant stärker.

Studien zeigen, dass auch Milchcalcium das Abnehmen beeinflusst, da es direkt an der Fettzelle wirkt. Hier hemmt es die Bildung von Fett, die Fettspeicherung und fördert den Fettabbau. Menschen, die kein Milchcalcium aufnehmen, haben es also schwerer abzunehmen. Milchcalcium fördert auch die Fettausscheidung über den Stuhlgang und wirkt praktisch wie ein Medikament – wenn auch im kleinen Umfang. Wichtig ist, dass Milchcalcium beim Abbau von Bauchfett wirkt. Und gerade das Bauchfett ist gefährlich. Es ist nicht nur unschön, sondern auch besonders hormonaktiv. Es erhält sich durch von ihm produzierte Botenstoffe selbst und befüttert sich dadurch auch selbst. Menschen, die mehr als 1.500 Milligramm Calcium – davon auch ausreichend Milchcalcium – aufnehmen, haben eine gesteigerte Fettverbrennung. Dieser Effekt ist einerseits auf das Calcium und andererseits auf die Aminosäure Leucin zurückzuführen. Der Eiweißbaustein kommt reichlich in Milcheiweiß vor und hilft beim Aufbau von Muskulatur. Damit fördert es den Energieverbrauch. Milcheiweiß ist also ein ausgesprochener Kalorienkiller und Fatburner. Außerdem darf nicht vergessen werden, dass Milch und Milchprodukte einen hervorragenden Sättigungseffekt haben. Werden fettarme Milchprodukte wie Magerquark, Harzer Käse oder magerer Käse bevorzugt, klappt das Abnehmen einfach besser. Gönnen Sie sich den Calciumkick aus fettarmer Milch, Harzer Käse oder Magerjoghurt!

Zu viel, zu fett, zu süß...

… lautet das Fazit, das aus den Analysen zu ziehen ist. Zu den veränderten Kochgewohnheiten mit einem hohen Anteil an tierischem Fett, Zucker und zu wenig Kohlenhydraten kommt der beliebte Fast Food-Verzehr hinzu. Fast Food nimmt eine immer bedeutendere Stellung in der täglichen Ernährung verschiedenster Bevölkerungsgruppen ein. Noch vor wenigen Jahren assoziierte man mit dem Begriff Fast Food in erster Linie Pommes frites oder Currywurst, heute ist das Angebot enorm erweitert und beinhaltet neben den klassischen Gerichten internationale Speisen wie den türkischen Döner, das griechische Gyros, die italienische Pizza am Meter, amerikanische Hamburger, französische Baguettes, japanisches Sushi und vieles andere mehr. Lieferdienste und Hausservice haben Hochkonjunktur.

In meiner Praxis übersetze ich meinen Patienten Fast Food mit „fast Nahrung". Fast Food ist in der Regel fettreich, arm an Ballaststoffen und kaum sättigend. In einer kürzlich veröffentlichten Studie kamen amerikanische Wissenschaftler zu dem Ergebnis, dass ein erhöhter Fast-Food-Konsum eng mit einer Gewichtszunahme und Insulinresistenz zusammenhängt. Die durch Übergewicht und Bewegungsmangel entstehende Insulinresistenz führt zu Diabetes mellitus Typ 2. Die Forscher der Universität von Minnesota und dem Children's Hospital in Boston verglichen in der CARDIA-Studie über einem Zeitraum von 15 Jahren Daten zu Körpergewicht und Insulinresistenz bei 3.031 amerikanischen Probanden verschiedener ethnischer Herkunft. Außerdem befragten die Experten die zwischen 18- und 30-jährigen Testpersonen mit Hilfe eines Fragebogens regelmäßig zu ihren Essgewohnheiten und zur Häufigkeit von Besuchen in Fast-Food-Restaurants. Die Forscher kamen zu dem Ergebnis, dass Fast-Food-Ernährungsgewohnheiten eine starke positive Verknüpfung mit Gewichtszunahme und Insulinresistenz bei jungen Amerikanern dunkler und weißer Hautfarbe zeigen. Die Studienteilnehmer, die sich mehr als zweimal wöchentlich mit Fast Food ernährten, zeigten – in beiden ethnischen Gruppen – eine Verdopplung der Zunahme in der Insulinresistenz bei einer gleichzeitigen Gewichtszunahme von 4,5 Kilogramm. Wer also wenig Bewegung im Job oder privat hat, sollte Fastfood bewusst und nicht zu oft essen. Ein Mineralwasser oder ein Light-Getränk statt eines zuckerhaltigen Softdrinks oder ein kalorienarmer Salat statt fettiger Pommes sparen viele Kalorien ein. Auch Bevölkerungsgruppen mit anderen Verzehrsgewohnheiten, wie der mediterranen Ernährung, bleiben nicht verschont. So fanden Doktor Maira Bes-Rastrollo und ihre Mitarbeiter der Universität Seguimiento in Navarra, Spanien, jetzt heraus, dass der vermehrte Konsum von Fast Food bei 7.194 Spaniern die Entstehung von Übergewicht begünstigte. Die Wissenschaftler ermittelten die Verzehrsgewohnheiten der Studienteilnehmer über einen Zeitraum von etwa zwei Jahren. 49,5 Prozent aller Teilnehmer brachten nach Abschluss der Studie durchschnittlich 0,64 Kilogramm mehr auf die Waage. Dabei hat sich gezeigt, dass ein Zusammenhang zwischen dem Verzehr von zuckerhaltigen Getränken sowie Hamburgern, Pommes und (Brat-)Würsten und der Zunahme des Körpergewichts besteht.

TIPP ★ TIPP ★ TIPP ★ TIPP

Merke:

Fast Food = Fast Nahrung

EINE SOLCHE ERNÄHRUNGSWEISE HAT KONSEQUENZEN:

- 80 Milliarden Euro forderten ernährungsbedingte und ernährungsmitbedingte Erkrankungen vom Gesundheitssystem im Jahr 2007, schätzt das Deutsche Kompetenzzentrum Gesundheitsförderung und Diätetik
- Jeder vierte Erstklässler ist übergewichtig
- 42% der 9 bis 12-Jährigen sind übergewichtig
- 70% bis 80% der 55- bis 64-Jährigen sind übergewichtig.
- Immer mehr Jugendliche leiden an Diabetes-Typ-2
- 40% der übergewichtigen Kinder haben zu hohe Cholesterinwerte

Die ständige Verfügbarkeit aller Dinge, die das Herz begehrt, die erschwinglichen Preise für tierische Lebensmittel und Fertigprodukte sowie die Tatsache, dass Essen nicht nur der Erhaltung der körperlichen Funktionen dient, sondern in ganz erheblichem Maße psychosoziale Bedeutung hat, verleiten uns dazu, unserem Körper und unserer Gesundheit mit Essen zu schaden. Allein das Wissen, dass ein Beibehalten der aktuellen Ernährungsgewohnheiten massive gesundheitliche Risiken mit sich bringt, genügt offensichtlich nicht, damit wir unser Verhalten ändern. Neue Wege sind also gefragt, denn der Stoffwechsel des Menschen arbeitet wie ein Hamster und die Evolution hinkt der Ernährungs- und Bewegungssituation hinterher.

Übergewicht ist im ländlichen Raum weiter verbreitet als in Großstädten, wie die Daten vom Statistischen Bundesamt aus der Mikrozensus-Bevölkerungsstichprobe belegen *siehe Seite 18.* Die Befragung von 380.000 Personen ergab, dass in Deutschlands Metropolen wie beispielsweise Hamburg (41,2 %) und Berlin (44,5 %) deutlich weniger Übergewichtige mit einem BMI zwischen 25 und 30 leben als auf dem Land und in den neuen Bundesländern (50,2 %). Das Bundesland Mecklenburg-Vorpommern schnitt mit 57,4 % Übergewichtigen am „dicksten" ab. Bei den Männern ist das Übergewicht weiter auf dem Vormarsch, ebenso bei den westdeutschen Frauen, während die Prävalenz, das Schon-Bestehen von Übergewicht, bei den ostdeutschen Frauen zwar rückläufig ist, aber trotzdem noch höher als bei den Frauen aus den westlichen Bundesländern liegt. Den höchsten Anteil übergewichtiger Männer gibt es in der Altersgruppe zwischen 65 und 70 Jahren, auch Frauen sind in dieser Lebensjahresspanne am dicksten, jedoch anzahlmäßig um 13 % geringer als Männer. 67 % der westdeutschen und 66 % der ostdeutschen Männer sind mit einem BMI über 25 übergewichtig. Bei den Frauen sind es 52 % im Westen und 57 % im Osten. Die Sterblichkeit steigt durch Übergewicht an; bei Frauen sind mehr als die Hälfte aller Todesfälle direkt oder indirekt auf Adipositas zurückzuführen.

Lebensstil und Ernährungsverhalten im Zusammenhang mit veränderten Umweltbedingungen bzw. -einflüssen haben diesen Anstieg der nichtinfektiösen chronischen Erkrankungen bewirkt. Es handelt sich dabei um einen sich langfristig entwickelnden Prozess, der durch individuelle genetische Anfälligkeit, Geschlecht und Alter beeinflusst wird. Hinzu kommt, dass die körperliche Inaktivität in den Industrienationen – auf 70 % bis 80 % der Bevölkerung trifft diese Aussage zu –, also der „sitzende Lebensstil", einen weiteren wesentlichen Risikofaktor darstellt.

Übergewicht und Lebensstilfaktoren bedingen sich gegenseitig. Ein überzeugender Zusammenhang zwischen einem erniedrigten Risiko, Übergewicht zu entwickeln, und Lebensstilfaktoren wurde nur für zwei solche Faktoren überzeugend nachgewiesen, nämlich für regelmäßige körperliche Aktivität und eine hohe Aufnahme von Ballaststoffen. Häusliches und schulisches Umfeld können das Risiko durch eine gesundheitsfördernde Lebensmittelauswahl unterstützen. Lebensmittel (LM) mit erniedrigtem glykämischem Index (GI) scheinen ebenfalls zur Risikominimierung beizutragen. Im Gegensatz dazu fördern „sitzender Lebensstil" und hohe Aufnahme von energiedichten Lebensmittel das Adipositasrisiko. Ballaststoffe sind in Gemüse und Obst sowie Vollkornprodukten enthalten. Lebensmittel mit einem hohen Anteil an Ballaststoffe zeichnen sich durch eine geringe Energiedichte aus und sollten deshalb bevorzugt in den Speiseplan aufgenommen werden. Die Lebensmittel- bzw. Nährstoffauswahl ist entscheidend für die Prävention und Therapie des Übergewichts, denn sie spielt für die gastrointestinalen Signale (die Signale des Verdauungstrakts), also die Rückkopplung zum Zentralnervensystem (ZNS), und deren subjektive Bewertung im Kortex (Hirnrinde) eine wesentliche Rolle.

KNABBERN AUF DEM SOFA

Oft deuten wir abends unsere Müdigkeit als Süßhunger oder wir essen aus Langeweile. Für unsere Gesundheit wäre es nun besser, eine kurze Auszeit an der frischen Luft oder einem weit geöffneten Fenster zu nehmen. Das lenkt nicht nur ab, es erfrischt und tut gut. Auch die bereits angebrochene Tafel Schokolade, die noch vom Vorabend auf dem Tisch liegt, verführt uns zum Zugreifen. Lagern Sie Süßigkeiten und Knabbersachen – wenn überhaupt – in Schubladen oder Schränken, sodass Sie sie nicht stets vor Augen haben und weniger leicht in Versuchung geraten. Putzen Sie sich nach dem Abendessen Ihre Zähne. Der frische Zahnpastageschmack neutralisiert den Hunger auf Süßes. Essen Sie niemals vor dem Fernseher, PC, Smartphone, Notebook oder Tablet. Sie sind abgelenkt und haben keine Kontrolle darüber, wie oft Sie bereits zugegriffen haben – und plötzlich ist die Tüte Chips leer und Sie wundern sich. Wenn Sie Hunger auf Süßes haben, greifen Sie zu Bitterschokolade, denn ihre Inhaltsstoffe halten den Blutzuckerspiegel konstanter. Sie hat einen hohen Kakaoanteil, der glücklich macht. Und doch Vorsicht, denn sie enthält natürlich dennoch viele Kalorien. Statt Chips wählen Sie Salzstangen, diese haben weniger Kalorien und Fett. Doch am einfachsten ist es auch hier, Süßigkeiten gar nicht erst einzukaufen. Was nicht da ist, kann Sie auch nicht verführen. Schnippeln Sie sich lieber für den gemütlichen Sofaabend Gemüsesticks aus Möhren, Paprika oder Staudensellerie. Kombiniert mit einem Dip aus Magerquark und Kräutern ist dies ein gesunder, kalorienarmer Knabberspaß.

KALORIENFALLE ALKOHOL

Alkohol ist nach dem Nahrungsfett der energiereichste Nährstoff. Ein Gramm Alkohol enthält mit sieben Kilokalorien fast doppelt so viel Energie wie ein Gramm Protein oder Kohlenhydrate mit je vier Kilokalorien und fast so viel Energie wie Fett, das es auf neun Kilokalorien pro Gramm bringt. Der Körper ist bestrebt, Alkohol noch vor dem Fett abzubauen, so dass sich bereits ein mäßiger Alkoholkonsum negativ auf den Fettstoffwechsel auswirkt. Süße alkoholische Getränke wie Liköre oder Mixgetränke aus Limonaden und Alkohol enthalten außerdem reichlich Zucker.

Die besten allgemeinen Tipps für ein schlankes Leben

Essen Sie langsam. Das schafft nicht nur mehr Genuss, denn das Sättigungsgefühl tritt erst nach etwa 15 bis 20 Minuten ein. Bei schnellem Esstempo wird das Sättigungsgefühl „überholt" und nicht wahrgenommen, daher füllen Sie leicht eine viel zu große Menge in sich hinein.

Achten Sie auch auf das Essen zwischendurch. Schreiben Sie eine Woche lang nur das auf, was Sie zwischen und nach den drei Hauptmahlzeiten naschen – Sie werden erstaunt sein, was da alles zusammenkommt! Oft dient Essen als Trost oder als Beruhigung, oder wir essen aus Langeweile. Finden Sie andere Wege für Ihren Frust-, Angst- und Stressabbau. In psychisch belastenden Situationen essen wir auch ohne Hunger. Doch die stressauslösende Ursache ist hiermit nicht gelöst und so sind Trost und Beruhigung nur von kurzer Dauer. Auch Ihr Wissen über die richtige Ernährung, Kalorienmengen, Zubereitungsweisen und Bewegungsprogramme hilft hier wenig weiter. Finden Sie Alternativen zum Essen, die sofort ein- und umsetzbar sind. Zum Beispiel könnten Sie ein entspannendes Bad nehmen, Entspannungsmusik hören, Ihre Lieblingsmusik einschalten, zu kreativen und künstlerischen Handarbeiten greifen, etwas Gymnastik machen, ein schönes Buch lesen, eine Kerze mit Duftöl anzünden, Ihr Fahrrad nehmen und eine Runde drehen, aufschreiben, was Sie belastet, oder eine gute Freundin anrufen und mit ihr Ihre Stresssituation besprechen. Eine tiefe, langsame und bewusste Atmung ist wunderbar gegen jede Form von Stress. Lernen Sie für einen langfristigen Frust- und Stressabbau eine Entspannungstechnik wie das Autogene Training und widmen Sie sich dreimal pro Woche für 30 bis 45 Minuten einer Ausdauersportart. All dies sind gute Mittel für emotionale Ausgeglichenheit, zur Entspannung und damit für mehr Lebensfreude. Und es verbessert nicht nur die körperliche Gesundheit und Fitness, sondern auch die emotionale Grundstimmung im Alltag. Halten Sie kalorienarme, gesunde Snacks wie Gemüse für stressige Situationen bereit.

Machen Sie sich eine gesunde Ernährung zur Gewohnheit. Am Anfang ist es noch neu und ungewohnt und braucht daher mehr Mühe und Aufmerksamkeit als das alte Essmuster. Gewohnheiten brauchen Zeit und Geduld, um sich zu entwickeln. Gerne greifen wir bei Frust auf das alte, schlechte, aber bewährte Verhalten zurück. Doch wenn Sie das neue im Alltag gut integriert und eine Zeitlang trainiert haben, wird es zur Gewohnheit, über die Sie schließlich nicht mehr nachdenken müssen und die Ihnen dann keine Mühe mehr macht. Stellen Sie das Positive Ihrer neuen Ernährungsweise in den Vordergrund – Gesundheit, Spaß am Zubereiten, bewusstes Genießen, und nicht Verzicht oder Verbote. Denken Sie beim Anblick von ungesunden Snacks oder Kalorienbomben an Ihren Bauch, Ihr Ziel, Gewicht zu reduzieren, und all die Tage, an denen es Ihnen bereits gelungen ist, an derlei Dingen vorbeizugehen. Sie wissen, dass diese Knabbereien Ihre bereits erreichten Zwischenziele zunichte machen und Sie von Ihrem Ziel entfernen. Kein Mensch kann einfach hemmungslos schlemmen. Wenn Sie den Eindruck haben, die Menschen um Sie herum könnten einfach immer zugreifen, während Sie verzichten müssen, so stimmt das nicht. Diese Menschen machen entweder regelmäßig Sport, haben mehr Alltagsbewegung oder greifen nur in absoluten Ausnahmefällen zu ungesunden Kalorienbomben. Generell gilt: Essen Sie sich satt mit gesunden Nahrungsmitteln. Hungern Sie nicht, sondern lernen Sie, sich gesund zu ernähren.

ZWISCHEN-MAHLZEITEN

Wichtig sind drei Hauptmahlzeiten am Tag, die den Blutzuckerspiegel konstant halten und dadurch den Körper regelmäßig mit Energie sowie wichtigen Nährstoffen versorgen. Den Nahrungsbedarf über Essen zwischendurch zu decken, birgt die Gefahr, den Überblick darüber zu verlieren, was alles während eines Tages gegessen wurde, sodass eine ausgewogene Balance wichtiger Nahrungsbausteine nicht möglich ist. Zudem gehören zu dem Häppchen zwischendurch gerne fettreiche Kalorienbomben, denn sie stillen schnell, aber leider kurzfristig den Hunger. Die Aufmerksamkeit beim Essen zwischendurch ist auf andere Dinge gerichtet, auf den Fernseher, die Arbeit etc., nicht auf das Essen. Zum einen bleibt dadurch die energiebringende und entspannende Pause ungenutzt , die Mahlzeiten mit sich bringen. Zum anderen verzögert sich das Sättigungsgefühl – Sie essen viel mehr, als nötig wäre, um den Hunger zu stillen. Nehmen Sie sich Zeit für Ihr Essen. Wenn Sie essen, dann essen Sie. Auf diese Weise gewinnt Ihr Essen ein Mehr an Genuss und verliert sich nicht in simple Völlerei. Sollten Sie mit drei Hauptmahlzeiten über den Tag verteilt nicht auskommen, so bauen Sie maximal zwei Zwischenmahlzeiten ein. Aber auch diese sollten nicht zum Schlemmen verführen, sondern bewusst gewählt sein. Achten Sie darauf, über den Tag verteilt ausreichend zu trinken. 1,5 bis 2 Liter sollten es sein. Am besten eignen sich Mineralwasser und ungesüßter Tee. Ein Glas mit frischem Mineralwasser kann als kleine Zwischenmahlzeit dienen, denn es hilft , das Hungergefühl zu besänftigen. Ideal sind Zwischenmahlzeiten dann,

wenn Sie wirklich Hunger haben. Darüber können Sie auch ein Tagebuch führen. Um die Fettverbrennung nicht zu unterbrechen, sollten die Snacks möglichst kohlenhydratarm und natürlich nicht kalorienreich sein. Mit dem Nährwertberechnungsprogramm (siehe Seite 52 und 53 sowie 54 und 55) EBIS habe ich die Lebensmittel für Sie identifiziert, die Sie zwischendurch essen können, wenn es wirklich unbedingt notwendig ist. Sie sind sowohl kohlenhydrat-, als auch kalorienarm.

VORRATSCHECK UND DAS RICHTIGE EINKAUFEN

Eine gesunde Ernährungsweise beginnt bereits beim Einkaufen der Lebensmittel und bei deren Lagerung. Grundsätzlich gilt, dass die richtige Lagerung von Lebensmitteln deren Nährstoffe bewahrt. Setzen Sie Ihre Lebensmittel nicht direkter Sonnenbestrahlung und Wärme aus. Lagern Sie Äpfel stets getrennt von anderen Obstsorten, denn sie bringen das andere Obst schnell zum Verfaulen. Bananen und Brot gehören nicht in den Kühlschrank. Andere Obst- und Gemüsesorten können Sie getrost im Kühlschrank aufbewahren. Um eine Übersicht darüber zu haben, wie viel Sie wovon essen, können Sie sich einen Wochenplan machen. So können Sie auf einfache Weise wichtige, gesunde Nahrungsmittel in der Woche unterbringen. Denken Sie daran, dass es am einfachsten ist, sich gesund zu ernähren, wenn nur gesunde Lebensmittel in der Wohnung sind. Kalorienreiche Snacks, Fertigprodukte, Süßigkeiten sollten Sie gar nicht erst in großen Mengen einkaufen und horten. So verringern Sie die Gefahr, andauernd der Verlockung zu erliegen und zuzugreifen. Kaufen Sie Obst und Gemüse in kleinen Mengen, dann bleiben sie länger frisch. Kaufen Sie diese Lebensmittel lieber häufiger nach. Nutzen Sie Tiefkühlware. Sie hält die Nährstoffe frisch und kann gut und über einen längeren Zeitraum aufbewahrt werden. Bevor Sie sich auf den Weg zum Supermarkt oder Wochenmarkt machen, schreiben Sie einen Einkaufszettel. Auf diese Weise sparen Sie beim Einkaufen viel Zeit, da Sie nicht lange überlegen und suchen müssen. Zudem landet nur das in Ihrem Einkaufswagen, was Sie auch wirklich brauchen und einkaufen wollen. Das spart viel Geld. Gehen Sie nicht hungrig einkaufen. Die Verlockungen aus den Supermarktregalen sind um einiges größer, wenn Ihr Magen knurrt, und es wird schwer, ihnen zu widerstehen. Setzen Sie sich diesem Stress gar nicht erst aus. Kaufen Sie Obst und Gemüse nach Saison. Dann schmeckt es am besten und enthält wertvollste Inhaltsstoffe. Einen Saisonkalender für Obst und Gemüse finden Sie im Internet oder in jedem guten Kochbuch. Tiefkühlware sollten Sie erst zum Schluss Ihres Einkaufs in Ihren Wagen legen, so ist die Gefahr geringer, dass sie antaut. Transportieren Sie sie in einer Kühl- oder Isoliertasche.

KOCHEN

Selbst zu kochen ist die beste Möglichkeit, genau zu wissen, was auf den Teller kommt. Vor allem in Phasen der Ernährungsumstellung ist das von Vorteil. Gesundes Kochen ist nicht schwer und es gibt einige Tipps und Tricks, die Ihnen dabei helfen. Dämpfen, dünsten, im Wok braten oder grillen spart Fett sowie Kalorien und schont die Nährwerte der Lebensmittel. Vermeiden Sie fettreiche Zubereitungsarten wie Frittieren, Panieren, In-Öl-Einlegen oder langes Braten. Garen Sie Gemüse in wenig Wasser. Bereiten Sie Kartoffelpuffer im Waffeleisen zu. Wenn Sie dennoch frittieren wollen, dann lassen Sie das Frittiergut auf einem Küchentuch abtropfen, bevor es auf den Teller kommt. Wenn Sie Fleisch unbedingt braten möchten, legen Sie es vorher zum Garen kurz in heißes Fett. Anschließend kann durch die Oberfläche weniger Fett eindringen. Gebrauchen Sie bei all Ihren Speisen zum Würzen reichlich frische Kräuter. Scharfe Gewürze wie Chili oder auch Tabasco heizen dem Stoffwechsel so richtig ein und eignen sich daher gut als Kalorienkiller. Sojasoße, Senf oder Meerrettich sind zum Würzen ideal. Würzen Sie mit gekörnter Gemüsebrühe, nicht mit Brühwürfeln, denn sie enthalten reichlich Fett. Verwenden Sie für Ihre Soßen nur mäßig oder gar kein Öl, Mayonnaise oder Crème fraîche. Besser für eine gesunde Ernährung eignen sich Senf, saure Sahne, Joghurt, Quark, Dickmilch oder Milch. Fettärmer sind Soßen mit fettarmen Joghurt als Grundlage. Und aus alle anderen Milchprodukte stehen Ihnen fettreduziert zur Verfügung. Zum Binden von Braten- oder Gemüsefonds, entfetteten Soßen und Suppen können Sie püriertes Gemüse oder Zwiebeln, die Sie mitgekocht haben, Hafer- und Hirseflocken oder geriebene rohe Kartoffeln verwenden. All dies schlägt nicht so stark in die Kalorienwaage wie Mehl, Sahne und Ei und ist zudem noch sättigender. Mit Essig und Kräutern lassen sich fett- und kalorienarme Soßen schmackhaft zubereiten. Bei Rahmsoßen oder Aufläufen ersetzen Sie die Hälfte der Sahne durch Milch oder Kaffeesahne oder ersetzen Sie die Sahne vollständig durch fettarme Milch und saure Sahne mit einem Fettgehalt von maximal zehn Prozent. Entfetten Sie fette Brühen und Soßen mit einem Fettabtrenner. Wenn Sie die Suppe oder Soße einen Tag vor dem Verzehr zubereiten und kochen, können Sie sie über Nacht kalt stellen und am nächsten Tag das Fett ganz leicht abschöpfen.

Bevorzugen Sie Salz-, Pell- und Folienkartoffeln statt der fettreicheren Varianten wie Bratkartoffeln, Kartoffelpuffer, Rösti, Pommes frites oder Kroketten. Entschärfen Sie Fettfallen wie Gratins und Aufläufe, indem Sie die Käsemenge halbieren und diese Hälfte durch Semmelbrösel ersetzen. Die Kruste wird knusprig und Sie sparen pro Portion ca. 10 g Fett. Es reicht ein Teelöffel Öl für eine große Schüssel Salat, genauso für das Braten von Fleisch. Wenn Fleisch und Gemüse in der Pfanne im Öl schwimmen, steigt der Fettgehalt im Essen deutlich an. Braten Sie Fleisch und Fisch ohne Panade. Sie können Fleisch, Fisch und Geflügel ohne Fett in einer beschichteten Pfanne, einem Tontopf oder im Bratschlauch garen. Auch für das Braten von Gemüse und Bratkartoffeln können Sie beschichtete Pfannen verwenden, dann benötigen Sie nur wenig oder gar kein Fett. Bei Hackfleischgerichten ersetzen Sie ein Drittel Fleisch durch geraspeltes Gemüse. Pommes frites können Sie im Backofen auf einem mit Backpapier ausgelegten Blech knusprig-kross backen. Da Fett ein wichtiger Geschmacksträger ist, gilt für fettarmes Kochen: Würzen Sie fettarme Gerichte reichlich mit frischen Kräutern, Sojasoße oder Meerrettich. Zum Kochen und Backen eignen sich fettarme Milch (0,3 bis 1,5 % Fett), fettarmer Joghurt und Magerquark genauso gut wie ihre fetten Alternativen, aber auf diese Weise meiden Sie fettreiche Lebensmittel. Legen Sie beim Backen Backpapier auf das Blech, statt es einzufetten. Auch die Auflauf- und Backformen müssen nicht eingefettet werden, wenn Sie Backformen mit Backpapier auslegen. Verringern Sie beim Backen von Kuchen die Fett- und Zuckermengen und erhöhen Sie stattdessen die Obstmenge. Wenn Sie zum Backen eine Fertigmischung verwenden, können Sie die Hälfte der benötigten Fettmenge durch Magerjoghurt und einen Esslöffel Grieß ersetzen.

NORMALE PORTIONEN MACHEN SCHLANK

Essen Sie von kleineren Tellern. Die Zunahme der Fettleibigkeit steht im Zusammenhang mit dem ständigen Anstieg der Portionsgrößen und der dadurch bedingten Erhöhung der Energieaufnahme. Amerikanische Wissenschaftler fassten diesbezügliche Ergebnisse unterschiedlicher Studien in einem aktuellen Artikel im American Journal of Clinical Nutrition zusammen. In den Studienversuchen bekamen die Teilnehmer Portionen gereicht, die sich in Größe und Energiedichte unterschieden. Die Ergebnisse zeigen, dass die Versuchspersonen mit großen Portionen prozentual mehr Energie und auch eine größere Menge aufnahmen als beim Verzehr der kleineren Portionen. Ihren Berichten zufolge bemerkten sie jedoch keine Unterschiede in der Sättigung. Die Wissenschaftler folgern, dass äußere Faktoren, wie beispielsweise die Größe der Portion, mehr Einfluss auf das Essverhalten ausüben als innere Faktoren, wie der Grad der Sättigung. Je größer die Portion, desto mehr wird auch gegessen. Als eine Lösung für dieses Problem sollten Eltern schon bei der Erziehung ihrer Kinder auf die richtigen Portionen achten, empfehlen die Forscher. Zudem ist es wichtig, den Kindern selbst die Kontrolle über die Nahrungsaufnahme zu überlassen. Sie sollen lernen, auf ihren Körper zu hören und nur bis zum Eintritt der Sättigung zu essen – nicht darüber hinaus.

Niedriger Glykämischer Index =

Normales Gewicht

Der so genannte glykämische Index hat einen Einfluss auf die Gewichtsentwicklung. Der glykämische Index ist ein Maß für die Blutzuckererhöhung, die durch Kohlenhydrate ausgelöst wird. Je höher er ist, desto größer ist die Insulinausschüttung und desto stärker wird die Fettverbrennung gehemmt. Lebensmittel mit einem niedrigen glykämischen Index helfen beim Abnehmen.

ESSEN IM ALLTAG UND SINNVOLLES PORTIONIEREN

Mahlzeiten finden im ansonsten streng strukturierten Alltag meistens nicht zu festen Zeiten statt. Zwischen zwei Terminen wird gerne ein Zwischenstopp vor dem Kühlschrank oder der Imbissbude eingelegt. So finden auch kaum noch gemeinsame Mahlzeiten mit der Familie oder Freunden statt. Jeder isst dann, wenn er Hunger und vor allem, wenn er Zeit hat. Auf diese Weise wird meist dann gegessen, wenn es gerade passt. Oft wird dann das gegessen, was gerade da oder schnell zuzubereiten ist. Essen, Nahrungsaufnahme, Ernährung wird zu wenig ernst genommen, vor allem die Folgen davon. Dieser "Laisser-faire-Umgang" mit der Ernährung führt oft dazu, dass sie unregelmäßig und ungesund ist. Zu den Folgen einer unregelmäßigen Ernährung zählen nicht selten auch Heißhungerattacken, die dann schnell mit ungesunder Kost bekämpft werden. Die letzte Nahrungsaufnahme ist schon Stunden her, der Magen knurrt. Gerne wird in solchen Situationen nur schnell etwas zwischendurch „eingeworfen", um das quälende Hungergefühl loszuwerden. Essen Sie also regelmäßig! Drei Hauptmahlzeiten am Tag – Frühstück, Mittagessen, Abendessen – verhindern Heißhungerattacken, da sie den Blutzuckerspiegel konstant halten. Essen Sie bei Ihren Mahlzeiten nur so viel, dass Ihr Hunger gestillt ist. Gerne häufen wir uns unseren Teller voll und haben den Anspruch an uns, ihn dann auch vollständig zu leeren. Das richtige Augenmaß für eine gesunde Nahrungsmenge geht verloren. Die aufgenommenen Kalorien sind dann viel zu viele und überflüssig. Brauchen tun wir sie nicht. Denn auch wenn sich ausschließlich gesunde Lebensmittel auf Ihrem Teller befinden – auch diese enthalten Kalorien.

EIWEISSREICHE KOST BEUGT DEM JOJO-EFFEKT VOR

Vielen Erwachsenen, aber auch Kindern, fällt es nicht nur schwer, ihr Körpergewicht zu reduzieren, sondern auch ihr Gewicht zu halten. Das Problem des JoJo-Effektes ist das wohl größte in der Bewältigung des Übergewichts. Als JoJo-Effekt wird das Phänomen bezeichent, dass Übergewichtige, die abgenommen haben, anschließend wieder zunehmen und das in der Regel über das Gewicht vor der Diät hinaus. Dadurch steigt bei Menschen, die regelmäßig eine Diät durchführen, das Gewicht immer weiter an und aus leicht übergewichtigen Menschen werden Fettsüchtige. Eine europäische Studie zeigt, dass eine proteinreiche Ernährungsweise mit magerem Fleisch, fettarmen Milchprodukten und Hülsenfrüchten sowie Kohlenhydratträgern mit niedrigem glykämischem Index wie Weißbrot dem Jojo-Effekt entgegenwirken. Wer also nach einer Gewichtsreduktion nicht wieder zunehmen möchte, sollte Vollkornprodukte und keine Weißmehlprodukte essen. Die klassische Linsensuppe ist auch sehr gut. Und natürlich fettarme Eiweißträger wie Harzer Käse, Rinder- oder Schweinefilet sowie Magerquark. Die Studie zeigt, dass eine Eiweißzufuhr von 25 Energieprozent scheinbar ideal ist. Bei einer Kalorienzufuhr von 1.500 Kilokalorien entspricht das 93,7 Gramm Eiweiß pro Tag. Damit zeigt sich, dass die bisherigen Ernährungsempfehlungen bei Übergewicht viel zu niedrig sind. Wissenschaftler empfehlen national und international zur dauerhaften Gewichtsreduktion eine Erhöhung des Proteinanteils. Zudem empfiehlt sich eine Kost mit einem niedrigem glykämischen Index mit reichlich Gemüse, Hülsenfrüchten, Frischobst und moderaten Mengen von Vollkornprodukten bei der Meidung von Weißmehlprodukten und Zucker. Das hilft beim Abnehmen und verhindert den JoJo-Effekt.

SÜSSES

Lust auf Süßes? Gesunde Ernährung schließt Süßes nicht aus! Nur gibt es ein paar Dinge, die Sie beachten können, sodass Sie auch Süßes in Maßen genießen dürfen. Die gesündeste Süße steckt in frischem Obst, in Äpfeln, Bananen, Beeren, Melonen – je nach Saison. Daneben enthält Obst wertvolle Inhaltsstoffe und verhältnismäßig wenig Kalorien. Ein Gefühl der Verwöhnung und des Luxus gewinnen Sie, wenn Sie zu ausgefalleneren Obstsorten greifen wie Litschis, Mangos oder auch Papayas. Gönnen Sie sich als Dessert einen großen Obstsalat – der sättigt, macht aber bei wenig Kalorien nicht dick. Süße Joghurts oder Quarkspeisen erhalten Sie in jedem Supermarkt fettreduziert. Dennoch sollten Sie vorsichtig bei süßen Low-Fat-Produkten sein, denn fettarm heißt nicht auch zugleich arm an Kalorien. Ein fettarmer Joghurt mit Früchten kann beispielsweise viel Zucker und damit unnötige Kalorien enthalten. Achten Sie daher auf die Kalorienangaben auf den Verpackungen bei süßen Lebensmitteln. Bereiten Sie alle Beeren-Speisen lieber selbst frisch zu. Fertigprodukte wie beispielsweise die rote Grütze oder Joghurts mit Früchten enthalten oft unnötig viel Zucker und Fett. Beeren-Müslis oder Beeren-Shakes können Sie statt mit Vollmilch auch mit fettarmer Milch, Dickmilch, Kefir oder Buttermilch anrühren. Wenn Sie Ihre Konfitüre selbst einkochen, sparen Sie viel Zucker und können die Zutaten nach Ihrem eigenen Geschmack kombinieren. Besonders fruchtige und zuckersparende Ergebnisse erzielen Sie mit Gelierzucker 3:1. Bei Nachspeisen lassen sich Kalorienbomben wie Sahne und Crème fraîche gut durch leichtere Varianten wie fettreduzierten Frischkäse, Quark oder Joghurt ersetzen. Nutzen Sie für Puddings, Creme-, Joghurt- und Quarkspeisen fettarme Milch, fettarmen Joghurt oder Magerquark. Auch ein Kompott aus sauren Früchten wie Johannis- oder Stachelbeeren braucht nur eine geringe Menge Zucker. Mindern Sie die Fruchtsäure, indem Sie beim Aufkochen etwas Natron zugeben. Den sauren Geschmack mancher Beeren müssen Sie nicht durch Zucker ausgleichen. Durch Zugabe von süßen Früchten wie zum Beispiel Erdbeeren, Pfirsichen, Birnen klappt es ebenso gut. Statt zu Kuchen und Torte zu greifen, bevorzugen Sie lieber Löffelbiskuit, Russischbrot und Hefeteigprodukte. Ein Stück Hefekuchen mit Obst ist lecker und schlägt nicht so stark auf die Hüften wie ein Stück Sahnetorte. Verwenden Sie zum Ausbacken von Pfannkuchen eine beschichtete Pfanne oder den Kontaktgrill/das Waffeleisen und möglichst wenig Fett. Süßen Sie Ihre Speisen weniger stark. Statt Zucker verwenden Sie etwas Honig, Fruchtdicksäfte oder auch Süßstoff.

Es ist völlig in Ordnung, mal etwas Süßes zu naschen. Nichts ist frustrierender, als sich die Nascherei strickt zu verbieten. Das hält wohl niemand lange durch. Irgendwann meldet sich der Heißhunger auf Süßes. Aber wenn Sie zu etwas Süßem greifen, sollten Sie dies bewusst, in Maßen und mit Genuss tun. Nicht zwischendurch einfach einen Schokoriegel reinschieben, um dem quälenden Hungergefühl zu entgehen. Das ist schade um die leckere Schokolade – und schade um die große Menge sinnlos gesammelter Kalorien. Süßes sollte die Ausnahme auf dem täglichen Speiseplan sein – dann aber sollten Sie es sich mit Lust und Wonne langsam und genießerisch auf der Zunge zergehen lassen. Denken Sie daran, dass Bitterschokolade besser als Vollmilchschokolade ist und Trockenfrüchte besser als Fruchtgummis.

Weniger Süßhunger zu haben, lässt sich lernen. Süßgeschmack ist nämlich eine Frage der Gewohnheit. Versuchen Sie, nach und nach mit weniger Süßem auszukommen. Am besten und einfachsten gelingt das, wenn Sie schlicht im Supermarkt die entsprechenden Regale auslassen und erst gar nichts davon kaufen. Dann liegt es auch nicht zu Hause bei Ihnen rum und verführt Sie.

TRINKEN

Vergessen Sie neben dem Essen das Trinken nicht. Regelmäßiges und ausreichendes Trinken ist wesentlicher Bestandteil einer gesunden Ernährung. Jeden Tag sollten Sie 2 bis 3 Liter trinken. Am besten sind Mineralwasser und ungesüßte Tees, da diese Getränke nicht noch mit weiteren Kalorien aufwarten. Damit Sie das Trinken während Ihrer Arbeit nicht vergessen, sollten Sie bereits morgens eine Flasche Mineralwasser mit einem Glas an einen Ort in Ihrer unmittelbaren Nähe stellen, sodass Sie es immer im Blick haben. Sobald Sie das Glas leer getrunken haben, füllen Sie es gleich wieder auf – so können Sie jederzeit zugreifen. Auf diese Weise ist das Trinken Teil Ihres Tagesablaufes und wird zur Gewohnheit. Kleben Sie sich einen Erinnerungszettel an den Kühlschrank oder den PC. Sie sollten regelmäßig über den Tag verteilt trinken und die erforderliche Menge nicht auf einmal in sich hineinkippen. Am besten, Sie legen sich für die ersten 14 Tage einen Trinkplan an und schreiben auf, wie viel Sie wann getrunken haben. So können Sie abends schauen, ob Sie genug getrunken haben, und für den nächsten Tag planen, wann Sie an Ihr Trinken denken müssen, um das Soll zu erfüllen. Trinken Sie vor jeder Mahlzeit ein Glas Mineralwasser das sättigt vorab bereits, macht aber nicht dick.

Meine besten Schlanktipps –
Gebote und keine Verbote

- ✔ Regelmäßig schlafen
- ✔ Täglich ausreichend Schlafen
- ✔ Täglich mindestens 2 Liter kaltes Wasser oder Mineralwasser trinken
- ✔ Gönnen Sie sich den Calciumkick: Mehr Calcium aufnehmen – fettarme Milchprodukte, calciumreiches Mineralwasser oder Calciumbrausetabletten
- ✔ Stress durch Entspannungstechniken abbauen – jeden Tag 20 bis 30 Minuten Autogenes Training
- ✔ Jeden Tag mindestens 100 Gramm Eiweiß (Protein)
- ✔ Möglichst jeden Tag fettarme Milchprodukte
- ✔ 3 mal täglich satt essen
- ✔ Keine Zwischenmahlzeiten außer – siehe S.54
- ✔ Nutzen Sie den Effekt von Kalorienkillern und Fatburnern
- ✔ Beeinflussen Sie Ihre Darmflora durch 2x tägliche Aufnahme von Probiotika und Präbiotika

Wenn Sie Ihre Ernährung grundsätzlich umstellen, mehr Kalorienkiller und Fatburner in Ihr Leben bringen, für Entspannung sorgen und sich viel bewegen, nehmen Sie ab und bleiben schlank

Bitte halten Sie sich an 3 Mahlzeiten täglich. Wenn Sie Hunger verspüren, versuchen Sie ihn durch Wasser zu stillen. Wenn das nicht ausreicht, halten Sie sich an Kohlenhydratarme Snacks.

Kohlenhydratarme Snacks, die den

Rotkohl Konserve, gegart	2 g / 100 g	15 kcal / 100 g
Bleichsellerie, gegart	2 g / 100 g	17 kcal / 100 g
Rettich, frisch	2 g / 100 g	14 kcal / 100 g
Broccoli, frisch, gegart	2 g / 100 g	23 kcal / 100 g
Gemüsemischung Trunk	2 g / 100 g	12 kcal / 100 g
Gurke, frisch	2 g / 100 g	12 kcal / 100 g
Gurke, frisch, gegart	2 g / 100 g	12 kcal / 100 g
Mungobohnensprossen	2 g / 100 g	24 kcal / 100 g
Wirsingkohl, frisch, gegart	2 g / 100 g	22 kcal / 100 g
Romanosalat, frisch	2 g / 100 g	16 kcal / 100 g
Blumenkohl, frisch, gegart	2 g / 100 g	18 kcal / 100 g
Schwarzwurzel, frisch	2 g / 100 g	17 kcal / 100 g
Schnittlauch, frisch	2 g / 100 g	27 kcal / 100 g
Spargel, frisch, gegart	2 g / 100 g	16 kcal / 100 g
Eisbergsalat, frisch	2 g / 100 g	13 kcal / 100 g
Grünkohl, frisch, gegart	2 g / 100 g	28 kcal / 100 g
Selleriesalat Sauerkonserve	2 g / 100 g	16 kcal / 100 g
Knollensellerie, frisch, gegart	2 g / 100 g	15 kcal / 100 g
Radicchio, frisch	2 g / 100 g	14 kcal / 100 g
Gewürzgurken Sauerkonserve	1 g / 100 g	12 kcal / 100 g
Cornichons Sauerkonserve	1 g / 100 g	12 kcal / 100 g
Klare Suppe mit Einlage (R)	1 g / 100 g	10 kcal / 100 g
Artischockenboden Konserve	1 g / 100 g	12 kcal / 100 g
Rhabarber, frisch	1 g / 100 g	13 kcal / 100 g
Gemüsebrühe (R)	1 g / 100 g	15 kcal / 100 g
Spargel Konserve, gegart	1 g / 100 g	14 kcal / 100 g
Grünkohl Konserve, gegart	1 g / 100 g	25 kcal / 100 g
Schwarzwurzel, frisch, gegart	1 g / 100 g	15 kcal / 100 g
Chinakohl, frisch	1 g / 100 g	14 kcal / 100 g
Bratensoße, flüssig (R)	1 g / 100 g	15 kcal / 100 g
Kopfsalat, frisch	1 g / 100 g	12 kcal / 100 g

Abnehmerfolg garantiert nicht zunichte machen

Schwarzwurzel Konserve gegart	1 g / 100 g	13 kcal / 100 g
Chinakohl frisch gegart	1 g / 100 g	12 kcal / 100 g
Fleischbrühe (R)	1 g / 100 g	29 kcal / 100 g
Weinsauerkraut frisch	1 g / 100 g	17 kcal / 100 g
Feldsalat frisch	1 g / 100 g	14 kcal / 100 g
Sauerkraut frisch gegart	1 g / 100 g	17 kcal / 100 g
Essig	1 g / 100 g	19 kcal / 100 g
Sauerkraut Konserve abgetropft	1 g / 100 g	16 kcal / 100 g
Champignon frisch	1 g / 100 g	15 kcal / 100 g
Blattspinat frisch	1 g / 100 g	17 kcal / 100 g
Steinpilz frisch	1 g / 100 g	20 kcal / 100 g
Champignon gegart	0 g / 100 g	15 kcal / 100 g
Pilze frisch gegart	0 g / 100 g	15 kcal / 100 g
Blattspinat gegart	0 g / 100 g	19 kcal / 100 g
Spinat tiefgefroren gegart	0 g / 100 g	20 kcal / 100 g
Bambussprossen Kons. gegart abgetropft	0 g / 100 g	11 kcal / 100 g
Brausen kalorienarm	0 g / 100 g	3 kcal / 100 g
Limonaden kalorienarm	0 g / 100 g	3 kcal / 100 g
Champignon Konserve gegart abgetropft	0 g / 100 g	14 kcal / 100 g
Kaffee mit Milch (Getränk)	0 g / 100 g	4 kcal / 100 g
Pilze Konserve gegart abgetropft	0 g / 100 g	14 kcal / 100 g
Steinpilz Konserve	0 g / 100 g	11 kcal / 100 g
Kaffee (Getränk)	0 g / 100 g	2 kcal / 100 g
Endivien frisch	0 g / 100 g	11 kcal / 100 g
Kräutertee (Getränk)	0 g / 100 g	1 kcal / 100 g
Pfifferling frisch	0 g / 100 g	11 kcal / 100 g
Pfifferling Konserve	0 g / 100 g	7 kcal / 100 g
Waldpilze	0 g / 100 g	15 kcal / 100 g
Colagetränke kalorienarm	0 g / 100 g	4 kcal / 100 g

TABELLE ZUR ENERGIEDICHTE

Lebensmittel mit einer niedrigen Energiedichte enthalten nur wenige Kalorien pro 100 Gramm. Mit diesen Lebensmitteln erreichen Sie problemlos eine kalorienarme Sättigung. Lebensmittel mit hoher Energiedichte liefern bei wenig Gewicht leider sehr viele Kalorien mit. Hier finden Sie die besten Lebensmittel mit niedriger Dichte und die gefährlichsten mit hoher Dichte.

Niedrige Energiedichte

die 30 energieärmsten Lebensmittel

(KILOKALORIEN PRO 100 GRAMM LEBENSMITTEL)

Radieschen	14,6 kcal / 100 g
Tomatensaft	14,6 kcal / 100 g
Feldsalat	14,3 kcal / 100 g
Champignons	23 kcal / 100 g
(Konserve)	14,1 kcal / 100 g
Spargel	12 kcal / 100 g
(Konserve)	13,9 kcal / 100 g
Chinakohl	13,6 kcal / 100 g
Rettich	13,6 kcal / 100 g
Gartenkürbis	13,4 kcal / 100 g
Eisbergsalat	13,1 kcal / 100 g
Rhabarber	13.1 kcal / 100 g
Schwarzwurzel (Konserve)	12,9 kcal / 100 g
Papaya, frisch	12,9 kcal / 100 g
Gurke, frisch	12.2 kcal / 100 g
Gewürzgurken	12,0 kcal / 100 g
Artischockenböden (Konserve)	12,0 kcal / 100 g

TIPP

Wenn Sie sich energiearm ernähren möchten, setzen Sie am besten auf Suppen. Hier werden Sie mit wenigen Kalorien in der Regel schnell satt –

Beispiele finden Sie im Rezeptteil auf S. 107 ff.

Kaffee mit Milch und Zucker	11,7 kcal / 100 g
Kopfsalat	11,7 kcal / 100 g
Pfifferlinge	11,5 kcal / 100 g
Steinpilze (Konserve)	11,2 kcal / 100 g
Endivien	11,0 kcal / 100 g
Bambussprossen	10,5 kcal / 100 g
Tee, schwarz, mit Milch und Zucker	10,0 kcal / 100 g
klare Suppe mit Einlage	10,0 kcal / 100 g
Tee, schwarz, mit Zucker	8,4 kcal / 100 g
Pfifferlinge (Konserve)	6,7 kcal / 100 g
Kaffee mit Milch	4,1 kcal / 100 g
Limonaden, kalorienarm	2,6 kcal / 100 g
Tee, schwarz, mit Milch	2,4 kcal / 100 g
Kaffee	2,2 kcal / 100 g
Tee	0,5 kcal / 100 g

Alltagstaugliche Tipps zum gesunden Abnehmen

Gesundes Essen, das die Gesundheit fördert, das Gewicht reduziert und Krankheiten vorbeugt, ist mehr als ein veränderter Nahrungsplan. Es ist eine Lebenseinstellung. Wie gehen Sie mit sich und Ihrem Leben um? Sind Sie nachlässig mit Ihren eigenen Vorhaben oder bleiben Sie ehrgeizig auf Zielkurs? Stehen Ihre Gesundheit und Ihr Ziel, Ihr Gewicht zu reduzieren, an oberster Stelle oder sind es die vielen Schlemmereien und Versuchungen, von denen Sie sich immer wieder aufs Neue von Ihrem Weg zum Ziel abbringen lassen? Welche klaren Prioritäten setzen Sie sich hinsichtlich Ihrer Gesundheit? Ist es Ihnen wichtiger, jeden Tag ein Eis, eine Pizza, Pommes oder Schokolade zu essen bei wenig Bewegung, als „Stopp" zu sagen und sich engagiert für Ihre Gesundheit einzusetzen? Jeder kann das – es ist eine klare Willensentscheidung. Wenn Sie das klare Ziel haben, weniger zu wiegen, einen gesunden Körper zu haben, in dem Sie sich wohler fühlen und glücklich sein können, dann entschließen Sie sich mit aller Konsequenz dafür. Dann können Sie Ihr Ziel erreichen.

Und seien Sie immer ehrlich mit sich selbst. Das ist wahrscheinlich die wichtigste und effektivste Diätformel: Ehrlichkeit. Schauen Sie genau hin und schreiben Sie auf, was Sie in welchen Mengen am Tag essen. Und stehen Sie dazu! Nur dann können Sie es ändern. Auch ein weggelogener Schokoriegel hat ungesunde und wenig sättigende Kalorien – auch wenn Sie sich all Ihre Schlemmereien zwischendurch nicht eingestehen, Ihr Bauch merkt es!

Im Folgenden finden Sie viele weitere hilfreiche Tipps, die Sie auf Ihrem Weg unterstützen und Ihnen im Alltag wertvolle Hilfe sind.

ESSEN GEGEN DIE PFUNDE

Essen und dabei oder gar dadurch abnehmen ist keine Hexerei: Eine Vielzahl von Lebensmitteln macht das Abnehmen zum Kinderspiel. Auch wenn es keine Lebensmittel gibt, die negative Kalorien enthalten, gibt es doch eine Vielzahl von leckeren Lebensmitteln und Speisen, die satt machen und Top-Kalorienkiller sind. Dazu gehören alle Lebensmittel, die reichlich Wasser, aber wenig Fett und Zucker enthalten. Dazu gehören viele Gemüsesorten, die niemals zu B(a)uche schlagen. Auch können Sie mit Protein gegen die Pfunde essen, denn Proteine verbrauchen im Stoffwechsel deutlich mehr Energie als Fette und Kohlenhydrate. Proteine haben eine hohe spezifisch dynamische Wirkung. Daher muss eine sinnvolle Reduktionskost relativ eiweißreich sein. Aber neben der Ernährungsweise entscheidet auch Ihre körperliche Aktivität über Ihren Erfolg. Ein Diätkonzept, das keinen Sport einbezieht, ist sicher zum Scheitern verurteilt. Und beginnen Sie noch morgen oder übermorgen. Mit dem richtigen Frühstück gehts los:

FRÜHSTÜCK

Das Frühstück ist ein wichtiger Start in den Tag. Das ist nicht so lapidar, wie es klingen mag. Es beeinflusst ihn, denn mit der richtigen Ernährung am Morgen wird die Konzentrations- und Leistungsfähigkeit gesteigert. Das Frühstück kurbelt den Stoffwechsel an und füllt die aufgebrauchten Energievorräte. Die meisten Menschen essen zum Frühstück eine Mischung aus Süßem und Fettigem – Schokocroissants oder mit Butter bestrichene Toasts mit Salami. Das haut viele Kalorien rein und macht scheinbar satt. Scheinbar, denn das Sättigungsgefühl hält nicht lange vor. Bereits kurze Zeit später meldet sich das Hungergefühl wieder, was dann oft mit weiteren süßen oder fettigen Snacks bekämpft wird. Besser ist ein Frühstück, das mit wenigen Kalorien dennoch gut sättigt. Dafür brauchen Sie ein Frühstück mit vielen Ballaststoffen, hochwertigen Kohlenhydraten und Proteinen. Dies können sein: Ein Obstsalat, Vollkornbrötchen mit Hüttenkäse, ungesüßter Tee und ein Ei. Wenn Sie morgens noch keinen Bissen hinunterkriegen, keinen Appetit haben oder die Zeit mal wieder drängt, so sollten Sie zumindest etwas trinken und Ihr Frühstück später einnehmen. Als Getränke bieten sich kohlensäurehaltige Getränke an, da sie den Kreislauf anregen. Ebenso eignen sich auch folgende Getränke als gute Basis für den Tag: Kaffee mit Milch, denn das Koffein verbessert die Durchblutung sowie die Konzentrationsfähigkeit und Milch macht satt. Cappuccino, Latte macchiato und Espresso machen Sie langsam, aber sicher wach. Das in ihnen enthaltene Koffein wirkt langsamer, aber stetiger als in herkömmlichem Kaffee. Zudem ist der Espresso magenverträglicher. Schwarzer und grüner Tee enthalten Inhaltsstoffe, die das Kariesrisiko vermindern; ihr Koffein macht munter. Kräuter-, Früchte-, Rotbusch- und

Fencheltee beruhigen den Magen und Darm. Rotbusch enthält außerdem wertvolle Antioxidantien. Milch und Milchmixgetränke enthalten hochwertiges Eiweiß, das für den Muskelaufbau wichtig ist, und sie sind gute Calciumquellen. Achten Sie auf fettreduzierte Milchgetränke – sie schmecken ebenso gut, enthalten jedoch deutlich weniger Kalorien und liegen daher nicht so schwer auf den Hüften. Auch Fruchtsäfte lassen den Tag frisch beginnen. Sie liefern eine Extraportion Vitamine und Mineralstoffe. Jedoch enthalten sie aufgrund des Fruchtgehalts Zucker. Noch mehr Zucker steckt in Nektar, der zusätzlich mit Zucker gesüßt wird.

Das ideale Frühstück besteht aus Getreideprodukten oder Vollkornbrot kombiniert mit frischem Obst und mageren .Milchprodukten. Ein Müsli mit einem mageren Joghurt und einer dazugeschnittenen Banane oder mit fettreduzierter Milch mit einem frischen Apfel dazu oder ein getoastetes Vollkornbrot mit Harzer Käse, dem fettärmsten Käse überhaupt, dazu etwas Obst und einen Kaffee mit Milch. All das sind Beispiele für einen gesunden Tagesbeginn. Verwenden Sie zuckerfreies Müsli und süßen Sie es bei Bedarf mit selbst gemachtem Püree aus Beeren oder mit einem halben Teelöffel Honig. Auch wenn Sie etwas Obst hineingeben, wird Ihr Müsli süßer. Greifen Sie beim Marmeladenbrot zu Magerquark oder fettreduziertem Frischkäse als Alternative zu Butter oder Margarine. Fleischprodukte und Eier sind wahre Fettnäpfchen am Frühstückstisch und sollten aufgrund ihres Fettgehalts die Ausnahme sein. Frühsportler sollten vor dem Sport nur ein Glas Apfelschorle oder ein Glas Mineralwasser trinken oder eine Banane essen. Das richtige Frühstück können Sie dann später nachholen. Das Frühstück sollte 30 % der Tageskalorien ausmachen. Verzichten Sie nicht auf Ihr Frühstück, sondern nehmen Sie sich die Zeit dafür. Frühstücken macht nämlich schlank: Regelmäßiges Frühstücken hilft, das Gewicht zu halten. Der erste Appetit des Tages ist gestillt und lässt sich so später besser im Zaum halten, da es nicht zu den gefürchteten Heißhungerattacken kommt. Wer nicht frühstückt, riskiert spätestens gegen Mittag eine starke Heißhungerattacke, die dann meist zu große Portionen mit jeder Menge Kalorien zur Folge hat.

MITTAGESSEN

Gerade mittags muss das Essen oft schnell gehen. Doch die meisten raschen Sattmacher bestehen aus viel Fett, leicht verdaulichen Kohlenhydraten und vielen Kalorien. Oft wird bei schnellem Essen mehr als nötig gegessen, denn schnelles Essen lässt das Sättigungsgefühl erst verzögert einsetzen – und es hält nicht lange vor, da der Blutzuckerspiegel zu schnell in die Höhe gepusht wird, um dann rasant wieder tief zu sinken. Die Folge davon sind Heißhungerattacken, Verdauungsprobleme und die unerfreuliche Gewichtszunahme. Daher sollten Sie Ihre Mittagspause und Ihre Mahlzeit ernst nehmen und sich Zeit zum Essen gönnen, trotz Stress – oder besonders bei Stress. Verlassen Sie in der Pause Ihr Büro, Ihren Arbeitsplatz und gehen Sie raus an die frische Luft. Wichtig ist, dass Sie mittags etwas essen: Ohne Essen wartet das „Mittagstief" mit Sicherheit auf Sie. Zu langes Herausschieben des Mittagessens führt zu Heißhunger spätestens am Nachmittag – und dann oft zum Griff nach Süßigkeiten. Denn sie sind schnell zugänglich und besänftigen zunächst einmal den Hunger. Mit leerem Magen arbeitet es sich unkonzentrierter und daher schlechter, deshalb sollten Sie vor dem großen Hunger essen und ihn gar nicht erst anwachsen lassen.

Auch beim Mittagessen gibt es ein paar Tricks – unabhängig davon, ob Sie selbst kochen, in die Kantine oder in ein Restaurant gehen. Generell gilt, dass Fett schwer im Magen liegt und müde macht. Daher sollten Sie mittags lieber auf ballaststoffreiche Lebensmittel zurückgreifen, wie zum Beispiel Vollkornreis oder -nudeln. Denn Ballaststoffe sind gut für die Verdauung und die Sättigung und halten lange vor. Ihr Blutzuckerspiegel steigt nur langsam an. Der Vitamin- und Nährstoffgehalt ballaststoffreicher Lebensmittel steht in einem günstigen Verhältnis zu den Kalorien – viele gesunde Inhaltsstoffe und dabei wenig überflüssige Kalorien. Es ist besser, leichte Fitmacher wie Salate, die reich an Vitaminen und Mineralstoffen sind, zu wählen. Anstelle eines fettigen Dressings entscheiden Sie sich lieber für ein Vinaigrettedressing auf Essig-Öl-Basis oder Joghurtdressing. Ebenso eignen sich mittags Hülsenfrüchte, also Erbsen, Bohnen sowie Linsen, Obst sowie Lebens-

mittel mit einem hohen Eiweißgehalt. Kombinieren Sie Gemüse mit magerem Fleisch oder Fisch. Geflügel ist mager; kalorienarm wird es, wenn Sie von Ente, Gans, Huhn oder Pute die Haut nicht mitessen. Schneiden Sie sichtbares Fett von dem Fleisch ab, egal ob zu Hause oder in einem Restaurant. Vor allem beim Schinken gibt es meist einen breiten Fettrand – entfernen Sie ihn vor dem Essen. Wenn Sie mageres Fleisch einkaufen, müssen Sie daheim weniger Fett abschneiden und ersparen sich so etwas Arbeit. Besonders fettarm sind Filets und Teile aus Brust und Schulter. Beim Fisch können Sie wenig falsch machen, denn es gibt ein großes Angebot an fettarmen Fischsorten. Dazu zählen Hecht, Barsch, Flunder, Kabeljau, Lotte, Schellfisch, Scholle, Seelachs, Zander, Forelle, Dorsch. Fettreicher hingegen sind Hering, Thunfisch, Sprotten, Makrele, Lachs. Diese Fischsorten sollten seltener auf dem Speiseplan stehen. Doch auch diese Fische enthalten lebenswichtige Omega-3-Fettsäuren. Würzen Sie Ihre Mahlzeit mit scharfen Gewürzen wie Ingwer, Chili oder Meerrettich. Sie geben nicht nur dem Essen eine besondere Note, sie sind auch gute Kalorienkiller. Ihr Gericht können Sie mit aromatischen Kräutern, die Körper und Geist anregen und die Verdauung erleichtern, schmackhaft und gesund abrunden. Bevorzugen Sie frische Lebensmittel oder Tiefkühlkost. Bereits beim Einkaufen können Sie dies beachten. Fertiggerichte können fettreich sein und sollten eine Ausnahme bleiben – überprüfen Sie daher vor dem Kauf die Nährstoffangaben. Beachten Sie, dass Kartoffeln länger sättigen als Reis und Nudeln, und zudem sind sie auch kalorienärmer.

Gehen Sie ähnlich wie beim Einkaufen nie ausgehungert ins Restaurant. Auch hier ist das Angebot zu verlockend, schon der Duft regt stark an und verführt Sie dazu, mehr zu essen, als Ihr Hungergefühl eigentlich zum Gestilltwerden braucht. Vermeiden Sie im Restaurant das angebotene Weißbrot mit Kräuterbutter. Bei jedem Scheibchen liegen bereits 80 kcal und 3 g Fett auf Ihrem Teller. Essen Sie Salzkartoffeln, Nudeln, Reis, Brot, Gemüse und Obst nicht als Beilage, sondern als Sattmacher. Sie sind ballaststoffreich und gut bekömmlich. Essen Sie daher mit gutem Gewissen eine große Portion Gemüse und Salat und nur eine kleine Menge Fleisch und Soßen. Vor allem bei Gewichtsproblemen sollten Sie Ihre Gemüseportion verdoppeln und gebratene Sättigungsbeilagen wie Gratins und Soßen weglassen. Geleerte Energiedepots werden gut und reichlich aufgefüllt und das Kalorienkonto wird dabei nicht unnötig belastet. Essen Sie vor dem Hauptgang einen Rohkostsalat oder trinken Sie ein Glas Mineralwasser. Ihr Magen ist dann bereits etwas gefüllt und Sie werden rascher satt. Gehen Sie statt zum Griechen häufiger zum Asiaten essen. Eine Sushi-Mahlzeit enthält nur etwa 500 kcal und 5 bis 10 g Fett. Alternativ dazu hält die griechische Grillplatte mit 1200 kcal und 35 g Fett dagegen.

ABENDESSEN

Das Abendessen rundet Ihren Tag ab. Es sollte leicht verdaulich sein und Ihren Körper nicht belasten. Damit Ihr Schlaf erholsam ist, sollten Sie daher abends nichts Schweres mehr zu sich nehmen, das den Stoffwechsel unnötig belastet. Auch Anregendes gehört nicht auf den Abendbrottisch. Mit dem Abendessen sollten Sie Ihre tägliche Kalorienzufuhr erreichen, die Sie bis dann auch verbraucht haben sollten. Dabei ist die Uhrzeit, wann Sie zu Abend essen, weniger entscheidend. Sollten Sie abends die Hauptmahlzeit einnehmen, ist dies am besten zwei Stunden vor dem Schlafengehen, um das Einschlafen nicht zu stören. Abends stehen Freizeit, Bewegung und Entspannung im Mittelpunkt, sodass die Disziplin beim Essen oft leidet und man sich gerne genussvoll gehen lässt. Einige Tipps unterstützen Ihre gesunde Ernährung.

Wenn Sie mittags warm gegessen haben, gibt es abends das „kalte" Abendessen. Der Klassiker ist sicherlich das belegte Brot. Greifen Sie zu Vollkornbrot, das auch getoastet richtig lecker schmeckt, und belegen Sie es wahlweise mit fettarmem Koch- und Bierschinken oder Geflügelwurst statt fettreicher Salami oder Streichwurst. Oder mit mageren Käsesorten oder mit Kräuterquark statt Vollrahmkäse. Magere Käsesorten sind Harzer Käse, Kochkäse und Hüttenkäse, fettarmer Schnittkäse sowie Quark, der weniger als 30 % Fett i. Tr. enthält. Tomatenmark, Frischkäse, Senf, vegetarische Brotaufstriche, wie zum Beispiel Paprikapaste, Pesto, Halbfettmargarine sind ein gesunder Butterersatz. Oder verwenden Sie Streichfette wie Butter und Margarine, wenn überhaupt, nur sparsam. Mariniertes oder sauer eingelegtes Gemüse ist ein genussvoller vegetarischer Brotbelag. Auch knackige Gurkenscheiben, Paprika, Tomatenscheiben sowie Rettich- oder Radieschenscheiben sind frische und abwechslungsreiche Alternativen. Zum Abendessen eignen sich auch ein leichter Salat, Gemüsequiche, Gemüsesuppen, leichte Getreidetöpfe auf der Basis von Reis, Couscous oder Getreidegrützen sowie Pasta geschwenkt mit frisch gedünstetem Gemüse. All das ist bekömmlich und belastet nicht. Lagern Sie Butter nicht im Kühlschrank. Streichfähige Butter lässt sich dünner auf das Brot streichen und daher besser portionieren. Beachten Sie, dass Salami und Leberwurst fettreicher als Schinken, Lachsschinken, Roastbeef, deutsches Corned Beef, Kasseler, Kochschinken, Bierschinken und aufgeschnittener Braten sind. Gerne wird das Abendessen auch als Verwertungsgelegenheit für die Reste des Mittagessens genutzt. Oder es wird erst abends warm gegessen, da tagsüber keine Zeit dafür war. Schwieriger ist es dann, wenn ein Partner mittags warm isst, der andere aber nicht dazu kommt. Das führt schnell zu Zuviel, da einer von beiden doppelt zubereitet und doppelt isst. Hierfür gibt es einfache Tricks, wie Sie verhindern können, zweimal aufwendig zu kochen und zu essen . Stellen Sie mittags Teile vom Salat nach dem Putzen in einer Plastikbox in den Kühlschrank und mixen Sie das Dressing gleich auf Vorrat. Erst abends ziehen Sie es unter den Salat. Die Abendportion Fleisch oder Fisch sollten Sie mittags noch nicht garen, sondern erst abends frisch zubereiten. Gemüse können Sie in der Mikrowelle aufwärmen. Geben Sie einen Spritzer Zitronensaft, Sauerrahm oder ein paar Kräuter hinzu – das peppt es auf. Beilagen wie Reis, Nudeln oder Kartoffeln nicht abends in Fett braten, sondern in der Mikrowelle aufwärmen oder mit etwas Wasser im Topf erhitzen. Ideal ist der Wok, um Gemüse und Beilagen gemeinsam anzubraten – mit wenig Fett. Legen Sie sich einen Vorrat von selbst gekochten, eingefrorenen Eintöpfen oder Suppen an. Er hilft, wenn keine Reste übrig sind.

BÜROS OHNE KANTINE

Sollten Sie in Ihrer Mittagspause keine Zeit haben, etwas essen zu gehen, da es an Ihrer Arbeitsstelle keine Kantine gibt, wo das Essen bereits fertig auf Sie wartet, nehmen Sie sich etwas zu essen für Ihre Pause mit. Hier eignet sich als nährstoffhaltige, sättigende Mahlzeit ein Vollkornmüsli mit Obst und Joghurt. Oder auch ein Sattmacher-Salat mit geraspeltem Gemüse, Hülsenfrüchten, Getreide, Ei, geräucherte Forelle, Hühnerbrust oder Krabben – Vegetarier nehmen stattdessen Nüsse. Etwas Warmes, das Sie gut mitnehmen können, ist eine Gemüsesuppe. Sie können sie vorkochen und in einer Mikrowelle warm machen. Dazu passt als sättigende Einlage Pesto, Parmesan oder auch etwas mageres Fleisch. Süßliebhaber können sich einen Milchreis mit Obst oder eine Quarkspeise mit Früchten mitnehmen.

GESCHÄFTSESSEN

Auch bei Geschäftsessen können Sie Ihrer gesunden Ernährungsweise treu bleiben, indem Sie den Blick auf die Speisekarte schärfen und klug aus dem Angebotenen wählen. Bestellen Sie Salate, Wok-Gemüse oder Gemüsesuppen. Gesunde Beilagen sind Pellkartoffeln, Reis oder Nudeln, Ausnahmen hingegen sollten auch beim Geschäftsessen Bratkartoffeln, Pommes, Rösti oder Gratins sein. Vermeiden Sie Alkohol, denn er verstärkt den Appetit, ist kalorienreich und macht müde, was für ein Gespräch immer kontraproduktiv ist und keinen guten Eindruck macht. Auch Menüs und Buffets sind Schlemmerfallen. Sie verlocken mit ihrem üppigen Angebot, sodass leicht über die Sättigung hinaus gegessen wird. Soßen wie Sauce hollandaise, Sauce béarnaise, Sauce béchamel oder Sahnesauce sind reinste Butterbomben und sehr fettreich. Das Gleiche gilt für Frittiertes, Gratins und Hackfleischgerichte. Sahnedesserts wie Mascarpone, Eis und Mousse sind Kalorienbomben.

MIT ENTSPANNUNG ZUM WUNSCHGEWICHT

Aber nicht nur in Lebensmitteln und Sport stecken schlank machende Effekte. Wissenschaftlichen Untersuchungen zufolge hemmt autogenes Training die Ausschüttung von Hormonen, die dick und hungrig machen. Ein internationales Forscherteam hat die Zusammenhänge von Übergewicht und Stress aufgedeckt. Ursache ist das »Neuropeptid Y«. Dieser Stoff, den der Körper in hektischen Situationen in größeren Mengen ausschüttet, heftet sich demnach an bestimmte Rezeptoren der Fettzellen und regt diese zu Vermehrung und Wachstum an. Erlernen Sie Entspannungstechniken wie autogenes Training, Yoga, Atementspannung oder progressive Muskelentspannung und sorgen Sie dadurch für einen entspannten Weg zum Wunschgewicht. Viele Krankenkassen bieten ihren Mitgliedern kostenlose Kurse oder einen Zuschuss zu Volkshochschul- und Sportverein-Kursen an.

SCHLAFEN SIE SICH SCHLANK

Ja, der Schlaf ist nicht nur wichtig und erholt den ganzen Körper, er ist auch wichtig für die Gewichtsregulation. Natürlich entspannt der Schlaf und das hilft ja schon bei der Gewichtsabnahme. Denn Stress macht dick und Entspannung hilft bei der Gewichtsreduktion. Eine Studie an der Universitätsklinik Aachen in der Abteilung von Professor Dr. Waltraud Kruse zeigte, dass Übergewichtige, die autogenes Training erlernen und durchführen, leichter abnehmen. Wer gut schläft hat tagsüber auch die Energie und Ausdauer, ein sportliches Programm zu absolvieren. Aber der regelmäßige ausreichende Schlaf hat noch andere wichtige Effekte und mehr mit dem Körpergewicht zu tun, als wir denken. Sehr viele Studien zeigen, dass Menschen, die wenig schlafen, zu Übergewicht neigen. Ein unzureichender Schlaf hat Einfluss auf den Hormonstatus. Unter anderem das für die Fettverbrennung so wichtige Wachstumshormon wird bei Schlafmangel verändert. Zudem bedeutet ein zu wenig an Schlaf auch, dass viele Stresshormone ausgeschüttet werden. Und das macht dick. Zudem kommt es bei Schlafmangel zu einer Insulinresistenz. Es ist nachgewiesen, dass auch die Regelmäßigkeit des Schlafens wichtig ist. Halten Sie also möglichst Ihre Schlafzeiten ein. Der Schlafbedarf liegt zwischen 6 und 8 Stunden täglich.

Teilnehmerinnen, die es auf einen Nachtschlaf von mindestens sieben Stunden brachten, wogen schon vor Beginn der Studie durchschnittlich weniger als die Testgruppe, die nur fünf bis sechs Stunden pro Nacht schlief. Dabei aßen die Langschläfer nicht etwa weniger als die Nachteulen. Der Kalorienkiller-Effekt des längeren Nachtschlafs scheint eher darauf zu beruhen, dass nach einer kurzen Nacht der Grundumsatz des Körpers sinkt und es dadurch zu einem geringeren Energieverbrauch kommt.

Denken Sie daran, dass Sie weder vor- oder nachschlafen können. Sie können also beispielsweise Ihr Schlafdefizit nicht durch ein Mittagsschläfchen ausgleichen. Denken Sie an Schichtarbeiter. Die werden nicht nur häufiger krank, sondern sie sind auch überproportional übergewichtig. Und sollen Sie zu den Schichtarbeitern gehören, müssen Sie besonders auf Ihr Essverhalten achten, um der Verfettungsfalle zu entgehen. Essen Sie insbesondere Gemüse in roher und gekochter Form, Frischobst möglichst mit Schale und fettarme Eiweißträger wie Magerjoghurt. Das macht satt und schlägt weniger zu B(a)uche als Hamburger, Süßigkeiten und Weißmehlprodukte sowie fettige Snacks.

KALORIENKILLER UND FATBURNER AUSSERHALB DER KÜCHE

Veränderungen sind häufig kompliziert, sie einzuhalten erfordert eine große Willensanstrengung. Aber der Weg ist das Ziel. Bauen Sie ab heute Kalorienkiller-Verhaltensmuster in Ihren Tagesablauf ein und denken Sie an die schlanke Linie und die Gesundheit, die Sie dadurch erlangen. Es lohnt sich: Der Erfolg wird Ihnen recht geben.

Ständig in Bewegung

Bewegung ist einer der effektivsten Kalorienkiller. Wer sich ausreichend bewegt, hat kaum eine Chance, Übergewicht zu bekommen. Sind Sie in Bewegung, wird nicht nur Fett verbrannt, Ihr Körper kann auch Muskeln aufbauen, die wiederum Energie verbrauchen. Viele Menschen haben einen Arbeitsplatz, an dem stundenlanges Sitzen unerlässlich ist. Sie sollten versuchen, wenigstens vor und nach der Arbeit in Bewegung zu sein. Das bedeutet nun nicht, dass Sie jeden Tag ins Fitness-Center gehen sollen, vielmehr ist es wichtig, mehr Bewegung in den Alltag zu bringen. Denken Sie an Ihre Urgroßeltern: Da wurde die Wäsche mit der Hand gewaschen, wurden Teppiche ausgeklopft und wurde Brot selbst gebacken. Rolltreppen und Fahrstühle gab es nicht. Die meisten Wege wurden zu Fuß erledigt, wer hatte schon ein Auto? Versuchen Sie es einfach mal: Benutzen sie die Treppen, statt Rolltreppe oder Aufzug zu nehmen, verwenden Sie das Fahrrad für den Weg zur Arbeit oder gehen Sie öfter mal zu Fuß zum Einkaufen. Wenn Sie längere Strecken mit öffentlichen Verkehrsmitteln zurücklegen, könnten Sie eventuell eine Station laufen, bevor Sie Bus oder Bahn besteigen. Bringen Sie Ihr Auto selbst auf Hochglanz, statt es einmal durch die Waschstraße zu fahren. Nutzen Sie die Bewegung im Alltag als einen effektiven Kalorienkiller, der Sie keinen Cent kostet, aber enorm effektiv wirkt.

BEWEGUNG REGULIERT DEN HUNGER

Sobald Sie Ihrem Körper ausreichend Bewegung bieten, gerät der Fettstoffwechsel wieder ins Gleichgewicht. Die Fettzellen verlangen nicht ununterbrochen nach Befüllung, die Hormon- und die Botenstoffproduktion erreichen wieder Normalmaß und ein übermäßiger Hunger bleibt, trotz der zusätzlichen Muskelleistung, aus. Bewegung wirkt also in doppelter Hinsicht als Kalorienkiller: Zum einen verbraucht Ihr Körper zusätzliche Energie, zum anderen wird der Hunger nicht etwa mehr, sondern nimmt vielmehr ab. Um einen Gewichtsverlust durch Bewegung zu unterstützen, empfehlen Experten einen wöchentlichen Energieverbrauch von 2500 Kilokalorien durch zusätzliche Alltagsaktivitäten und Sport. Um dieses Ziel zu erreichen, sollten Sie sich täglich 30 bis 45 Minuten bewegen. Dabei ist es ein Irrglaube, dass erst nach 30 Minuten sportlicher Aktivität die Fettverbrennung einsetzt. Der Fettabbau beginnt sofort.

Jede Minute Sport und Alltagsbewegung ist effektiv für Ihre Figur. Sagen Sie den Fettzellen den Kampf an und setzen Sie auf die Wirkung von Kalorienkillern.

KLEINE MASSNAHMEN — GROSSE KALORIENKILLER-WIRKUNG

Jede Minute, die Sie nicht auf dem Sofa sitzen, sondern sich bewegen, zählt. Lehnen Sie sich also nicht zurück und denken: »Die paar Kalorien lohnen sich ja doch nicht!« Rechnen Sie die verbrauchten Kalorien auf ein Jahr hoch. Wenn Sie also beispielsweise ab sofort jeden zweiten Tag 30 Minuten gemütlich Fahrrad fahren, verbrauchen Sie innerhalb eines Jahres knapp 20.000 Kilokalorien zusätzlich. Das ist der Energiegehalt von gut 2,5 Kilogramm Fettgewebe. Und wenn Sie sogar jeden Tag zusätzlich zur bisherigen Aktivität 30 Minuten zügig Rad fahren, können Sie fast zehn Kilogramm reines Fettgewebe abnehmen.

ENERGIEVERBRAUCH DURCH BEWEGUNG LEICHT STEIGERN

Alltagsbewegung und Sport können die Gesundheit fördern und den Körper verschlanken. Aber nur, wenn Sie regelmäßig aktiv sind. Aber keine Angst, denn Sie müssen nicht für Olympia trainieren. Schon innerhalb von 30 Minuten verbraucht Ihr Körper reichlich Energie und baut dabei natürlich auch Fett aus den Fettzellen ab. Vergessen Sie nicht, der Körper verbraucht bei jeder Aktivität auch Fett. Je mehr sich Ihre Muskeln bewegen, desto größer ist der Verbrauch, und denken Sie nicht: „Die paar Kalorien lohnen sich ja doch nicht!“ Das ist falsch. Rechnen Sie diese Zahlen auf ein Jahr hoch. Wenn Sie also beispielsweise ab sofort jeden zweiten Tag 30 Minuten gemütlich Fahrrad fahren, verbrauchen Sie innerhalb eines Jahres atemberaubende 16.425 Kilokalorien zusätzlich. Das ist der Energiegehalt von fast 2,5 Kilogramm Fettgewebe, das Sie auch abbauen, wenn Sie den Fatburner Radfahren nutzen. Und wenn Sie sogar jeden Tag zusätzlich zur bisherigen Aktivität 30 Minuten zügig Rad fahren, nehmen Sie zehn (!) Kilogramm reines Fettgewebe ab. Und schon durchbrechen Sie den Teufelskreis der Hormon- und Botenstoff-Produktion der Fettzellen. Hunger und Appetit bleiben aus und Ihr Körper kommt wieder zur Ruhe. Die Fettzellen schreien nicht mehr nach Befüllung und Sie strampeln munter durch die Natur. Und wenn Sie neben Bewegung weitere Fatburner in Ihren Alltag einbauen, brauchen Sie Ihre Fettzellen nicht mehr zu fürchten. Im Gegenteil: Die Fettzellen müssen dann um ihr gemütliches Leben fürchten und schrumpfen dabei. Sagen Sie den schädlichen Diäten und den prallen Fettzellen mit allen ihren Nebenwirkungen adé und heißen Sie Fatburner und Kalorienkiller in Ihrem Leben herzlich willkommen:

ALLTAGSAKTIVITÄTEN: z.B.	KALORIEN-VERBRACUCH PRO STUNDE
Sitzen und Schreiben	60 kcal
leichte Arbeiten im Stehen und Putzen	126 kcal
Badminton: als Freizeitspiel im Doppel	126 kcal
Basketball: in 20minütigem Freizeitspiel	154 kcal
Bergsteigen: Bergwandern und Klettern auf Felsen	306 kcal
Fußball	405 kcal
sportliches Gehen: Energieverbrauch ist abhängig von der Geschwindigkeit und Dauer	126 kcal bei 5 km/Std. 252 kcal bei 8 km/Std.
Gymnastik: bei lockerer Gymnastik	162 kcal
bei intensiver Gymnastik	453 kcal
Handball: als Freizeitsport	306 kcal
Jogging oder Laufen: Dauerlauf bei mäßiger Geschwindigkeit	282 kcal bei 8 km/Std 564 kcal bei 16 km/Std.
Kegeln	126 kcal
Krafttraining	243 kcal
Fahrrad fahren	90 kcal bei 8 km/Stunde 200 kcal bei 15 km/Std.
Schwimmen: bei 20 m pro Minute (Brust und Kraulen)	147 kcal
Ski alpin	306 kcal
Squash	315 kcal
Tanzen (Gesellschaftstanz)	147 kcal
Tennis: Einzel als Freizeit-sport	234 kcal
Volleyball: als Freizeitsport	135 kcal
Wandern mit Rucksack	210 kcal bei 5 km/Std.

Die Gewichtsabnahme können Sie beschleunigen, indem Sie die Kalorienzufuhr reduzieren und den Kalorienverbrauch durch sportliche Aktivität steigern. Bringen Sie zusätzlich zur gesunden Ernährungsweise mehr Bewegung in Ihren Alltag! Auch die hilft, Kalorien zu verbrennen. Außerdem hält sie unsere Gelenke und Muskulatur fit. Nehmen Sie die Treppe statt des Aufzugs. Gehen Sie zu Fuß oder fahren mit dem Fahrrad statt mit dem Auto. Steigen Sie eine Station früher aus Bahn und Bus aus, sodass Sie noch ein Stück zu Fuß gehen können. Parken Sie Ihr Auto etwas weiter weg von Ihrem Ziel. Machen Sie mittags einen kleinen, strammen Spaziergang. Das vertreibt die Mittagsmüdigkeit. Morgens eignen sich als fitter Start in den Tag einige Gymnastikübungen, 5 bis 10 Minuten. Motivierender, als sich allein zu bemühen, ist es, Sport gemeinsam mit anderen zu machen. Verabreden Sie sich zu Sportarten wie Walking, Joggen, Fitness, Schwimmen, Inline-Skating, Tanzen, Radfahren oder auch mal zum Wandern. Es gibt viele Vereine, Bildungsträger oder andere Einrichtungen, die Sportkurse für Gruppen anbieten. Wichtig beim Sport ist es, dass Sie vorher ein Glas Mineralwasser oder ungesüßten Früchtetee trinken, denn durch den Sport verlieren Sie Flüssigkeit. Auch während und nach dem Sport sollten Sie mäßig, aber regelmäßig trinken. Sporteln Sie nicht unmittelbar nach einer Mahlzeit, sondern warten Sie ein bis zwei Stunden.

Ausdauersportarten eignen sich besonders, um Kalorien zu verbrauchen und Fett abzubauen, gleichzeitig sind sie gut für das Herz-Kreislaufsystem. Trainieren Sie dreimal in der Woche 30 bis 40 Minuten. Bauen Sie auch ein paar Gymnastik- oder Krafttraining-Übungen ein. Muskeln verbrauchen mehr Kalorien und verheizen auf diese Weise mehr Fett.

Übernehmen Sie sich am Anfang nicht! Wenn Sie länger nicht mehr gesportelt haben, reichen 15 bis 20 Minuten Training zunächst aus. So können sich Ihre Muskeln, Gelenke und Ihr Herz-Kreislaufsystem an die allmählich steigende Belastung gewöhnen.

MUSKELN MACHEN SCHLANK

Muskeln verbrennen Fett, und je mehr Muskeln Sie haben, desto mehr Fett wird verbrannt. Mit jeder Aktivität bringen Sie den durch die Fettzellhormone und Botenstoffe aus dem Gleichgewicht geratenen Fettstoffwechsel wieder ins Lot. Außerdem wird das Verhältnis von Muskel- zu Fettmasse in Ihrem Körper zugunsten der Muskeln verschoben. Sie werden sehen: Wenn Sie sich erst einmal »auf den Weg gemacht haben«, fällt es Ihnen überhaupt nicht mehr schwer, den Alltag bewegt zu meistern. Im Gegenteil. Schon nach kurzer Zeit fühlen Sie sich ohne Bewegung nicht mehr wohl und erwarten sehnsüchtig die nächste Möglichkeit, Ihre Muskeln spielen zu lassen. Quälen Sie sich nicht mit Schwimmen, wenn Ihnen das »nasse Element« nicht zusagt, gehen Sie nicht aufs Laufband, wenn die Atmosphäre im Sportstudio Ihnen nicht gefällt, sondern setzen Sie auf einen Mix aus Alltagsbewegung und Sport, der Ihren Vorlieben und Neigungen entspricht.

STAUBSAUGEN UND CO SIND PRIMA KALORIENKILLER

Bewegung ist alles für eine schlanke Linie. Aber keine Angst, damit ist nicht nur Sport und Fitness-Training gemeint. Vielmehr ist es wichtig, Bewegung in den Alltag zu bringen und richtig einzuschätzen, dass auch Hausarbeit schweißtreibend und kalorienkillend sein kann. Die Alltagsarbeit kann bei vielen Menschen sogar sportliche Aktivitäten im Fitness-Center fast ersetzen. Alltagsarbeit fängt da an, wo die Maschinen und Hilfsmittel, die unsere Großmütter und Großväter noch nicht hatten, aufhören. Beginnen Sie damit, einfach regelmäßig eine Etage höher die Treppen emporzusteigen. Steigen Sie eine Bushaltestelle später ein und eine früher aus. Dadurch kommen viele zusätzlich verbrannte Kalorien zusammen. Meiden Sie Rolltreppen und Aufzüge – steigen Sie für Ihre Figur lieber Treppen. Lassen Sie das Auto stehen und benutzen Sie das Fahrrad. Nutzen Sie alltägliche Aktivitäten als effektiven Kalorienkiller, der nichts kostet, aber viel bringt.

10 Minuten	verbrauchen
Bügeln	18 kcal
Aufräumen	30 kcal
Betten beziehen	35 kcal
Fenster putzen	40 kcal
Leichte Gymnastik	40 kcal
Auto waschen	55 kcal
Gartenarbeit	60 kcal
Spazierengehen	60 kcal
Tanzen	70 kcal
Schwimmen	75 kcal
Walking	85 kcal
Inliner fahren	90 kcal
Seilspringen	120 kcal
Joggen	120 kcal
Radfahren	120 kcal
Treppensteigen	130 kcal

DIE GRUPPE HILFT BEIM ABNEHMEN

Wissenschaftliche Studien und Konzepte setzen in der Regel auf eine Gruppentherapie. Eine jetzt in der wohl bedeutendsten Medizin-Wissenschaftlichen Zeitschrift Lancet publizierte Studie zeigt eindrucksvoll auf, dass ein Gewichtsreduktionsprogramm im Rahmen des Weight Watchers Programms deutlich effektiver ist als bei anderen Gruppenprogrammen. Dass Gruppenprogramme wiederum mehr Gewichtsabnahme erbringen als Einzelberatung, ist eindeutig nachgewiesen. Wenn Sie wirklich abnehmen möchten, tun Sie sich mit Ihren Freundinnen und Freunden zusammen. Gründen Sie eine Selbsthilfegruppe für Übergewichtige. Oder machen sie bei den Weight Watchers mit. Aber auch, wenn Sie das von

INFO

Vergessen Sie bei Ihren Sport-Einheiten die Pausen nicht. Sie fördern den Kalorienkiller-Effekt der Bewegung. Quälen Sie sich nicht über lange Zeit mit einer Ausdauersportart, bis Sie kaum noch weitermachen können, eine Pause ist sinnvoll. Japanische Experten ließen mehrere Probanden Rad fahren. Eine Gruppe radelte 60 Minuten ohne Pause, die anderen Teilnehmer trainierten zweimal 30 Minuten mit einer 15-minütigen Unterbrechung. Anhand der gewonnenen Blutwerte konnten die Wissenschaftler eindeutig belegen, dass die Fettverbrennung bei der zweiten Gruppe deutlich effizienter war.

TIPP ★ TIPP ★ TIPP ★ TIPP

Sportarten für Ungeübte

Spazieren gehen, Walking, Nordic Walking, Wandern, Rad fahren, Tanzen, Gymnastik oder Schwimmen sind Sportarten, die auch für untrainierte Menschen geeignet sind.

mir für Sie zusammengestellte Programm wirkungsvoll umsetzen möchten, bietet Ihnen eine Gruppe Hilfe dabei. Gründen Sie eine Gruppe, treffen Sie sich mit Gleichgesinnten. Mit jedem Treffen wächst Ihre Motivation und Sie bekommen auch neue Anregungen. Die Gruppe macht Sie erfolgreicher und schlanker – ohne zusätzliche Mühe und Jo-Jo-Effekt. Garantiert.

Einfach schlank: Die wichtigsten Kalorienkiller und Fatburner

Um dauerhaft abzunehmen und schlank zu bleiben, müssen Sie dauerhaft Ihre Ernährungsweise umstellen. Mit diesem Programm entkommen Sie dem Jo-Jo-Effekt. Stellen Sie sich Mahlzeiten zusammen, die reichlich Kalorienkiller und Fatburner enthalten und Ihrem Wohlfühlgewicht steht dann nichts mehr im Weg! Hier finden Sie kurze Steckbriefe der Kalorienkiller, die Top-Ten-Liste der Kalorienkiller und Fatburner sowie drei Wochenpläne mit Vorschlägen für Ihre Mahlzeitenplanung.

PROTEINE

Erhält der Körper in einer Lebensphase wie einer Diät zu wenig Eiweiß, holt er sich seinen Bedarf einfach aus den Muskeln. Damit wird leider auch der Energiebedarf des Körpers verringert. Es muss also das Ziel sein, den Körper mit ausreichenden Mengen an Protein zu versorgen, so dass während einer Gewichtsreduktion keine Muskelmasse abgebaut wird. Der gefürchtete Jo-Jo-Effekt, der dazu führt, dass nach einer Diät das Gewicht sofort wieder ansteigt, beruht auf diesem Mechanismus: Während der Diät wird Muskelmasse abgebaut – der Energiebedarf sinkt – bei gleicher Energiezufuhr wie vor der Diät nimmt man wieder zu. Muskeln sind der wichtigste Kalorienkiller im menschlichen Körper. Ziel der Ernährung muss es sein, Muskelmasse zu halten und – im besten Fall – durch körperliche Aktivitäten aufzubauen. Während einer Gewichtsreduktion darf es daher niemals zu einem Mangel an Protein kommen. Hochwertige Proteine stecken in vielen leckeren Lebensmitteln: Verwenden Sie zu jeder Mahlzeit fettarme Proteinlieferanten wie Harzer Käse, Magerquark, Joghurt, Beefsteakhack (Tatar), Kochschinken, Fischfilet, Tofu und Hülsenfrüchte. Proteine machen satt und sind für die Produktion wichtiger Hormone unerlässlich. Eine Tabelle mit hochwertigen Proteinlieferanten finden Sie auf Seite 216. Nehmen Sie jedem Tag mindestens 100 Gramm Proteine auf. Nutzen Sie den Power-Protein-Spender Quark.

AMINOSÄUREN

Aminosäuren sind die kleinsten Bausteine der Proteine. Sie können vermutlich über zwei verschiedene Ebenen eine Gewichtsreduktion fördern: zum einen durch Förderung der Fettverbrennung, zum anderen durch Zügelung des Appetits. Einige Aminosäuren gelten als Stimulanzien des Wachstumshormons, das die Fettverbrennung fördert. Die Aminosäure Phenylalanin stimuliert ein weiteres Hormon, das in der Darmschleimhaut gebildet wird. Es wirkt als Botenstoff auf die Regulation von Hunger und Appetit. Durch eine ausreichende Versorgung mit Aminosäuren kann genügend Botenstoff gebildet werden, ein Reiz signalisiert dem Gehirn Sättigung und stoppt dadurch eine weitere Nahrungsaufnahme.

SOMATOTROPIN

Der stärkste Fettverbrenner im menschlichen Körper ist das Wachstumshormon Somatotropin (STH). Es wird nachts aktiv, Ihr Körper produziert es im Tiefschlaf. Keine Sorge, Sie sollen keine Hormonpräparate einnehmen. Eine ausreichende Versorgung mit den Aminosäuren Arginin und Lysin ist völlig ausreichend, um die Ausschüttung des Kalorienkillers STH »anzukurbeln«. In Sojaprodukten, Gelatine, Fleisch, Geflügel, Fisch, Meeresfrüchten und Käse finden sich ansehnliche Mengen dieser Aminosäuren. Bevorzugen Sie zum Abendessen einen Mix aus hochwertigen, aminosäurehaltigen Lebensmitteln, dazu nicht zu viele Kohlenhydrate mit einem niedrigen glykämischen Index (Glyx, siehe Seite 73). So wird ein nächtliches Insulintief erreicht, genügend Somatotropin wird produziert, und Sie können sich ganz entspannt schlank schlafen. Ein bunter Blatt- und Rohkostsalat, mit mageren Proteinlieferanten wie Hähnchenbrust, Fischfilet oder Harzer Käse kombiniert, bietet hochwertige Aminosäuren und wenige Kohlenhydrate mit einem niedrigen Glyx – das ideale Abendessen, um die Ausschüttung des Kalorienkillers STH zu fördern.

SEROTONIN

Serotonin macht glücklich und schlank. Es handelt sich bei diesem Stoff um einen Neurotransmitter, der Informationen zwischen den Nervenzellen im Gehirn transportiert. Von Serotonin weiß man: es macht ausgeglichen, bremst den Appetit, dämpft Schmerzen und fördert die Libido. Ein Mangel an Serotonin kann zu Antriebslosigkeit, Schlaf- und Essstörungen und Depressionen führen. Wenn dem Körper durch negativen Stress oder zu wenig Licht das Serotonin ausgeht und die Stimmung auf den Nullpunkt rutscht, hilft sich der Körper in der Regel selbst: mit Heißhunger auf deftige, proteinreiche Speisen und auf kohlenhydratreiche Süßigkeiten. Mit Hilfe von Kohlenhydraten und Aminosäuren ist der Körper in der Lage, Serotonin zu bilden. Am besten lassen Sie es nicht zu einem Stimmungstief kommen. Genügend Bewegung an frischer Luft beugt einem Mangel an Serotonin vor, eine eiweiß- und kohlenhydratreiche Ernährung wirkt ebenfalls dem »Winter-Blues« entgegen – gut gelaunt macht Abnehmen doppelt Spaß!

HARZER KÄSE

Ein perfekter Kalorienkiller für die kalte und warme Küche. Als Brotbelag, in Salaten, Suppen, Aufläufen und Gratins macht Harzer Käse eine gute Figur. Sauermilchkäse mit Kümmel, mit Rotschmier- oder Schimmelrinde ist unter den verschiedensten Namen bekannt. Je nach Region kann er auch Korbkäse, Landkäse, Handkäse, Mainzer oder Olmützer Quargel heißen. Allen gemein ist der Gehalt an hochwertigen Proteinen. Ganz anders als viele andere Proteinlieferanten aus der Käsefamilie enthalten diese Sauermilchspezialisten jedoch kaum Fett, ihr Fettgehalt liegt bei unter einem Prozent. Weitere Inhaltsstoffe, die Harzer Käse auszeichnen, sind stoffwechseloptimierende Aminosäuren, ein hoher Anteil an Calcium und »Schlankmacher-Vitaminen«. Ähnlich gute Qualitäten weisen auch die mageren Varianten von Kochkäse, Magerquark und Hüttenkäse auf. Mit Harzer Käse ist es kein Problem, die notwendige Proteinmenge aufzunehmen und gleichzeitig die Kalorienbilanz nicht aus dem Ruder zu bringen.

CALCIUM

Aktuelle Studien aus Amerika zeigen, dass die zusätzliche Zufuhr von 500 bis 1000 Milligramm Calcium täglich den Erfolg einer Gewichtsabnahme steigert. Mit fett- und kalorienhaltigen Lebensmitteln soll diese Menge Calcium jedoch besser nicht aufgenommen werden. Besser geeignet sind Nahrungsergänzungsmittel (z. B. Brausetabletten). Sie erhalten diese Präparate rezeptfrei in Apotheken oder in gut sortierten Drogerien. So gönnen Sie Ihrem Körper nahezu kalorienfrei eine Extraportion Calcium, die Ihren Stoffwechsel auf Vordermann bringt. Der Calciumgehalt innerhalb der Zelle steigt an, der Fettaufbau wird gehemmt, und im Gewebe wird der Fettstoffwechsel gefördert. Ihren Fettpolstern geht es mit einer zusätzlichen Calciumration also doppelt an den Kragen.

BALLASTSTOFFE

Pflanzliche Ballaststoffe sind unverdauliche Nahrungsbestandteile, die zur Gruppe der Kohlenhydrate gehören. Ballaststoffe quellen im Magen mit Flüssigkeit auf und fördern dadurch die Sättigung. Außerdem sorgen Ballaststoffe dafür, dass der Blutzuckerspiegel nach einer Mahlzeit nicht in die Höhe schießt. Dadurch wird eine übermäßig hohe Insulinausschüttung verhindert. Reichliche Mengen an Ballaststoffen sind in Vollkornbrot und -mehl, Kleie, Leinsamen, Vollkornflocken, Hülsenfrüchten wie Erbsen, Bohnen und Linsen, in Obst und Gemüse enthalten. Diese Lebensmittel sollten in keiner Kalorienkiller-Mahlzeit fehlen. Natürliche Ballaststoffergänzungen sind im Reformhaus erhältlich. Sie können damit problemlos Ihre tägliche Ballaststoffaufnahme erhöhen.

Aber nicht nur pflanzliche Ballaststoffe sind wichtige Kalorienkiller. Die tierische Substanz Chitosan wird häufig als Fettmagnet bezeichnet. Sie ist in der Lage, kleine Mengen Fett im Darm zu binden und unverdaut auszuscheiden. Isoliertes Chitosan ist als Nahrungsergänzungsmittel nicht zugelassen, es kommt aber von Natur aus in Champignons oder Austernpilzen vor.

PEKTIN

Der Ballaststoff Pektin kann große Mengen Wasser binden und sättigt nachhaltig, wie eine amerikanische Studie nachweist. Pektin nimmt in der Reihe der Ballaststoffe eine besondere Stelle ein, denn es ist in seiner gesundheitsförderlichen Wirkung vielen anderen Ballaststoffen überlegen. Natürliche Quellen für Pektin sind vor allem Apfel, Zitrusfrüchte und Quitten, Blaubeeren, Johannisbeeren, Stachelbeeren und Preiselbeeren. Flüssiges Pektin oder Nahrungsergänzungsmittel werden aus Apfeltrester (Rückstände bei der Apfelsaftgewinnung) und Zitrusfasern gewonnen.

GLYKÄMISCHER INDEX

Der glykämische Index ist das neue Zauberwort in der Ernährungsmedizin. Besonders für die Bekämpfung von Übergewicht ist das Wissen um den glykämischen Index wichtig, denn er ist ein Maß zur Bestimmung der Wirkung eines kohlenhydrathaltigen Lebensmittels auf den Blutzuckerspiegel. Häufig wird der glykämische Index auch als GX, GI oder Glyx bezeichnet. Lebensmittel oder Speisen mit einem niedrigen glykämischen Index lassen den Blutzucker nur langsam ansteigen, fördern die Sättigung und beugen Heißhungerattacken vor. Bei Lebensmitteln mit einem hohen Glyx hingegen steigt der Blutzucker rasch an.

Die Blutzuckerwirksamkeit ist nicht nur vom Lebensmittel allein abhängig. Viele andere Faktoren spielen eine Rolle. Begleitende Gaben von Fett, Ballaststoffen und Flüssigkeiten spielen ebenso eine Rolle wie Zubereitungs- und Zerkleinerungsgrad. So hat eine Pellkartoffel einen deutlich geringeren Glyx als Kartoffelpüree, und frische Erdbeeren schneiden besser ab als Erdbeereis oder -kuchen.

Achtung: unterschiedliche Glyx-Werte

Als Bezugsgröße wird in manchen Tabellen Traubenzucker (Glukose), in anderen Standardwerken Weißbrot verwendet. So kommt es für dieselben Lebensmittel in verschiedenen Tabellen zu abweichenden Werten.

PELLKARTOFFELN

Pellkartoffeln haben eine feste Struktur, und das fördert die Sättigung. Gleichzeitig weisen sie auch einen viel geringeren glykämischen Index als Salzkartoffeln oder Kartoffelpüree auf. Besonders praktisch für die Vorratsküche: Beim Abkühlen der Kartoffeln bilden sich aus einem Teil der Kartoffelstärke Ballaststoffe: die resistente Stärke, ein kalorienfreier Sattmacher. Diese Stärke zeichnet sich dadurch aus, dass sie resistent gegen Verdauungsenzyme ist und daher den Körper unverdaut wieder verlässt. Kochen Sie also mit gutem Gewissen Pellkartoffeln auf Vorrat, und genießen Sie Kalorienkiller-Kartoffelsalat, Aufläufe und deftige Pfannengerichte.

FESTE SPEISEN, GUT GEKAUT

Feste Speisen, die gut gekaut werden müssen, sind in doppelter Hinsicht Kalorienkiller. Zum einen hat schon das Kauen einen Einfluss auf den Hunger-Sättigungs-Mechanismus, zum anderen verbleiben feste Lebensmittel länger im Magen. Eine fein pürierte Gemüsesuppe verlässt den Magen beispielsweise deutlich rascher als ein Eintopf mit nur grob zerkleinertem Gemüse. In der Magenwand befinden sich Nervenenden, die der Mediziner als Sättigungsrezeptoren bezeichnet. Es sind Dehnungsrezeptoren, die dem Hunger-Sättigungs-Zentrum ein Signal weiterleiten, das besagt: »Magen gefüllt, satt, keine weitere Nahrungsaufnahme nötig!« Je länger der Magen gefüllt ist, desto länger hält der Reiz an, und der Körper verlangt nicht nach einer erneuten Nahrungsaufnahme. Nachhaltig sättigende Speisen sind beispielsweise grobe Rohkostsalate, körniges Vollkornbrot, Frischobst mit Schale, bissfest gegartes Gemüse, Getreideflocken und Pellkartoffeln.

VISKOSITÄT

Die Viskosität ist ein Maß für die Fließfähigkeit einer Flüssigkeit. Ist die Viskosität groß, ist die Flüssigkeit eher dickflüssig, je niedriger die Viskosität ist, desto dünnflüssiger ist das Fluid. Speisen und Getränke mit hoher Viskosität verbleiben länger im Magen und fördern so eher die Sättigung als wässrigdünne Speisen, die den Magen sehr schnell wieder verlassen. Mit wasserlöslichen Ballaststoffen können Sie die Viskosität von Speisen und Getränken verändern. Versuchen Sie doch einmal, eine Suppe, ein Milchgetränk oder einen Joghurt mit etwas Pektin, Guarkern- oder Johannisbrotkernmehl anzudicken. Ohne zusätzliche Kalorien, jedoch mit einer Extraportion satt machender Ballaststoffe binden Sie die Suppe und sorgen so dafür, dass die Mahlzeit länger im Magen bleibt, die Sättigungsrezeptoren stimuliert werden und ihr Sättigungsmechanismus auf »satt« umgeschaltet bleibt.

Eine ausreichende Sättigung hängt unmittelbar davon ab, wie voll und ausgedehnt der Magen ist, die Menge der Kilokalorien spielt dabei eine untergeordnete Rolle. Füllen Sie Ihren Magen also vorwiegend mit Lebensmitteln, die eine niedrige Energiedichte aufweisen.

NIEDRIGE ENERGIEDICHTE

Lebensmittel mit einer niedrigen Energiedichte enthalten wenige Kalorien pro 100 Gramm. Mit diesen Lebensmitteln erreichen Sie problemlos eine kalorienarme Sättigung. Ein großer, bunter Frischkostteller mit Blattsalaten, Gurken, Tomaten, Radieschen und Spargel enthält nur etwa 40 Kilokalorien. Klar, dass Ihr Magen nach dem Salat gut gefüllt ist, die Sättigungsrezeptoren stimuliert werden und der Hunger-Sättigungs-Mechanismus erst einmal Ruhe gibt. Die gleiche Menge Kilokalorien »gönnen« Sie Ihrem Körper auch mit etwa fünf Mandeln, einer halben Marzipanpraline oder einem Teelöffel Mayonnaise. Der Magen jedoch ist nur zu einem kleinen Teil gefüllt, und Ihr Körper verlangt sofort nach mehr.

Eine niedrige Energiedichte ist unmittelbar abhängig vom Wassergehalt. Lebensmittel, die viel Wasser enthalten, sind für eine Kalorienkiller-Ernährung besonders praktisch, denn Wasser hat keine Kalorien. Gurken, Blattsalate, Tomaten, Champignons, Spargel, Kürbis, Rhabarber, Radieschen, Rettich und Papaya gehören zu den Lebensmitteln, die eine besonders niedrige Energiedichte aufweisen. Umgekehrt bedeutet das gleichzeitig, dass Lebensmittel mit einem hohen Fettanteil eine sehr große Energiedichte aufweisen. Fett ist mit neun Kilokalorien pro Gramm der energiereichste Nährstoff. Ein Gramm Protein oder Kohlenhydrate enthält dagegen nur rund vier Kilokalorien. Eine ausführliche Tabelle mit Lebensmitteln, die eine niedrige bzw. sehr hohe Energiedichte aufweisen, finden Sie im Anhang des Buches auf *S. 213 f.*

WASSER

Wasser ist in vielfacher Hinsicht einer der effektivsten Kalorienkiller. Einerseits ist Wasser kalorienfrei. Damit macht es auch Lebensmittel, die in erster Linie aus Wasser bestehen, zu Kalorienkillern. Doch das ist nicht alles: Wasser hat neben diesem indirekten Mechanismus auch eine direkte Wirkung als Kalorienkiller: Berliner Wissenschaftler konnten vor einiger Zeit nachweisen, dass Wasser wirklich schlank macht, indem es den Stoffwechsel ankurbelt. Bei Probanden, die täglich zwei Liter kaltes Wasser tranken, konnten die Experten einen zusätzlichen täglichen Energieverbrauch von etwa 100 Kilokalorien nachweisen. Machen Sie sich diesen Effekt zunutze, auch wenn Sie ein zusätzlicher Verbrauch von 100 Kilokalorien zunächst nicht beeindruckt. Wenn Sie diese »Trink-Kur« konsequent durchhalten, bedeutet das einen zusätzlichen Kalorienverbrauch von über 36.000 Kilokalorien im Jahr. Damit könnten Sie gute fünf Kilogramm Fettgewebe abbauen. Trinken Sie kaltes (Mineral-)Wasser vor jeder Mahlzeit.

Ein perfektes Kalorienkiller-Paar:

Ballaststoffe und Wasser

Damit Ballaststoffe im Magen aufquellen können, müssen sie Wasser binden. Trinken Sie vor jedem Essen einen Ballaststoff-Drink aus einem großen Glas Wasser mit 1-2 Esslöffel Pektin, Guarkernmehl, Inulin, Oligofruktose, Kleie, Leinsamen oder Flohsamenschalen. Das füllt den Magen, und Sie werden beim Essen schneller satt.

L-CARNITIN

L-Carnitin spielt eine wichtige Rolle bei einem reibungslosen Fettstoffwechsel. Für die Fettverbrennung im Körper sind die Mitochondrien zuständig, die auch als »Kraftwerke« der Zellen bezeichnet werden. L-Carnitin sorgt dafür, dass die Fettsäuren in die Mitochondrien gelangen. Es heftet sich dabei an die Fettsäuren an und schleust diese durch die Membran der Mitochondrien. Liegt ein Mangel vor, so werden weniger Fettsäuren in die Mitochondrien transportiert und der Körper kann weniger Fett in Energie umsetzen. L-Carnitin kann vom Körper selbst aus den essenziellen Aminosäuren Methionin und Lysin produziert werden. Diese Aminosäuren bilden im Körper eine gemeinsame Eiweißverbindung: L-Carnitin. Dabei werden als Co-Faktoren die Vitamine C, B6 und Niacin sowie das Spurenelement Eisen benötigt. L-Carnitin wird aber auch direkt aus der Nahrung aufgenommen. Gute L-Carnitin-Lieferanten sind Lamm- und Schaffleisch, aber auch Rind- und Schweinefleisch enthalten nennenswerte Mengen. Studien zufolge wirkt L-Carnitin am besten im Zusammenspiel mit einer Veränderung der Ernährungsgewohnheiten und einer Erhöhung der körperlichen Aktivität. Zur Ergänzung einer Reduktionskost und eines begleitenden Bewegungsprogramms ist es hilfreich, die natürliche Zufuhr durch Nahrungsergänzungsmittel mit einer Dosis von 1000 bis 3000 Milligramm L-Carnitin aufzustocken. Das fördert den Fettabbau, verringert die Insulinresistenz, stärkt das Herz, beugt Muskelkater vor und fördert das Immunsystem. Entsprechende Präparate erhalten Sie rezeptfrei in Apotheken und Drogerien.

KONJUGIERTE LINOLSÄURE (CLA)

Hinter der Abkürzung CLA verbirgt sich eine mehrfach ungesättigte Fettsäure, die der Mensch mit seiner täglichen Ernährung über Fleisch und Milchprodukte zu sich nimmt. Der konjugierten Linolsäure werden viele positive Wirkungen nachgesagt. CLA soll die gespeicherte Fettmenge verringern, den Fettstoffwechsel beschleunigen und die Fettspaltung in den Zellen fördern. Dadurch soll es in der Lage sein, das Verhältnis von Fettmasse zu Muskulatur zugunsten der Muskelmasse zu verschieben. Als Folge der größeren fettfreien Körpermasse wird der Ruhe-Energieumsatz des Körpers gesteigert, und es kann durch diesen Effekt zu einem höheren Energieverbrauch kommen. Inwieweit diese Thesen zutreffen, muss durch weitere Studien gesichert werden.

Die Kalorienkiller
Fatburner Hitliste

Hier finden Sie die »Hitliste« der Kalorienkiller und Fatburner. Sie sollten jeden Tag eine möglichst große Anzahl dieser Kalorienkiller in Ihren Speiseplan einbauen. So kann beim Erreichen des Wunschgewichts nichts schiefgehen. Orientieren Sie sich an den Wochenplänen (siehe Seite 84 ff.), oder wählen Sie ganz nach Geschmack und Vorliebe einzelne Rezepte für Frühstück, Mittag- und Abendessen aus.

1. Proteine

Proteine machen satt und sind für den Aufbau der Zellen unerlässlich. Damit während einer Gewichtsreduktion keine Muskelmasse abgebaut wird, muss der Körper mit ausreichenden Mengen an Protein versorgt werden. Harzer und Hüttenkäse, Magerquark, Hülsenfrüchte, fettarmes Fleisch und Fisch sorgen für eine ausreichende Versorgung. Jede Diät, die nicht täglich 100 Gramm Protein enthält, führt zum Jojo-Effekt, macht nicht satt, pusht die Fettverbrennung nicht und macht damit auf die lange Sicht gesehen sogar dick.

2. Niedriger Glyx

Kohlenhydrathaltige Lebensmittel und Speisen mit einem niedrigen glykämischen Index lassen den Blutzucker nur langsam ansteigen, fördern dabei jedoch die Sättigung und beugen Heißhungerattacken vor.

3. Ballaststoffe

Ballaststoffe sind unverdauliche Kohlenhydrate. Sie quellen im Magen mit Flüssigkeit auf und machen nachhaltig satt. Sie sorgen für einen gemäßigten Blutzuckeranstieg nach einer Mahlzeit. Leinsamen, Kleie, Vollkornprodukte und Hülsenfrüchte führen die Hitliste der natürlichen Ballaststofflieferanten an.

4. Niedrige Energiedichte

Lebensmittel mit einer niedrigen Energiedichte enthalten viel Wasser und wenige Kalorien pro 100 Gramm. Mit Blattsalaten, Gurke, Tomaten, Spargel, Radieschen und Papaya erreichen Sie problemlos eine kalorienarme Sättigung. Die Dehnungsrezeptoren im Magen werden stimuliert und der Hunger-Sättigungs-Mechanismus gibt erst einmal Ruhe.

5. Mineralwasser

Wasser ist zum einen kalorienfrei, zum anderen kurbelt es (vor allem kalt genossen) den Stoffwechsel an. Mineralwasser bietet als zusätzliches Plus Calcium und Magnesium, die ebenfalls Kalorienkiller-Qualitäten zeigen, und Kohlensäure, die die Sättigungsrezeptoren positiv beeinflusst.

6. Aminosäuren

Die kleinsten Bausteine der Proteine werden Aminosäuren genannt. Sie fördern die Fettverbrennung und bremsen den Appetit. Auch der Hunger-Sättigungs-Mechanismus wird indirekt durch Aminosäuren beeinflusst.

7. Harzer Käse

Harzer Käse und alle anderen Sorten Sauermilchkäse enthalten große Mengen an hochwertigen Proteinen. Sie sind daher auch beste Lieferanten für Aminosäuren und Calcium. Ein weiteres Plus: Sauermilchkäse enthält unter einem Gramm Fett pro 100 Gramm.

8. Koffein

Der Genuss von Koffein aus Kaffee und Espresso stimuliert die Fettverbrennung, bei der die Nahrungsfette in ihre Einzelteile gespalten werden. Außerdem werden Blutdruck und Wärmeproduktion des Körpers angeregt.

9. L-Carnitin

Bei einem reibungslos funktionierenden Fettstoffwechsel ist L-Carnitin für den Transport der Fettsäuren in die Mitochondrien zuständig, in denen sie in Energie umgewandelt werden. Besonders gute Quellen für L-Carnitin sind Lamm- und Schaffleisch.

10. MCT-Fette

MCT-Fette (mittelkettige Triglyzeride) sind Fette mit einer speziellen Molekülstruktur und Löslichkeit. Sie sind wegen ihres besonderen Verhaltens im menschlichen Körper schon lange bekannt und werden bei verschiedenen Erkrankungen eingesetzt. Seit kurzem gibt es jedoch auch Erkenntnisse, die für Gewichtsbewusste von Bedeutung sind. MCT-Fette wirken als Kalorienkiller durch ihren Kaloriengehalt, der um zehn Prozent geringer ist als der von anderen Nahrungsfetten. Zudem steigern MCT-Fette die Thermogenese (Wärmebildung) und damit den Energieumsatz des Körpers. Wer Butter, Margarine und Öl durch MCT-Produkte, die im Reformhaus und in der Apotheke erhältlich sind, austauscht und nicht mehr als 40 bis 60 Gramm davon pro Tag verbraucht, nimmt besser ab, beugt dem Jojo-Effekt vor und ist besser gesättigt.

CAPSAICIN, TABASCO UND ANDERE SCHARFMACHER

Scharfe Gewürze heizen dem Körper so richtig ein, führen zu einer besseren Durchblutung und verbrennen dabei jede Menge Kalorien. Verantwortlich für diese Kalorienkiller-Effekte ist beispielsweise das Capsaicin, das in Paprikafrüchten vorkommt. Durch den Schärfereiz auf der Zunge wird die Thermogenese im Körper gefördert und dadurch Energie verbraucht. Scharfmacher wie Cayennepfeffer, Sambal Oelek, Chilischoten und Tabasco sind also beste Kalorienkiller, die Sie zu jeder Mahlzeit einsetzen können. Trinken Sie zum Beispiel vor der Mahlzeit einen Gemüsesaft mit Tabasco – Ballaststoffe, stoffwechselaktive Vitalstoffe und Capsaicin sorgen für eine erste Sättigung und heizen Ihrem Körper schon mal gehörig ein. Bei der eigentlichen Mahlzeit sind Sie dadurch schneller satt. Im Reagenzglas konnten taiwanesische Wissenschaftler einen weiteren Kalorienkiller-Faktor von Capsaicin nachweisen. In bestimmten Zellen, die sich zu Fettzellen entwickeln können, führte die Substanz Capsaicin dazu, dass sich knapp ein Drittel dieser Zellen nicht weiterentwickeln konnte, sondern der programmierte Zelltod (Apoptose) ausgelöst wurde. Im Laborversuch reichten bereits Capsaicin-Konzentrationen aus, wie sie auch im Magen nach dem Verzehr eines Chiligerichts zu finden sind, dennoch muss in weiteren Versuchen gesichert werden, ob der Verzehr von Chilischoten für einen ähnlichen Effekt bei der Bekämpfung der Fettzellen ausreicht.

INGWER

Asiaten schätzen seit jeher die Vorteile der scharfen Knolle. Frische Ingwerwurzel enthält einen großen Anteil ätherischer Öle und die »Scharfmacher« Gingerol und Shoagol, die ähnlich wirken wie Capsaicine in Paprikafrüchten. Kurbeln Sie die Wärmeproduktion Ihres Körpers mit Ingwer an – es gibt die frische Asia-Knolle mittlerweile in fast jedem Supermarkt. Aber Ingwer kann noch mehr: Durch die Steigerung der Speichel- und Magensaftsekretion fördert Ingwer die Verdauung und eine gesunde Darmfunktion.

VANILLE

Vanille greift nicht direkt in Stoffwechselvorgänge ein und ist dennoch ein sehr wirksamer Kalorienkiller. Der Duft der aromatischen Schote reduziert den Appetit auf Süßigkeiten. Nicht umsonst enthalten so viele Diätprodukte Vanillearoma. Dabei lässt sich die Nase viel lieber von frischer Vanille umschmeicheln als von den synthetisch hergestellten Aromen. Versuchen Sie doch einmal, Ihren Appetit auf Süßigkeiten mit einer Tasse Vanillemilchkaffee loszuwerden. Bewährt haben sich auch Duftlämpchen mit Vanilleöl.

KALORIENKILLER-TEE

Schneiden Sie eine ausgekratzte Vanilleschote in kleine Stückchen und legen Sie sie zusammen mit Schwarztee-Blättern in ein Schraubdeckelglas. Nach 2 bis 3 Tagen können Sie die erste Tasse köstlichen Vanilletee genießen.

TIPP ★ TIPP ★ TIPP ★ TIPP

Kaffee als »Flüssigkeitsräuber«?

Gegen den Genuss von bis zu vier Tassen Kaffee pro Tag ist nichts einzuwenden. Anderslautende, ältere Empfehlungen sind von Ernährungsexperten zurückgenommen worden.

ZIMT

Das aromatische Gewürz ist vielen nur von der Weihnachtsbäckerei bekannt. Zimt enthält sekundäre Pflanzenstoffe, die den Blutzuckerspiegel senken und für eine optimale Insulinwirkung sorgen. Es bringt den erlahmten Stoffwechsel wieder in Schwung und sorgt dadurch für eine reibungslose Körperfettreduzierung während des Gewichtsverlusts. Schon ein halber Teelöffel Zimt pro Tag entfaltet die gewünschte Wirkung. Verwenden Sie am besten den milden Ceylon-Zimt und würzen Sie damit nicht nur Süßspeisen, Getränke und Kuchen. Auch in der deftigen Küche bereichert eine Prise Zimt viele Mahlzeiten.

KOFFEIN

Koffein stimuliert das Zentralnervensystem und steigert die Lipolyse (Fettverbrennung), bei der das Nahrungsfett in seine Einzelteile gespalten wird. Die freien Fettsäuren kann der Körper dann durch Verbrennung zur Energiegewinnung nutzen. Außerdem steigern Koffein und andere Stoffe im Kaffee die Wärmeproduktion und den Blutdruck. Beste Wirkungen von Koffein werden bei einer ausgewogenen Kalorienkiller-Ernährung und viel Bewegung erreicht. Genießen Sie nach jedem Essen einen starken Kaffee oder Espresso. Bevorzugen Sie Cappuccino oder Milchkaffee, verwenden Sie Magermilch oder fettarme Kondensmilch, um Ihrem Kaffee den richtigen Farbton zu verleihen.

PROBIOTIKA

Bisher waren die gesunden Bakterien, die unsere Darmflora positiv beeinflussen, eher dafür bekannt, dass sie die Abwehrkräfte steigern. Aktuelle Studien zeigen jedoch, dass auch Übergewichtige von diesen Mikroorganismen profitieren können. Damit Probiotika im Darm die richtige Wirkung entfalten können, sollten Sie sie zweimal am Tag genießen. Schon mit einem probiotischen Joghurt zum Müsli am Morgen und einer Sauerkraut-Rohkost am Abend haben Sie die Weichen für die darmgesunde Kalorienkiller-Wirkung gestellt. Brottrunk, Kefir und angereicherte Produkte (z. B. Trinkjoghurt, Quark) sind ebenfalls gute Probiotika-Quellen. Als Nahrungsergänzungsmittel erhalten Sie Probiotika rezeptfrei in Pulver-, Kapsel- oder Tablettenform.

SAUERKRAUT

Für alle Fans der kalorienarmen kalten und warmen Küche ist Sauerkraut ein absolutes »Muss«. Es ist vielseitig als Beilage und Rohkost, in Suppen, Eintöpfen und Aufläufen einsetzbar. Sauerkraut enthält reichliche Mengen an Ballaststoffen und sättigt daher sehr nachhaltig. Aber es bietet noch mehr: 100 Gramm der geschmackvollen Spezialität enthalten nicht einmal 20 Kilokalorien. Damit bietet Sauerkraut eine ähnlich niedrige Energiedichte wie Gurken, aber viel mehr Geschmack. Abgerundet wird das positive Bild des »Super-Krauts« durch ansehnliche Mengen an Vitamin C und B-Vitaminen. Im Winterhalbjahr wählen Sie am besten frisches Fasssauerkraut (z. B. aus dem Reformhaus), und Sie erhalten zusätzlich noch eine gute Portion an probiotisch wirksamen Milchsäurebakterien.

VITAMIN C

Mit Hilfe von Vitamin C (Ascorbinsäure) produziert der Körper das Hormon Noradrenalin. Es »verheizt« als wirksamer Kalorienkiller in rascher Zeit Fett. Noradrenalin wird ausgeschüttet, wenn wir schnelle Energie benötigen, und die stammt dann hoffentlich aus den unerwünschten Fettzellen. Das kann nur funktionieren, wenn der Körper ausreichend Noradrenalin produzieren kann. Neben einer ausreichenden Proteinversorgung ist Vitamin C ein entscheidender Faktor für die Noradrenalin-Produktion. Vitamin C ist reichlich in vielen Obst- und Gemüsesorten vorhanden. Es handelt sich allerdings um ein sehr licht- und hitzeempfindliches Vitamin, außerdem ist es wasserlöslich. Lange gelagerte, gekochte und verarbeitete Lebensmittel enthalten daher sehr viel weniger Vitamin C als die frischen Produkte. Während einer Gewichtsreduktion kann daher die Einnahme von Nahrungsergänzungsmitteln mit Vitamin C sinnvoll sein.

Die meisten Lebewesen können Vitamin C über den Glukosestoffwechsel selbst produzieren. Da die Spezies Mensch zu den wenigen Ausnahmen gehört, und das Vitamin im Körper kaum gespeichert werden kann, müssen täglich mindestens 75 Milligramm Ascorbinsäure mit der Nahrung aufgenommen werden.

JOD

Der Kalorienbedarf des Körpers wird durch die in der Schilddrüse gebildeten Hormone erhöht. Sie beeinflussen die Wärmeproduktion und den Stoffwechsel des Körpers. Eine ausreichende Hormonmenge wird in der Schilddrüse nur dann gebildet, wenn genügend Jod vorhanden ist. Bei einer Unterversorgung mit Jod kommt es zunächst zu einer Störung des Wohlbefindens, zu Antriebs- und Konzentrationsschwäche. Äußeres Merkmal ist häufig eine vergrößerte Schilddrüse, auch Kropf genannt. Durch die Ernährungsgewohnheiten der Deutschen herrscht in weiten Teilen der Bevölkerung Jodmangel. Ernährungsfachleute empfehlen daher die Verwendung von jodiertem Speisesalz, um eine ausreichende Versorgung mit dem Spurenelement Jod sicherzustellen. Sie finden es in jedem Supermarkt. Seefische, Muscheln, Krabben, Meeresfrüchte und Algen sind natürliche Quellen für eine gute Jodversorgung. Achten Sie insbesondere während einer Diät auf eine ausreichende Jodversorgung, da durch die erhöhte Urinproduktion viel Jod verloren geht.

MAGNESIUM

Magnesium ist im Körper an über 300 Enzymreaktionen beteiligt und allein damit schon für eine optimale Stoffwechselaktivität unerlässlich. Fettverbrennung kann nur dann stattfinden, wenn die Fettsäuren durch Enzyme aktiviert werden. Dabei ist die Anwesenheit von Magnesium als Co-Faktor unerlässlich. Gute Magnesiumquellen sind Vollkornprodukte, Kartoffeln, Gemüse, Milch und Milchprodukte, Fisch, Geflügel und Sojabohnen, Beerenobst, Bananen und Orangen.

TIPP

Bei sportlichen Anstrengungen verliert Ihr Körper durch das Schwitzen auch Magnesium. Löschen Sie Ihren Durst daher mit einem Mineralwasser, das einen Magnesiumgehalt von über 50 Milligramm pro Liter aufweist.

PYRUVAT

Pyruvat ist ein Stoffwechselprodukt, das beim Abbau von Zucker entsteht. Es ist aber auch in etlichen Lebensmitteln wie Hülsenfrüchten, Vollkornbrot, Geflügel, Äpfeln und Käse enthalten. Pyruvat erhöht den Abbau von Fett und bewirkt dadurch eine Gewichtsabnahme. Amerikanische Testreihen konnten nachweisen, dass Probanden, die sich im Rahmen dieser Studien kalorienbewusst und pyruvathaltig ernährten, innerhalb von sechs Wochen durchschnittlich 2,2 Kilogramm Körpergewicht verloren.

Nach aktuellem Forschungsstand beruht die Kalorienkiller-Wirkung des Pyruvats wahrscheinlich auf einer Steigerung der Thermogenese. Als weiterer Vorteil gilt: Der Abbau von körpereigenem Eiweiß während einer Gewichtsreduktion soll durch Pyruvat vermindert werden.

Die Kalorienkiller-Wirkung des Pyruvats wird vermutlich durch eine Steigerung der Thermogenese erzielt. Als weiterer Vorteil gilt: Der Abbau von körpereigenem Eiweiß während einer Gewichtsreduktion soll durch Pyruvat vermindert werden.

PHOSPHOLIPIDE

Phospholipide sind Kombinationen aus Lipiden und Aminoalkoholen, die in jeder Zelle des Körpers vorhanden sind. Lecithin ist das wohl bekannteste in der Gruppe der Phospholipide. Es senkt die Blutfettwerte und macht uns weniger stressempfindlich. Damit wirkt es auch als potenter Kalorien- und Fettkiller. Bei Stress, Krankheit oder während einer Gewichtsreduktion kann eine zusätzliche Aufnahme von Lipaminen sinnvoll sein.

CHROM

Chrom ist ein wesentlicher Bestandteil des Glukosetoleranzfaktors, dadurch hat Chrom direkten Einfluss auf die Wirksamkeit des Insulins und den Blutzuckerspiegel. Chrom ist in vielen Lebensmitteln, allerdings nur in geringen Mengen, vorhanden. Chromhaltige Lebensmittel sind beispielsweise Fleischprodukte, vor allem Innereien und Muskelfleisch. Aber auch Bierhefe, Hülsenfrüchte, Samen, Kleie und Vollkornprodukte enthalten Chrom. Eine Nahrungsergänzung während einer Gewichtsreduktion ist sinnvoll.

CHOLIN

Cholin ist ein Bestandteil von Lecithin und wird zum Teil mit der Nahrung zugeführt. Der Körper ist allerdings auch in der Lage, Cholin selbst zu produzieren. Cholin hat keine direkte Wirkung auf die Fettverbrennung, sondern wirkt einer Fettablagerung in der Leber entgegen. Gute Cholinquellen sind Leber, Eier und Sojaprodukte. Bei einer ausgewogenen, vollwertigen Ernährung braucht der Körper keine zusätzlichen Cholingaben. Während einer Gewichtsreduzierung kann eine Nahrungsergänzung jedoch sinnvoll sein.

NAHRUNGSERGÄNZUNGSMITTEL

Neben dem Supermarkt, der viele natürliche Kalorienkiller im Kühlregal sowie in den Obst- und Gemüseauslagen für Sie bereithält, gibt es auch in Apotheken, Reformhäusern und Drogerien Kalorienkiller, die Ihnen beim Abnehmen helfen können. In jedem Fall sollten Sie Ihre Kost durch ein Multivitamin-Mineralstoff-Präparat ergänzen. Diese Produkte erhalten Sie preiswert in jeder Apotheke, verwenden Sie sie nach Packungsanleitung. Ideal sind auch natürliche Vitalstoffkonzentrate wie Bierhefe oder Gemüse- und Obstkonzentrate. Eine ausreichende Versorgung mit Vitaminen und Mineralstoffen ist unerlässlich, um den Stoffwechsel optimal ablaufen zu lassen. Ideal ist es natürlich, den Bedarf durch vollwertige, ausgewogene Ernährung zu decken, aber wenn das – z. B. wegen einer Gewichtsreduktion, Allergien oder Unverträglichkeiten – nicht möglich ist, bieten Nahrungsergänzungen die beste Möglichkeit, Mangelzuständen vorzubeugen. Nahrungsergänzungsmittel sehen Arzneimitteln zum Verwechseln ähnlich, werden aber rechtlich den Lebensmitteln zugeordnet, denn sie enthalten dieselben Inhaltsstoffe (z. B. Vitamine und Mineralstoffe) wie diese – nur in dosierter, also in abgemessener Form. Im Rahmen einer Kalorienkiller-Ernährung kann die Einnahme von Präparaten, die Vitamin C, Magnesium, Calcium, Chrom, Cholin, L-Carnitin und Phospholipide enthalten, sinnvoll sein. Dies gilt umso mehr, wenn Sie die Nahrungsenergie reduzieren. Jodergänzungen sind nur dann anzuraten, wenn Sie kein jodiertes Speisesalz verwenden. Geben Sie Ihrem Stoffwechsel, was er braucht: Vitalstoffe in ausreichender Menge.

Wochenpläne

Jeder Tagesplan enthält etwa 1000 Kilokalorien und eine große Menge an Kalorienkillern und Fatburnern. So können Sie pro Woche etwa ein Kilogramm reine Fettmasse abnehmen. Möchten Sie etwas langsamer abnehmen, können Sie den Plan nach Ihrem Geschmack erweitern, zum Beispiel mit einem Kalorienkiller-Drink zum Frühstück, einigen Pellkartoffeln oder einer zusätzlichen Gemüseportion zum Mittag- oder Abendessen. Achten Sie darauf, dass Sie immer mindestens 100 Gramm Eiweiß aufnehmen. Um das zu gewährleisten, sollten Frauen neben diesen Rezepten täglich mindestens 250 Gramm Magerquark essen. Männer brauchen etwas mehr. Aber auch hier sind 300 Gramm Magerquark am Tag in der Regel ausreichend. Den Magerquark rühren Sie mit dem Schneebesen, dem Handrührgerät oder dem Passierstab und etwas Wasser (1/2 Tasse) schön cremig. Sie können dem Quark jetzt pikante Zutaten wie Paprika, Zwiebel, frische Kräuter oder Knoblauch zufügen. Wenn Sie ein „Süßer" sind, können Sie den cremigen Quark mit Süßstoff und Backaroma (Bittermandel, Zitrone oder Vanille) abschmecken. Mit dem Quark und gegebenenfalls einem „Kalorien-Kohlenhydratarmem Snack" nehmen Sie täglich 1250 bis maximal 1500 Kilokalorien auf.

1. Woche

Tag	Frühstück	Mittagessen	Abendessen
Montag	Grapefruit-Apfel-Müsli	Kürbissuppe mit Harzer Soufflé	Rucola-Trauben-Salat mit Himbeer-Balsam-Dressing, dazu Vollkornbrot
Dienstag	Erdbeermüsli mit Mandelmilch	Pellkartoffelpfanne, ein Apfel	Käse-Lauch-Pfanne
Mittwoch	Obstsalat mit Walnüssen	Fleischtomate mit Hüttenkäsefüllung, Apfel-Ingwer-Suppe mit Eischneeklößchen	Knäckebrot mit Handkäse und Kochkäse, Johannisbeer-Apfel-Salat mit Zimtjoghurt
Donnerstag	Johannisbeeraufstrich, dazu Vollkornbrötchen	Kartoffel-Gemüse-Gratin mit Hackbällchen	Couscous-Salat
Freitag	Himbeermüsli mit Apfel-Vanille-Joghurt	Kabeljau auf Ratatouille, Expressodickmilch mit Himbeeren	Harzer Schnitten mit Rohkostsalat
Samstag	Stachelbeerkonfitüre mit Ingwer, dazu Vollkornbrot, Sanddornmilch	Kürbis-Käse-Suppe mit frischem Ingwer, dazu Pumpernickel	Feuriger Kartoffel-Käse-Salat, dazu Vollkornbrötchen
Sonntag	Knusprige Pancakes mit Fruchtsauce	Tomatencremesuppe, dazu Vollkornbrötchen, Zwetschgen-Blitzeis	Rotkohlsalat Bangkok

2. Woche

Tag	Frühstück	Mittagessen	Abendessen
Montag	Feigenkonfitüre, dazu Vollkornbrötchen	Deftige Linsensuppe, dazu Vollkornbrötchen	Überbackene Polentaschnitten
Dienstag	Erdbeerknäckebrot, Zimtkakao	Blitz-Brokkolicremesuppe, Gurkengemüse mit Kräuterquark	Milchreis mit Orangen-Ingwer-Kompott
Mittwoch	Hagebuttenbrötchen	Gratinierte Linsen, Herbstliches Lauchgemüse	Vienenburger Pfannekuchen
Donnerstag	Grapefruitkonfitüre mit Vanille, dazu Vollkornbrötchen	Pellkartoffeln mit Kräuterhüttenkäse, Kohlrabi-Kerbel-Gemüse	Handkäs mit Musik, dazu Vollkornbrot, Rhabarberkompott mit Vanillejoghurt
Freitag	Scharfer Kräuterquark, dazu Vollkornbrot	Seelachs-Gurken-Pfanne mit kaltem Ingwerjoghurt	Matjes nach Hausfrauenart, dazu Pumpernickel
Samstag	Bananen-Vanille-Auf-strich, dazu Vollkornbrot	Bunte Tomatensuppe Toskana, dazu Vollkorn-brötchen	Apfel-Linsen-Salat mit Schafskäse, dazu Knäckebrot
Sonntag	Sonntagsfrühstück	Mediterraner Reissalat, Kräuter-Gurken-Suppe mit Sesam	Scharfe Pasta

Diese drei Wochenpläne sind nur auf den ersten Blick starre Diätpläne. Sie können die Mahlzeitenreihenfolge verändern, die Tages- oder sogar die Wochenpläne austauschen. Wenn Sie also an den Arbeitstagen morgens nur einen schnellen Kaffee trinken, können Sie das Frühstück in der ersten Pause und in der Mittagspause ein »Abendessen« genießen. Das »Mittagessen« bereiten Sie sich dann abends zu. Am Wochenende bereiten Sie dann die Mahlzeiten nach einer eher »klassischen« Reihenfolge zu. Für einen schnellen Erfolg können Sie sich nach allen drei Wochenplänen richten, es ist aber auch möglich, nur eine oder zwei Wochen als Einstieg zu wählen und dann Rezepte aus den einzelnen Kapiteln auszusuchen.

3. Woche

Tag	Frühstück	Mittagessen	Abendessen
Montag	Kräuterkochkäse, dazu Vollkornbrötchen	Pellkartoffelsalat und Paprika mit Käsefüllung	Hähnchenbrustfilet mit Orangen-Dill-Sauce
Dienstag	Erdbeermüsli mit Mandelmilch	Linseneintopf Kreta	Harzer-Käse-Salat, dazu Vollkornbrot
Mittwoch	Obstsalat mit Walnüssen	Roher Spargelsalat, Frühlingskräutersuppe mit Ziegenfrischkäse	Hot-Taco-Salat mit scharfem Käsedip, Zimtquark
Donnerstag	Kartoffel-Senf-Aufstrich, dazu Vollkornbrötchen	Scharfe Rindfleisch-Gemüse-Pfanne mit Pellkartoffeln, eine Banane	Italienischer Handkäse, dazu Vollkornbrot
Freitag	Himbeermüsli mit Apfel-Vanille-Joghurt	Süßscharfer Duftreis, Seelachs und Fenchel in Senfsauce	Bunter Fischsalat, dazu Vollkornbrötchen
Samstag	Harzer-Apfel-Häckerle, dazu Vollkornbrot	Apfel-Kartoffel-Suppe mit Seelachs	Feuergarnelen, Gerösteter Maiskolben
Sonntag	Sonntagsfrühstück	Spinat-Apfel-Salat, Indische Kartoffelsuppe	Asiatischer Auberginensalat, dazu Vollkornbrötchen

Essen Sie sich doch einfach schlank!

SCHLANKE KÜCHE FÜR DIE FAMILIE

Lassen Sie doch auch einmal Ihren Partner und die Kinder in diesem Buch blättern – sicherlich finden Ihre Lieben auch ein neues Lieblingsrezept. Die Rezepte sind alltagstauglich und in meiner Lehrküche mit meinen Patienten ausprobiert. Sie haben sich in der Praxis bestens bewährt. Die Rezepte können Sie leicht abwandeln und auf Ihren Gusto abstimmen. Denken Sie daran, dass Sie täglich mindestens 100 g Eiweiß benötigen, und setzen Sie gezielt auf Kalorienkiller und Fatburner, um möglichst einfach abzunehmen .

ABNEHMEN LEICHT GEMACHT

Wählen Sie nach Ihrem Geschmack Rezepte für herzhafte Pfannengerichte, knackige Salate, deftige Suppen, cremige Desserts und saftige Obstkuchen aus.

Essen Sie sich dreimal am Tag satt und sehen Sie zu, wie die Pfunde schwinden. Ohne Hunger und ohne Jojo-Effekt. Essen Sie sich doch einfach schlank!

Frühstücksideen

Grapefruit-Apfel Müsli

1 Am Vorabend das Rumaroma mit etwas warmem Wasser verrühren. Die Rosinen darin über Nacht quellen lassen.

2 Grapefruits pellen, in Spalten teilen und klein schneiden, Apfel waschen, das Kerngehäuse entfernen und in mundgerechte Stücke schneiden. Mit Zitronen- und Mandarinensaft beträufeln.

3 Quark, Joghurt und 6 Esslöffel Wasser verrühren, mit Süßstoff, Vanillemark und Zimt abschmecken. Die Sesamsamen und die Haferflocken in einer beschichteten Pfanne ohne Fett anrösten, bis sie duften. Alle Zutaten miteinander vermischen und mit Zitronenmelisseblättern garniert servieren.

ZUTATEN

Für 2 Personen
Zubereitungszeit: ca. 20 Minuten + Einweichzeit über Nacht
Kalorienkiller/Fatburner: Ballaststoffe, niedriger Glyx, Probiotika, Proteine
Pro Portion ca. 220 kcal

- einige Tropfen Rumaroma
- 1 EL Rosinen
- 2 Grapefruits (500 g)
- 2 Äpfel (400 g)
- Saft 1/2 Zitrone
- Saft 1/2 Mandarine
- 125 g Magerquark
- 75 g probiotischer Naturjoghurt (0,1 % Fett)
- flüssiger Süßstoff
- 1/2 Vanilleschote
- Zimt
- 1 EL Sesamsamen
- 30 g kernige Haferflocken
- Zitronenmelisseblätter zum Garnieren

Obstsalat mit Walnüssen

1 Birnen waschen, halbieren, entkernen und das Fruchtfleisch in kleine Würfel schneiden, sofort mit Zitronensaft beträufeln. Feigen waschen, halbieren und vierteln. Die Datteln entsteinen und würfeln.

2 Das Obst in zwei Schälchen anrichten, mit Zimt und gehackten Walnüssen bestreut servieren.

Sie können zu diesem Obstsalat eine Vanille-Quark-Sauce reichen: 150 g Magerquark mit Mineralwasser cremig rühren, mit Vanillemark und einigen Tropfen flüssigem Süßstoff verrühren.

ZUTATEN

Für 2 Personen
Zubereitungszeit ca. 10 Minuten
Kalorienkiller/Fatburner:
Zimt, Ballaststoffe
Pro Portion ca. 220 kcal

- 2 mittelgroße Birnen (300 g)
- 1 EL Zitronensaft
- 4 reife Feigen (200 g)
- 30 g getrocknete Datteln
- Zimt
- 1 EL Walnüsse

Himbeermüsli mit Apfel-Vanille-Joghurt

1 Himbeeren verlesen und in zwei Müslischalen verteilen

2 Apfel waschen und mit der Schale grob raspeln. Sofort mit Zitronensaft beträufeln, damit der Apfel nicht braun wird. Joghurt mit der Milch cremig rühren und mit den Apfelraspeln verrühren.

3 Haferflocken und Nüsse in einer beschichteten Pfanne ohne Fett anrösten, bis sie goldbraun sind.

4 Apfeljoghurt und die knusprige Haferflocken-Nuss-Mischung auf den Himbeeren verteilen.

ZUTATEN

Für 2 Personen
Zubereitungszeit: ca. 10 Minuten
Kalorienkiller/Fatburner:
Ballaststoffe, Vanille, Probiotika, Calcium
Pro Portion ca. 205 kcal

- 200 g Himbeeren
- 1 Apfel (200 g)
- 1 EL Zitronensaft
- 150 g probiotischer Vanillejoghurt (0,1 % Fett)
- 100 ml entrahmte Milch (0,1 % Fett)
- 30 g kernige Haferflocken
- 1 EL gehackte Haselnüsse

Den Apfeljoghurt können Sie auch am Vorabend zubereiten und zugedeckt im Kühlschrank aufbewahren. So steht am Morgen blitzschnell ein urgesundes Kalorienkiller/Fatburner-Frühstück auf dem Tisch.

Erdbeermüsli mit Mandelmilch

1 Erdbeeren waschen, abtropfen lassen und je nach Größe halbieren oder vierteln.

2 Früchte in zwei Müslischalen füllen, Dinkelmüsli und Weizenkleie draufgeben. Milch mit gemahlenen Mandeln verrühren und über das Müsli gießen.

ZUTATEN

Für 2 Personen
Zubereitungszeit ca. 10 Minuten
Kalorienkiller/Fatburner:
Ballaststoffe, niedriger Glyx, Calcium
Pro Portion ca. 230 kcal

- 250 g Erdbeeren
- 60 g Dinkelmüsli (ohne Zuckerzusatz)
- 2 EL Weizenkleie
- 1/4 L entrahmte Milch (0,1 % Fett)
- 2 EL gemahlene Mandeln

Je nach Saison können sie die unterschiedlichsten Obstsorten für dieses Müsli verwenden. Notfalls können Sie auch ungezuckerte Obstsorten aus der Dose oder dem Glas verwenden. Wenn Sie tiefgekühlte Früchte verwenden, diese am Vorabend abgedeckt in den Kühlschrank stellen.

Knusprige Pancakes mit Fruchtsauce

1 Mehl, Joghurt, Müsli, 1 Prise Salz und Zucker verrühren. Den Teig mindestens 30 Minuten abgedeckt ruhen lassen.

2 Einen Teelöffel Öl in einer kleinen beschichteten Pfanne erhitzen und aus der Hälfte der Teigmasse ein bis zwei dicke Pancakes backen. Die Pancakes im Backofen bei 70° C warm halten. Aus der zweiten Teighälfte im restlichen Öl weitere Pancakes backen, ebenfalls warm stellen.

3 Die Heidelbeeren waschen, verlesen und mit dem Kirschsaft in ein hohes Gefäß geben. Die Beeren pürieren und zusammen mit den Pancakes servieren.

Sollten Sie keinen Kirschsaft zur Hand haben, können Sie auch Apfel- oder Orangensaft verwenden.

ZUTATEN

Für 2 Personen
Zubereitungszeit
ca. 25 Minuten + Ruhezeit
Kalorienkiller/Fatburner:
Proteine, Probiotika, Ballaststoffe, Vitamin C
Pro Portion ca. 315 kcal

- 100g Weizenvollkornmehl
- 150 g probiotischer Naturjoghurt (0,1 % Fett)
- 30 g Früchtemüsli (ohne Zucker)
- Jodsalz
- 1 EL Zucker
- 2 TL Rapsöl
- 200 g Heidelbeeren
- 2 EL Kirschsaft

Johannisbeeraufstrich

1 Quark und Frischkäse mit Mineralwasser cremig rühren.

2 Die Johannisbeeren waschen und trocknen. Die Beeren unter den Quark heben und den Aufstrich mit Süßstoff abschmecken.

Der fruchtige Quark passt auch zu den Pancakes.

ZUTATEN
Für 2 Personen
Zubereitungszeit ca. 5 Minuten
Kalorienkiller/Fatburner:
Aminosäuren, Pektin, Vitamin C
Pro Portion ca. 60 kcal

- 60 g Magerquark
- 20 g entrahmter Frischkäse (0,2 % Fett)
- 4-5 EL Mineralwasser mit Kohlensäure
- 100 g Rote Johannisbeeren
- flüssiger Süßstoff

Feigenkonfitüre

1 Die Feigen waschen, putzen und in 1 cm große Würfel schneiden. 500 Gramm Früchte abwiegen, mit Gelierzucker und Sherry in einem großen Topf mischen. 1 bis 2 Stunden durchziehen lassen.

2 Die Zimtstange dazugeben und unter ständigem Rühren aufkochen, 4 Minuten sprudelnd weiterkochen, dann den Zitronensaft dazugeben.

3 Die Konfitüre in saubere Twist-off-Gläser® füllen und fest verschließen. Die Gläser etwa 10 Minuten auf den Deckel stellen, dann umdrehen und vollständig auskühlen lassen.

ZUTATEN
Für etwa 850 ml
Zubereitungszeit ca. 25 Minuten
+ Zeit zum Durchziehen und Abkühlen
Kalorienkiller/Fatburner:
Zimt, Ballaststoffe, Vitamin C
Pro Esslöffel (= 20 g) ca. 33 kcal

- 600 g Vollreife Feigen
- 250 g Extra-Gelierzucker 2:1
- 50 ml süßer Sherry
- 1 Zimtstange
- 2 EL Zitronensaft

Stachelbeerkonfitüre mit Ingwer

1 Ingwer schälen und fein reiben. Die Stachelbeeren waschen und putzen. 1 Kilogramm Beeren abwiegen und mit Gelierzucker, Zimt, die kalte Vanilleschote und Ingwer in einem Topf mischen. Die Früchte unter ständigem Rühren aufkochen und mindestens 3 Minuten sprudelnd kochen.

2 Die Konfitüre in saubere Twist-off-Gläser® füllen und fest verschließen. Die Gläser etwa 10 Minuten auf den Deckel stellen, dann umdrehen und vollständig auskühlen lassen.

ZUTATEN

Für etwa 1,2 Liter
Zubereitungszeit ca. 30 Minuten
+ Zeit zum Abkühlen
Kalorienkiller/Fatburner:
Ingwer, Pektin, Zimt, Vanille
Pro Esslöffel (= 20 g) ca. 30 kcal

- 3 cm frischer Ingwer
- 1,2 kg reife Stachelbeeren
- 500 g Extra-Gelierzucker 2:1
- 1 TL Zimt
- 1/2 Vanilleschote

Stehen die Gläser nach dem Einfüllen einige Zeit auf dem Deckel, steigt die wenige Luft, die noch im Glas enthalten ist, durch die heiße Konfitürekochen nach oben, wodurch diese sterilisiert wird.

Grapefruitkonfitüre mit Vanille

1 2 Grapefruits auspressen. Die restlichen Früchte filetieren, den austretenden Saft dabei auffangen. Die Fruchtfilets in grobe Stücke schneiden.

2 Zucker und Gelierpulver in einem Topf mischen und 300 Milliliter Fruchtsaft und das ausgekratzte Vanillemark unterrühren.

3 Unter Rühren aufkochen und 3 Min. sprudelnd kochen lassen. Die Fruchtfilets unterrühren und einmal kurz aufkochen.

4 Die Konfitüre in saubere Twist-off-Gläser® füllen und fest verschließen. Die Gläser etwa 10 Min. auf den Deckel stellen, dann umdrehen und vollständig auskühlen lassen.

ZUTATEN

Für etwa 1/2 Liter
Zubereitungszeit ca. 25 Minuten
+ Zeit zum Abkühlen
Kalorienkiller/Fatburner:
Vanille, Pektin
Pro Esslöffel (= 20 g) ca. 35 kcal

- 4 rosa Grapefruits (1 kg)
- 175 g Zucker
- 1/2 Pck. Gelierpulver 3:1
- 1/2 Vanilleschote

Beim Konfitürekochen hat es sich bewährt, eine Gelierprobe zu machen: Geben Sie einen Teelöffel der heißen Konfitüre auf einen kleinen Teller. Innerhalb von 5 Minuten sollte die Konfitüre eine feine Haut gebildet haben und nicht mehr flüssig sein. So sind Sie sicher, dass Ihre selbstgemachten Köstlichkeiten im Glas auch wirklich fest werden.

Bananen-Vanille-Aufstrich

1 Bananen schälen, mit einer Gabel zerdrücken und den Zitronensaft darüber träufeln.

2 Vanilleschote der Länge nach aufschneiden und das Mark herauskratzen. Vanillemark und Quark mit dem Bananenmus verrühren.

Einfach köstlich: Bananen-Vanille-Aufstrich auf Vollkornknäckebrot oder frisch getoastetem Vollkornbrot mit etwas Kakaopulver bestäubt.

ZUTATEN

Für 2 Personen

Zubereitungszeit ca. 5 Minuten

Kalorienkiller/Fatburner: Magnesium, Vanille

Pro Portion ca. 110 kcal

- 2 Vollreife Bananen (400 g)
- EL Zitronensaft
- 1/2 Vanilleschote
- 30 g Magerquark

Sonntagsfrühstück

1 Die Eier je nach Geschmack 5 bis 8 Minuten kochen.

2 Zwei Knäckebrote mit Hüttenkäse bestreichen, mit Kakaopulver und Mandeln bestreuen, zwei Knäckebrote mit Diätmargarine bestreichen und mit Lachsschinken belegen. Gurke waschen und in Scheiben, Schnittlauch in Röllchen schneiden. Beides auf dem Lachsschinken verteilen.

3 Eier abgießen und zu den Knäckebroten servieren.

Werfen Sie einmal einen prüfenden Blick in das Knäckebrot-Regal Ihres Supermarkts. Es gibt mittlerweile sehr viele Sorten. Beachten Sie bei der Auswahl Folgendes: Sind viele Ballaststoffe im Knäckebrot, wird es der Hersteller auch mehr oder weniger groß auf der Packung anpreisen.

ZUTATEN

Für 2 Personen
Zubereitungszeit ca. 15 Minuten
Kalorienkiller/Fatburner:
Calcium, Proteine, Lipamin, Cholin
Pro Portion ca. 262 kcal

> 2 Eier
> 4 Vollkornknäckebrote
> 60 g Hüttenkäse (Magerstufe)
> 1 TL stark entöltes Kakaopulver
> 1 TL gemahlene Mandeln
> 10 g Diätmargarine
> 4 dünne Scheiben Lachsschinken
> 50 g Gurke
> 1/4 Bund Schnittlauch

Erdbeerknäckebrot

1 Die Knäckebrote mit Hüttenkäse bestreichen. Erdbeeren waschen, putzen und die Früchte in Scheiben schneiden.

2 Brote mit Erdbeerscheiben belegen und mit etwas Pfeffer bestreut servieren.

ZUTATEN

Für 2 Personen
Zubereitungszeit ca. 10 Minuten
Kalorienkiller/Fatburner:
Proteine, Ballaststoffe, Aminosäuren
Pro Portion ca. 185 kcal

- 4 Scheiben Vollkornknäckebrot
- 100 g Hüttenkäse (Magerstufe)
- 400 g Erdbeeren
- Pfeffer

Auch bei magerem Hüttenkäse gibt es Abstufungen im Fettgehalt. Er schwankt zwischen 0,8 und etwa 4 %. Verwenden Sie für die Kalorienkiller-Rezepte immer die Sorte, die am wenigsten Fett enthält.

Knusprige Hagebuttenbrötchen

1 Die Vollkornbrötchen halbieren und im Toaster knusprig auftoasten.

2 Den Quark mit Mineralwasser cremig rühren und auf den Brötchenhälften verteilen. Hagebuttenkonfitüre darauf verstreichen.

ZUTATEN

Für 2 Personen
Zubereitungszeit ca. 5 Minuten
Kalorienkiller/Fatburner:
Proteine, Vitamin C, Ballaststoffe
Pro Portion ca. 225 kcal

- 2 Vollkornbrötchen
- 90 g Magerquark
- 2–3 EL Mineralwasser mit Kohlensäure
- 40 g Hagebuttenkonfitüre

Nicht alle dunklen Brötchen sind automatisch auch Vollkornbrötchen. Fragen Sie beim Bäcker nach: Vollwert-, Fitness- oder Schwarzbrotbrötchen sind Namen, die darauf hindeuten, dass es sich nicht um echte Vollkornbrötchen handelt.

Apfel-Ingwer-Aufstrich

1 Apfel waschen. Möhre und Ingwer schälen. Apfel, Möhre und Ingwer fein reiben.

2 Quark mit Mineralwasser cremig rühren, Apfel, Möhre und Ingwer unterheben. Grob gehackte Pfefferkörner und die fein geschnittene Zitronenmelisse dazugeben, mit Salz, Pfeffer, Zimt und Limettensaft herzhaft abschmecken.

Sie können diesen Aufstrich auf Vorrat zubereiten, z. B. mit einer ganzen Packung Quark (250 g) und je 2 Äpfeln und Möhren. Gut verpackt, bleibt er im Kühlschrank einige Tage frisch.

ZUTATEN

Für 2 Portionen
Zubereitungszeit ca. 20 Minuten
Kalorienkiller/Fatburner:
Ingwer, Zimt, Proteine
Pro Portion ca. 50 kcal

- 1/2 Apfel (100 g)
- 1/2 kleine Möhre (30 g)
- 1/2 cm frischer Ingwer
- 60 g Magerquark
- 2–3 EL Mineralwasser mit Kohlensäure
- 1 TL grüne Pfefferkörner
- 1 Stängel Zitronenmelisse
- Jodsalz
- weißer Pfeffer
- Zimt
- 1 TL Limettensaft

Scharfer Kräuterquark

1 Schalotte und Knoblauchzehe abziehen und fein würfeln. Kohlrabi schälen und raspeln. Die Kräuter waschen, trocknen und fein schneiden, Schnittlauch in Röllchen schneiden.

2 Quark mit Mineralwasser glatt rühren, Kräuter, Kohlrabiraspel, Schalotten- und Knoblauchwürfel unterheben und mit Salz, Pfeffer, Cayennepfeffer, Ingwer und Tabasco kräftig abschmecken.

Der pikante Aufstrich passt auch ideal als Dip zu kurz gebratenem Fleisch, Folienkartoffeln oder Fischfilets. Perfekt auch zu Gurken-, Möhren- und Paprikastreifen.

ZUTATEN

Für 2 Personen
Zubereitungszeit ca. 15 Minuten
Kalorienkiller/Fatburner:
Proteine, Aminosäuren, Capsaicin
Pro Portion ca. 65 kcal

- 1 Schalotte (20 g)
- 1/2 Knoblauchzehe
- 75 g Kohlrabi
- 1/2 Bund gemischte Kräuter (z. B. Petersilie, Dill, Schnittlauch)
- 125 g Magerquark
- 3-4 EL Mineralwasser mit Kohlensäure
- Jodsalz
- Pfeffer
- Cayennepfeffer
- Ingwer
- Tabasco

Kräuterkochkäse

1 Schalotte und Knoblauchzehe abziehen und sehr fein würfeln. Kräuter waschen, trocknen und fein schneiden. Schnittlauch in Röllchen schneiden.

2 Kochkäse mit Zwiebel- und Knoblauchwürfeln, Kräutern und Senf verrühren.

3 Die Chilischote entkernen und waschen. In feine Streifen schneiden und über den Kochkäse streuen. Achtung: Nach dem Chilischneiden die Hände unbedingt gründlich waschen.

ZUTATEN
Für 2 Portionen
Zubereitungszeit ca. 10 Minuten
Kalorienkiller/Fatburner:
Proteine, Aminosäuren, Calcium, Capsaicin
Pro Portion ca. 50 kcal

- 1 Schalotte (20 g)
- 1 kleine Knoblauchzehe
- 1/2 Bund gemischte Kräuter (z. B. Petersilie, Dill, Schnittlauch)
- 100g Mager-Kochkäse
- 1/2 TL milder Senf
- 1/4 Chilischote

Kichererbsencreme mit Kreuzkümmel

1 Kichererbsen und Apfelsaft in ein hohes Gefäß geben und pürieren. Mit Salz, Cayennepfeffer und Kreuzkümmel herzhaft abschmecken.

2 Koriandergrün waschen, trocknen und fein hacken, unter die Kichererbsencreme rühren.

Eine Dose Kichererbsen enthält etwa 240 g. Bereiten Sie also praktischerweise gleich die doppelte Menge Kichererbsencreme zu, so bleibt nichts übrig, und Sie haben im Kühlschrank einen kleinen Vorrat dieses pikanten Brotaufstrichs.

ZUTATEN
Für 2 Personen
Zubereitungszeit ca. 10 Minuten
Kalorienkiller/Fatburner:
Ballaststoffe, Capsaicin
Pro Portion ca. 88 kcal

- 120 g Kichererbsen (aus der Dose)
- 5 EL Apfelsaft
- Jodsalz
- Cayennepfeffer
- Kreuzkümmel 1/4 Bund Koriandergrün

Kartoffel-Senf-Aufstrich

1 Die Kartoffeln in Salzwasser als Pellkartoffeln garen, pellen und noch heiß zerdrücken.

2 Die Kartoffelmasse mit Kochkäse, Senf, gehackter Petersilie und geriebener Möhre verrühren und mit Salz, Pfeffer, Muskat, Thymian, Oregano und Kümmel würzen.

3 Kartoffel-Senf-Aufstrich abkühlen lassen und noch einmal abschmecken.

Zur Abwechslung können Sie den Kartoffelaufstrich auch mit Knoblauch oder Cayennepfeffer abschmecken. Auch Dill und fein gehackte Gewürzgurken bringen einen ganz neuen Geschmack in den Aufstrich.

ZUTATEN

Für 2 Personen
Zubereitungszeit ca. 30 Minuten
Kalorienkiller/Fatburner:
Calcium, Ballaststoffe
Pro Portion ca. 85 kcal

- 200 g Kartoffeln
- Jodsalz
- 30 g Mager-Kochkäse
- 1 TL Dijonsenf
- 2 Stängel Petersilie
- 1/2 kleine Möhre (30 g)
- weißer Pfeffer
- Muskat
- Thymian
- Oregano
- Kümmel

Forellen-Kräuter-Creme

1 Forellenfilet in feine Stückchen zupfen, dabei eventuell vorhandene Gräten entfernen. Frühlingszwiebeln waschen, putzen und in sehr feine Ringe schneiden.

2 Quark mit Mineralwasser glatt rühren, Forelle und Frühlingszwiebeln unterheben und mit Meerrettich, Salz und Pfeffer abschmecken.

ZUTATEN

Für 2 Personen
Zubereitungszeit ca. 10 Minuten
Kalorienkiller/Fatburner:
Proteine, Calcium
Pro Portion ca. 115 kcal

- 80 g geräuchertes Forellenfilet
- 2 Frühlingszwiebeln
- 125 g Magerquark
- 3-4 EL Mineralwasser mit Kohlensäure
- 2 TL Meerrettich (Glas oder Tube)
- Jodsalz
- Pfeffer

Bärlauch-Pesto

1 Die Mandeln ohne Fettzugabe in einer beschichteten Pfanne goldgelb anrösten. Sofort herausnehmen und auf einen Teller geben, damit sie nicht zu dunkel werden.

2 Parmesan fein reiben. Bärlauch waschen und gut trocknen. Die Blätter in feine Streifen schneiden. Mandeln, Bärlauch und Parmesan im Mörser zu einer Paste zerstoßen. Öl nach und nach zugeben und mit Salz und Pfeffer würzen.

Wenn Sie keinen Mörser besitzen, geben Sie die Masse in ein hohes, schmales Gefäß und pürieren alles mit dem Mixstab. Für den Vorrat: Pesto in saubere Schraubgläser füllen, einen Schuss Öl darauf gießen und gut verschließen. So bleibt Pesto im Kühlschrank etwa 2 Wochen aromatisch.

ZUTATEN

Für 2 Portionen

Zubereitungszeit ca. 10 Minuten

Kalorienkiller/Fatburner:

Proteine, Harzer Käse

Pro Portion ca. 115 kcal

- 100 g Harzer Käse
- 1/2 Apfel (100 g)
- 1 TL Rapsöl
- 1 TL Zitronensaft
- 1/2 TL abgeriebene Zitronenschale
- Jodsalz
- schwarzer Pfeffer
- 2 Stängel Petersilie

Harzer-Apfel-Häckerle

1 Harzer Käse und Apfel fein würfeln und miteinander vermischen.

2 Rapsöl, Zitronensaft, Zitronenschale, Salz und Pfeffer verrühren und unter die Käse- und Apfelwürfel heben. Mit gehackter Petersilie bestreuen.

Auf Gurkenscheiben angerichtet, eine Bereicherung für ein kaltes Büfett.

ZUTATEN

Für 2 Personen

Zubereitungszeit ca. 30 Minuten

Kalorienkiller/Fatburner:

Calcium, Aminosäuren

Pro Portion ca. 350 kcal

- 30 g gehackte Mandeln
- 40 g Parmesan
- 50 g Bärlauch
- 3 EL Rapsöl
- Jodsalz
- Pfeffer

Gorgonzola-Aufstrich

1 Den Apfel waschen, halbieren und das Kerngehäuse entfernen. Das Fruchtfleisch mit der Schale fein würfeln. Mit Zitronensaft beträufeln.

2 Knoblauchzehe abziehen und in den Joghurt pressen. Joghurt mit dem grob zerbröckelten Gorgonzola glatt rühren. Apfelwürfel unterheben und den Aufstrich mit wenig Zucker und Pfeffer abschmecken.

Blauschimmelkäse wie Gorgonzola, Stilton oder Roquefort enthalten sehr viel Salz. Der Aufstrich sollte daher nicht noch zusätzlich gesalzen werden.

ZUTATEN

Für 2 Personen
Zubereitungszeit ca. 10 Minuten
Kalorienkiller/Fatburner:
Pektin, Calcium, Probiotika
Pro Portion ca. 180 kcal

- 1 Apfel (200 g)
- 1 EL Zitronensaft
- 1 Knoblauchzehe
- 150 g probiotischer Naturjoghurt (0,1 % Fett)
- 60 g Gorgonzola
- Zucker
- Pfeffer

Scharfe Linsenpaste

1 Linsen in Gemüsebrühe etwa 20 Minuten weich kochen. Die Linsen abgießen und dabei etwas Kochflüssigkeit auffangen.

2 Die Linsen zusammen mit Hüttenkäse, Limettensaft und Honig in einem hohen Gefäß pürieren. Möhre und Kohlrabi fein reiben und unterheben. Falls die Masse zu fest sein sollte, etwas von der aufgefangenen Gemüsebrühe unterrühren.

3 Mit Cayennepfeffer, Sojasauce, Tabasco, Pfeffer und Kümmel abschmecken, mit gehackter Petersilie bestreut servieren.

ZUTATEN

Für 2 Personen
Zubereitungszeit ca. 30 Minuten
Kalorienkiller/Fatburner:
Ballaststoffe, Capsaicin
Pro Portion ca. 90 kcal

- 30 g rote Linsen
- 1/4 l Gemüsebrühe
- 60 g Hüttenkäse (Magerstufe)
- 1–2 TL Limettensaft
- 1/2 TL Honig
- 1/2 kleine Möhre (30 g)
- 1 Stück Kohlrabi (30 g)
- Cayennepfeffer
- Sojasauce
- Tabasco
- Pfeffer
- Kümmel
- 2 Stängel Petersilie

Kidneybohnenpaste

1 Kidneybohnen gut abtropfen lassen, mit Rapsöl, Tomatenmark und Dickmilch in einem hohen Gefäß pürieren.

2 Schnittlauch waschen und in feine Röllchen schneiden, unter die Bohnenpaste heben. Mit Salz, Pfeffer, Cayennepfeffer, Tabasco und Paprikapulver abschmecken.

Kinder begegnen Hülsenfrüchten oft mit Ablehnung. Kidneybohnen jedoch schmecken mild und leicht süßlich und werden daher eher als Ballaststofflieferant akzeptiert.

ZUTATEN

Für 2 Portionen

Zubereitungszeit ca. 15 Minuten

Kalorienkiller/Fatburner:

Ballaststoffe, Calcium, Capsaicin, Jod

Pro Portion ca. 75 kcal

- 70 g Kidneybohnen (aus der Dose)
- 1/2 TL Rapsöl
- 30 g Tomatenmark
- 50 g entrahmte Dickmilch (0,1 % Fett)
- 1/4 Bund Schnittlauch
- Jodsalz
- schwarzer Pfeffer
- Cayennepfeffer
- Tabasco
- Paprikapulver

Mangodip

1 Die Mango schälen, Fruchtfleisch vom Stein schneiden und das Fruchtfleisch grob würfeln. Die Chilischote waschen, putzen und klein schneiden. Achtung: Hände nach dem Chilischneiden gut waschen!

2 Knoblauchzehe abziehen und zerdrücken. Die Limette auspressen. Mangowürfel und Chilischote, Knoblauch, Limettensaft, Zucker und Öl in ein hohes Gefäß geben und mit dem Pürierstab fein pürieren. Mit Salz und Pfeffer abschmecken.

Reichen Sie den Dip zu gebratenem oder gegrilltem Fisch oder Fleisch. Auch als Fonduesauce hervorragend geeignet.

ZUTATEN

Für etwa 200 ml

Zubereitungszeit ca. 10 Minuten

Kalorienkiller/Fatburner:

Capsaicin, Vitamin C

Pro Esslöffel (= 20 g) ca. 28 kcal

- 1 kleine vollreife Mango (ca. 300 g)
- 1 kleine rote Chilischote
- 1 Knoblauchzehe
- 1 Limette
- 1 EL brauner Zucker
- 2 EL Rapsöl
- Jodsalz
- Pfeffer

Apfel-Chutney

1 Die Zwiebel abziehen und fein würfeln. Die Chilischote längs halbieren, entkernen, waschen und in feine Würfel schneiden. Achtung: Nach dem Chilischneiden Hände unbedingt gut waschen. Den Ingwer schälen und fein reiben. Apfel waschen, halbieren, das Kerngehäuse herausschneiden und fein würfeln.

2 Zucker in einem kleinen Topf hellbraun karamellisieren lassen. Ingwer, Zwiebel- und Chiliwürfel und den Ingwer dazugeben, mit Curry bestäuben und sofort mit Apfelsaft ablöschen. Einige Minuten offen kochen lassen, dabei häufiger mehrmals umrühren.

3 Die Apfelwürfel dazugeben, einmal aufkochen lassen und mit Salz und Pfeffer würzen. Abgekühlt servieren.

Genießen Sie das Chutney zu gebratenem Geflügel, Kasseler-Aufschnitt oder geräucherter Putenbrust.

ZUTATEN

Für 2 Personen
Zubereitungszeit ca. 20 Minuten
Kalorienkiller/Fatburner:
Capsaicin, Ingwer, Pektin
Pro Portion ca. 92 kcal

- 1 kleine Zwiebel (30 g)
- 1 kleine Chilischote
- 1 cm frischer Ingwer
- 1 säuerlicher Apfel (200 g)
- 1 EL Zucker
- 1/4 TL Curry
- 3 EL Apfelsaft
- Jodsalz
- Pfeffer

Avocado-Chili-Aufstrich

1 Die Avocado halbieren, den Kern entfernen und das Fruchtfleisch mit einem Löffel herausschaben. Fruchtfleisch in eine kleine Schüssel geben und sofort mit Zitronensaft beträufeln.

2 Knoblauchzehe abziehen und fein hacken. Die Chilischote längs halbieren, entkernen, waschen und in feine Würfel schneiden. Achtung: Nach dem Chilischneiden Hände unbedingt gut waschen.

3 Knoblauch und Chiliwürfel zu der Avocado geben und das Fruchtfleisch der Avocado mit einer Gabel grob zerdrücken. Mit Salz und Pfeffer abschmecken.

Reife Avocados geben bei Druck leicht nach. Die Farbe der Schale hat nichts mit dem Reifegrad zu tun, es handelt sich nur um verschiedene Sorten. Die Säure im Zitronensaft verhindert, dass sich das Avocado-Fruchtfleisch an der Luft verfärbt.

ZUTATEN

Für 2 Personen
Zubereitungszeit ca. 10 Minuten
Kalorienkiller/Fatburner:
Capsaicin
Pro Portion ca. 250 kcal

- 1 vollreife Avocado (220 g)
- 2 EL Zitronensaft
- 1 Knoblauchzehe
- 1 kleine rote Chilischote
- Jodsalz
- Pfeffer

Paprika-Chili-Ketchup

1 Die Tomaten waschen, Stielansätze entfernen, Zwiebel und Knoblauchzehen abziehen. Paprikaschote waschen, halbieren und entkernen. Alles in einem hohen Gefäß fein pürieren.

2 Chilischote im Mörser mit etwas Salz fein zermahlen oder mit einem Messer sehr fein hacken. Das pürierte Gemüse zusammen mit Chili, Tomatenmark, Essig und Zucker in eine Pfanne geben und etwa 30 Minuten offen einkochen lassen. Eventuell nachwürzen.

3 Stärke mit etwas kaltem Wasser glatt rühren und in die kochende Flüssigkeit gießen, unter Rühren 1 Minute weiterkochen lassen.

4 Kochend heiß in saubere Gläser füllen und sofort verschließen.

ZUTATEN

Für etwa 450 ml
Zubereitungszeit ca. 45 Minuten
Kalorienkiller/Fatburner:
Capsaicin, Jod, Vitamin C
Pro Esslöffel (= 20 g) ca. 9 kcal

> 250 g Tomaten
> 1 große rote Zwiebel (80 g)
> 2 Knoblauchzehen
> 1 rote Paprikaschote (200 g)
> 1 getrocknete Chilischote
> Jodsalz
> 1 EL Tomatenmark
> 60 ml Weißweinessig
> 1 EL brauner Zucker
> 1 TL Speisestärke

Pikante Suppen

Kürbissuppe

1 Den Kürbis in mundgerechte Stücke schneiden. Zwiebel und Knoblauchzehe abziehen und fein würfeln.

2 Das Öl erhitzen, Zwiebel- und Knoblauchwürfel darin glasig dünsten, den Kürbis dazugeben und kurz anbraten, mit Gemüsebrühe aufgießen, Safran dazugeben. Bei mittlerer Hitze zugedeckt etwa 15 bis 20 Minuten kochen.

3 Den Orangensaft zugeben, mit Honig, Salz, Pfeffer, Salbei und Ingwer abschmecken.

Die Kochzeit richtet sich nach der Kürbissorte, die Sie verwenden. Manche Sorten sind schon nach 15 Minuten weich gekocht. Als Beilage zur Kürbissuppe passt frisch getoasteter Pumpernickel.

ZUTATEN

Für 2 Personen
Zubereitungszeit ca. 35 Minuten
Kalorienkiller/Fatburner:
Wasser, Ballaststoffe, Ingwer, niedrige Energiedichte
Pro Portion ca. 100 kcal

- 750 g Kürbis
- 1/2 kleine Zwiebel
- 1/2 Knoblauchzehe
- 2 TL Rapsöl 1/2 l Gemüsebrühe
- 1 Päckchen gemahlener Safran (0,1 g)
- 3-4 EL Orangensaft
- 1/2 TL Honig
- Jodsalz
- weißer Pfeffer
- Salbei
- Ingwer

Kräuter-Gurken-Suppe mit Sesam

1 Die Gurke schälen, die Gemüsezwiebel und die Knoblauchzehe abziehen, alles grob hacken.

2 Das Sesamöl erhitzen, Gurke, Zwiebeln und Knoblauch darin glasig dünsten. Mit Gemüsebrühe ablöschen und 15 Minuten bei mittlerer Hitze zugedeckt kochen.

3 Die Suppe pürieren und den Saucenbinder einrühren. Einmal aufkochen. Zitronensaft, Quark und Milch unter die Suppe rühren. Die Suppe nun nicht mehr kochen lassen. Petersilie und Dill hacken, Schnittlauch in feine Röllchen schneiden. Kräuter und Sesamsamen über die Suppe streuen. Eventuell mit Vollkornbrötchen servieren.

Die Suppe gelingt auch mit Zucchini.

ZUTATEN

Für 2 Personen
Zubereitungszeit ca. 25 Minuten
Kalorienkiller/Fatburner:
niedriger Glyx, Proteine, Ballaststoffe
Pro Portion ca. 120 kcal

- 500 g Schmor- oder Salatgurke
- 1/2 Gemüsezwiebel (100 g)
- 1/2 Knoblauchzehe
- 1 TL Sesamöl
- 1 1/2 Gemüsebrühe
- 1 TL heller Saucenbinder
- 2 EL Zitronensaft
- 75 g Magerquark
- 6 EL entrahmte Milch (0,1 % Fett)
- je 1/4 Bund Petersilie, Dill und Schnittlauch
- 1 EL Sesamsamen

Tomatencremesuppe

1 Zwiebel und Knoblauchzehe abziehen, Möhre schälen. Das Gemüse fein würfeln und im Rapsöl glasig dünsten. Kirschtomaten dazugeben und kurz andünsten, die Tomaten aus der Dose zugeben. Die Suppe 5 Minuten bei mittlerer Hitze zugedeckt kochen.

2 Den Quark zugeben und die Suppe fein pürieren. Nicht mehr kochen. Mit Salz, Pfeffer und wenig Süßstoff abschmecken, den Schnittlauch in feine Röllchen schneiden und darüber streuen.

ZUTATEN

Für 2 Personen

Zubereitungszeit ca. 20 Minuten

Kalorienkiller/Fatburner:

Ballaststoffe, niedriger Glyx, Proteine

Pro Portion ca. 105 kcal

- 1 kleine rote Zwiebel
- 1 Knoblauchzehe
- 1/2 kleine Möhre
- 1 TL Rapsöl
- 150 g Kirschtomaten
- 1 kleine Dose Tomaten (400 g)
- 50 g Magerquark
- Jodsalz
- bunter Pfeffer
- flüssiger Süßstoff
- 1/4 Bund Schnittlauch

Bunte Tomatensuppe Toskana

1 Hähnchenbrust in Streifen schneiden, Zwiebel abziehen und fein würfeln. Paprika waschen, putzen und in mundgerechte Stücke schneiden, Champignons putzen und in Scheiben schneiden.

2 Öl erhitzen, Fleisch, Zwiebeln und Paprika darin anbraten. Champignons, passierte Tomaten und die Gemüsebrühe zugeben. Zugedeckt etwa 15 Minuten kochen.

3 Die Hälfte des Kochkäses in die Suppe rühren und mit Salz, Pfeffer, Cayennepfeffer und Pizzagewürz kräftig abschmecken. Die Suppe mit je einem Klecks Kochkäse servieren.

Wenn Sie flüssigere Suppen bevorzugen, fügen Sie mehr Gemüsebrühe zu.

ZUTATEN

Für 2 Personen
Zubereitungszeit ca. 30 Minuten
Kalorienkiller/Fatburner:
Proteine, niedriger Glyx,
Capsaicin, Chrom
Pro Portion ca. 280 Kalorien

- 200 g Hähnchenbrustfilet
- 1/2 Gemüsezwiebel (100 g)
- 400 g bunte Paprikaschoten
- 100 g frische Champignons
- 1 TL Rapsöl
- 250 ml passierte Tomaten
- 1/4 l Gemüsebrühe
- 100 g Mager-Kochkäse
- Jodsalz
- bunter Pfeffer
- Cayennepfeffer
- Pizzagewürz

Apfel-Ingwer-Suppe mit Eischneeklößchen

1 Die Apfel waschen, halbieren, das Kerngehäuse herausschneiden und das Fruchtfleisch würfeln. Ingwer schälen und in dünne Scheiben schneiden, die Vanilleschote aufschneiden und das Mark herauskratzen.

2 1/2 Liter Wasser, einige Tropfen Süßstoff, Zitronensaft, Ingwer, Zimtstange, Vanillemark und ausgekratzte Vanilleschote in einem Topf aufkochen, die Apfelwürfel 3 bis 5 Minuten bissfest garen. Die Apfelwürfel mit einem Schaumlöffel aus der Suppe heben und beiseitestellen beiseitestellen. Ingwerscheiben, Zimtstange und Vanilleschote aus der Suppe nehmen.

3 Das Eiklar mit 1 Prise Salz, einigen Tropfen Süßstoff, Zimt und abgeriebener Zitronenschale steif schlagen. Die Suppe aufkochen. Den Eischnee mit zwei Teelöffeln zu kleinen Nocken abstechen und bei schwacher Hitze 3 Minuten ziehen lassen, zwischendurch einmal wenden.

4 Die beiseitegestellten Apfelwürfel wieder in die Suppe geben und servieren.

ZUTATEN

Für 2 Personen
Zubereitungszeit ca. 45 Minuten
Kalorienkiller/Fatburner:
Zimt, Vanille, Ingwer
Pro Portion ca. 112 kcal

- 2 Boskop-Äpfel (400 g)
- 1/2 cm frischer Ingwer
- 1/2 Vanilleschote
- flüssiger Süßstoff
- 2 EL Zitronensaft
- 1 Zimtstange
- 1 Eiklar
- Jodsalz
- Zimt
- 1/2 TL abgeriebene Zitronenschale

Kürbis-Käse-Suppe
mit frischem Ingwer

1 Die Apfel waschen, halbieren, das Kerngehäuse herausschneiden und das Fruchtfleisch würfeln. Ingwer schälen und in dünne Scheiben schneiden, die Vanilleschote aufschneiden und das Mark herauskratzen.

2 1/2 Liter Wasser, einige Tropfen Süßstoff, Zitronensaft, Ingwer, Zimtstange, Vanillemark und ausgekratzte Vanilleschote in einem Topf aufkochen, die Apfelwürfel 3 bis 5 Minuten bissfest garen. Die Apfelwürfel mit einem Schaumlöffel aus der Suppe heben und beiseitestellen beiseitestellen. Ingwerscheiben, Zimtstange und Vanilleschote aus der Suppe nehmen.

3 Das Eiklar mit 1 Prise Salz, einigen Tropfen Süßstoff, Zimt und abgeriebener Zitronenschale steif schlagen. Die Suppe aufkochen. Den Eischnee mit zwei Teelöffeln zu kleinen Nocken abstechen und bei schwacher Hitze 3 Minuten ziehen lassen, zwischendurch einmal wenden.

4 Die beiseitegestellten Apfelwürfel wieder in die Suppe geben und servieren.

ZUTATEN

Für 2 Personen
Zubereitungszeit ca. 40 Minuten
Kalorienkiller/Fatburner:
Proteine, niedriger Glyx, Ingwer
Pro Portion ca. 297 kcal

- 500 g Kürbis
- 1/2 cm frischer Ingwer
- 1/2 l Gemüsebrühe
- 1 säuerlicher Apfel (200 g)
- 50 g entrahmter Naturjoghurt (0,1 % Fett)
- 1 TL Limettensaft
- Jodsalz
- weißer Pfeffer
- Anis
- flüssiger Süßstoff
- 250 g Olmützer Quargel (Sauermilchkäse)
- je 1/4 Bund Basilikum, Petersilie, Schnittlauch

Indische Kartoffelsuppe

1 Die Kartoffeln waschen, schälen und in Würfel schneiden. Die Zwiebel und die Knoblauchzehe abziehen und fein würfeln.

2 Das Öl erhitzen, Zwiebel-, Knoblauch- und Kartoffelwürfel dazugeben und kurz glasig dünsten. Die Gewürze zugeben und ganz kurz anschwitzen. Mit Gemüsebrühe und Kokosmilch aufgießen und etwa 15 Minuten bei mittlerer Hitze zugedeckt kochen.

3 Suppe mit Salz und Pfeffer abschmecken. Koriander waschen, Blättchen abzupfen und die Suppe damit garnieren.

Exotische Gewürze duften unvergleichlich aromatisch, wenn man sie kurz in Öl anschwitzt. Jedoch verbrennen sie auch leicht. Stellen Sie am besten die Flüssigkeit zum Ablöschen bereit, bevor Sie die Gewürze in den Topf geben.

ZUTATEN

Für 2 Personen
Zubereitungszeit ca. 20 Minuten
Kalorienkiller/Fatburner:
niedrige Energiedichte, Ballaststoffe
Pro Portion ca. 160 kcal

- 300 g Kartoffeln
- 1 kleine Zwiebel
- 1 Knoblauchzehe
- 1 TL Sesamöl
- Curry
- 1/4 TL Garam Masala
- Koriander 1/2 l Gemüsebrühe
- 2 EL Kokosmilch
- Jodsalz
- Pfeffer
- 2 Stängel Koriandergrün

Apfel-Kartoffel-Suppe mit Seelachs

1 Apfel, Möhren und Kartoffeln waschen, schälen und würfeln, die Zwiebel abziehen und in Streifen schneiden. Das Öl erhitzen und das Gemüse darin kurz andünsten. Mit 1/2 Liter Gemüsebrühe auffüllen und zugedeckt etwa 20 Minuten bei kleiner Hitze kochen.

2 Quark und Milch glatt rühren und kräftig mit fein geschnittener Chilischote, Salz, Pfeffer, wenig Zimt, Curry, Paprikapulver und Zitronenschale abschmecken.

3 Den Seelachs in mundgerechte Stücke teilen, mit Zitronensaft beträufeln und mit Salz würzen. Den Fisch in einem zweiten Topf in der restlichen Gemüsebrühe bei schwacher Hitze 3 Minuten garziehen lassen.

4 Die Quarkmischung unter die Suppe rühren, den Seelachs mit einem Schaumlöffel aus der Brühe heben und in zwei tiefe Teller füllen. Die Suppe darüber schöpfen und mit gehackter Petersilie bestreut servieren.

ZUTATEN

Für 2 Personen
Zubereitungszeit ca. 45 Minuten
Kalorienkiller/Fatburner:
niedriger Glyx, Capsaicin, Jod
Pro Portion ca. 335 kcal

- 1 säuerlicher Apfel (200 g)
- 100 g Möhren 350 g Kartoffeln
- 1/2 kleine Zwiebel
- 1 TL Rapsöl
- 3/4 l Gemüsebrühe
- 50 g Magerquark
- 6 EL entrahmte Milch (0,1 % Fett)
- 1/4 Chilischote
- Jodsalz
- weißer Pfeffer
- Zimt, Curry
- Paprikapulver
- 1/2 TL abgeriebene Zitronenschale
- 200 g Seelachsfilet
- 1 EL Zitronensaft
- 2 Stängel Petersilie

ZUTATEN

Für 2 Personen

Zubereitungszeit ca. 20 Minuten

Kalorienkiller/Fatburner:

Capsaicin, niedrige Energiedichte

Pro Portion ca. 240 kcal

- 1 EL Rapsöl
- 500 g gehackter TK-Spinat
- 3/8 l Gemüsebrühe
- 1 EL Rosinen
- 1/8 l entrahmte Milch (0,1 % Fett)
- 1 Päckchen Safran (0,1 g)
- Jodsalz
- Pfeffer
- Cayennepfeffer
- Kreuzkümmel
- 1 Knoblauchzehe
- 1 Scheibe Vollkorntoast
- 1 EL gehackte Mandeln

Orientalische Spinatsuppe

1 Die Hälfte des Öls erhitzen, den Spinat kurz andünsten. Die Gemüsebrühe zugeben und bei mittlerer Hitze etwa 15 Minuten auftauen und garen. In den letzten 5 Minuten die Rosinen zugeben.

2 Die Milch zum Spinat geben, die Suppe mit Safran, Salz, Pfeffer, Cayennepfeffer und Kreuzkümmel abschmecken.

3 Die Knoblauchzehe abziehen, das Toastbrot würfeln. Das restliche Öl erhitzen und die Brotwürfel zusammen mit dem Knoblauch goldbraun braten. Brotwürfel und Mandeln über die Suppe streuen.

Frühlingskräutersuppe mit Ziegenfrischkäse

1 Die Schalotten und die Knoblauchzehe abziehen und fein würfeln. Öl erhitzen, Zwiebel- und Knoblauchwürfel darin andünsten. Mit Brühe ablöschen, aufkochen lassen und 5 bis 10 Minuten bei schwacher Hitze kochen.

2 Joghurt mit der Stärke verrühren und mit 1/2 Esslöffel Frischkäse unter die Suppe rühren, einmal aufkochen.

3 Kräuter waschen, trocknen und fein hacken, Schnittlauch in feine Röllchen schneiden. Die Hälfte der Kräuter in die Suppe geben und pürieren. Die Suppe mit Salz und Pfeffer abschmecken.

4 Aus dem restlichen Frischkäse mit zwei Teelöffeln zwei kleine Nocken formen. Je eine auf einen Teller Suppe setzen und mit den restlichen Kräutern garnieren.

Eine sehr feine Knoblauchnote bekommt die Suppe, wenn Sie die Knoblauchzehe weglassen und dafür ein kleines Bund Bärlauch zusätzlich zu den anderen Kräutern verwenden.

ZUTATEN

Für 2 Personen

Zubereitungszeit ca. 25 Minuten

Kalorienkiller/Fatburner:

Wasser, niedrige Energiedichte

Pro Portion ca. 145 kcal

- 2 Schalotten (40 g)
- 1 Knoblauchzehe
- 1 TL Rapsöl
- 1/2 l Gemüsebrühe
- 150 g entrahmter Naturjoghurt (0,1 % Fett)
- 1 TL Speisestärke
- 1 EL Ziegenfrischkäse
- 1/2 Bund Kräuter (z. B. Dill, Kerbel, Schnittlauch)
- Jodsalz
- Pfeffer

Paprikasuppe all'arrabbiata

1 Paprikaschoten waschen, längs halbieren, Trennwände und Kerne entfernen. Die Paprika grob zerkleinern. Die Chilischote längs halbieren, entkernen und waschen. Die Schote in feine Streifen schneiden. Achtung: Nach dem Chilischneiden Hände unbedingt gut waschen.

2 Zwiebel und die Knoblauchzehen abziehen, würfeln und mit den Chiliringen im heißen Öl glasig dünsten. Paprika dazugeben und mitdünsten. Tomatenmark und Gemüsebrühe einrühren. Aufkochen und 20 Minuten bei schwacher Hitze zugedeckt kochen.

3 Oliven grob hacken, Basilikum waschen, trocknen und fein schneiden. Die Suppe pürieren und mit Salz, Pfeffer, Süßstoff und Balsamico-Essig abschmecken. Mit Basilikum, Kapern und Oliven bestreuen.

Diese Suppe ist auch nach einem langen Arbeitstag blitzschnell zubereitet. Noch schneller geht's, wenn Sie tiefgefrorene Zwiebel- und Knoblauchwürfel verwenden.

ZUTATEN

Für 2 Personen
Zubereitungszeit ca. 40 Minuten
Kalorienkiller/Fatburner:
Capsaicin, Wasser,
niedrige Energiedichte
Pro Portion ca. 185 kcal

- 500 g rote Paprika
- 1 kleine rote Chilischote
- 1 kleine rote Zwiebel (30 g)
- 2 Knoblauchzehen
- 1 EL Rapsöl
- 1 EL Tomatenmark
- 400 ml Gemüsebrühe
- 5 schwarze Oliven
- 3 Stängel Basilikum
- Jodsalz
- Pfeffer
- flüssiger Süßstoff
- 2–3 TL Balsamico-Essig
- 2 TL Kapern

Blitz-Brokkolicremesuppe

1 Zwiebel und Knoblauchzehe abziehen und fein würfeln. Das Öl erhitzen, Zwiebel- und Knoblauchwürfel darin glasig dünsten. Brokkoli und gut 1/4 Liter Wasser zugeben, den Brokkoli zugedeckt bei mittlerer Hitze etwa 15 Minuten auftauen und garen.

2 Die Milch zugeben und die Suppe pürieren. Mit Salz und Pfeffer abschmecken.

ZUTATEN

Für 2 Personen
Zubereitungszeit ca. 20 Minuten
Kalorienkiller/Fatburner:
niedrige Energiedichte, Aminosäuren
Pro Portion ca. 110 kcal

- 1 kleine Zwiebel (30 g)
- 1 Knoblauchzehe
- 1 EL Rapsöl
- 300 g TK-Brokkoli
- 1/8 l entrahmte Milch (0,1 % Fett)
- Jodsalz
- Pfeffer

ZUTATEN

Für 2 Personen
Zubereitungszeit ca. 35 Minuten
Kalorienkiller/Fatburner:
Ballaststoffe, Vitamin C, Sauerkraut
Pro Portion ca. 210 kcal

> 1 Scheibe Ananas (frisch oder aus der Dose)
> 1 Schalotte (20 g)
> 125 g Kartoffeln
> 500 g Sauerkraut
> 2 EL Rosinen
> 1 TL Rapsöl
> 1/2 l Gemüsebrühe
> 1/2 TL Honig
> Jodsalz
> weißer Pfeffer
> Paprikapulver
> Cayennepfeffer
> Curry
> 100 g Magerquark
> 3 Stängel Petersilie

Sauerkrautsuppe

1 Ananas in Stückchen schneiden, die Schalotte abziehen und fein würfeln. Kartoffeln schälen und in mundgerechte Würfel schneiden.

2 Sauerkraut, Rosinen, Ananasstücke und Schalottenwürfel in Rapsöl scharf anbraten, Kartoffelwürfel zugeben und mit der Gemüsebrühe ablöschen. Zugedeckt bei mittlerer Hitze etwa 20 Minuten garen. Die Suppe mit Honig und den Gewürzen abschmecken

3 Quark mit etwas Wasser glatt rühren und unter die Suppe rühren, nicht mehr kochen. Mit grob gehackter Petersilie garniert servieren.

Die Suppe gelingt auch mit Apfel oder Birnenwürfeln sehr schmackhaft.

Deftige Linsensuppe

1 Das Suppengrün waschen. Möhren und Sellerie schälen und würfeln, den Porree putzen und in Ringe schneiden. Kohlrabi und Kartoffeln schälen und ebenfalls würfeln. Zwiebel und Knoblauch abziehen und fein würfeln.

2 Öl erhitzen und das Gemüse, bis auf die Porreeringe, andünsten. Mit Gemüsebrühe ablöschen und etwa 15 Minuten garen. Den Porree zugeben und weitere 5 Minuten kochen.

3 Linsen, Senf, Tomatenmark, Honig und Kapern in die Suppe rühren, den Käse würfeln und in der Suppe schmelzen. Mit Salz, Pfeffer und Piment abschmecken.

4 Petersilie grob hacken, Schnittlauch in Röllchen schneiden und über die Suppe streuen.

Für den großen Hunger: Servieren Sie frische Vollkornbrötchen zur Suppe.

ZUTATEN

Für 2 Personen
Zubereitungszeit ca. 45 Minuten
Kalorienkiller/Fatburner:
Ballaststoffe, Harzer Käse, Chrom, hohe Viskosität, niedriger Glyx
Pro Portion ca. 300 kcal

- 1 kleines Bund Suppengrün (350 g)
- 1/2 Kohlrabi (150 g)
- 200 g Kartoffeln
- 1 rote Zwiebel (50 g)
- 1 Knoblauchzehe
- 1 TL Rapsöl
- 400 ml Gemüsebrühe
- 400 g Linsen (aus der Dose)
- 1 TL scharfer Senf
- 1 EL Tomatenmark
- 1/2 TL Honig
- 1 EL Kapern
- 100 g Harzer Käse
- Jodsalz
- schwarzer Pfeffer
- Piment
- je 1/4 Bund Petersilie und Schnittlauch

Asiatische Fischsuppe

1 Fischfilet würfeln, salzen und mit Limettensaft beträufeln. In 1/2 Teelöffel Öl etwa 4 Minuten braten. Mit der Gewürzmischung würzen, beiseite stellen beiseitestellen.

2 Das Gemüse putzen, Möhren schälen und in Stifte, Porree in Ringe schneiden. Knoblauch und Zwiebel abziehen und würfeln, Ingwer schälen und fein hacken. Litschis schälen oder abtropfen lassen, das Fruchtfleisch in Streifen schneiden.

3 Gemüse, Zwiebeln, Knoblauch und Ingwer kurz im restlichen Öl anbraten, Brühe zugießen und das Zitronengras dazugeben. 15 Minuten kochen.

4 Die Suppe mit Kokosmilch und den Gewürzen abschmecken, das Zitronengras entfernen. Fisch, Litschis und Bambussprossen in der Suppe erhitzen, mit den Kräutern bestreut servieren.

ZUTATEN

Für 2 Personen
Zubereitungszeit ca. 50 Minuten
Kalorienkiller/Fatburner:
Jod, Zink, Ingwer, Proteine, Wasser
Pro Portion ca. 295 kcal

- 400 g Kabeljau
- 1 EL Limettensaft
- Jodsalz
- asiatische Gewürzmischung
- 1 TL Sesamöl
- 150 g Lauch
- 200 g Möhren
- 1 Knoblauchzehe
- 1 Zwiebel (50 g)
- 1 cm frischer Ingwer
- 50 g Litschi (frisch oder aus der Dose)
- 400 ml Fischbrühe (oder Gemüsebrühe)
- 1 Stängel Zitronengras
- 6 EL Kokosmilch
- Pfeffer
- 100 g Bambussprossen (aus der Dose)
- je 2 Stängel Koriander und Petersilie

Mediterrane Gemüsesuppe

1 Das Gemüse waschen, putzen und in mundgerechte Stücke schneiden. Zwiebel und Knoblauch abziehen und fein würfeln.

2 Das Öl erhitzen, Gemüse, Zwiebeln und Knoblauch kräftig anbraten. Tomatenmark und Honig zugeben und mit Gemüsebrühe ablöschen. Zugedeckt bei mittlerer Hitze etwa 15 Minuten kochen.

3 Mit getrockneten Kräutern, Gewürzen und Balsamico-Essig abschmecken, mit fein geschnittener Petersilie und Kapern bestreut servieren.

ZUTATEN

Für 2 Personen
Zubereitungszeit ca. 40 Minuten
Kalorienkiller/Fatburner:
Ballaststoffe, niedriger Glyx, niedrige Energiedichte
Pro Portion ca. 170 kcal

- 500 g Fleischtomaten
- 300 g bunte Paprika
- 125 g Zucchini
- 1/2 Aubergine (100 g)
- 1 Zwiebel (50 g)
- 1 Knoblauchzehe
- 1 TL Rapsöl
- 1 EL Tomatenmark
- 1/2 TL Honig
- 350 ml Gemüsebrühe
- Thymian
- Basilikum
- Oregano
- Rosmarin
- Jodsalz
- bunter Pfeffer
- 1/2 TL Balsamico-Essig
- 1/4 Bund Petersilie
- 2 EL Kapern

Power Salate

Hot-Taco-Salat mit scharfem Käsedip

1 Paprika waschen, putzen und in mundgerechte Stücke schneiden. Zwiebel abziehen und fein würfeln. Zwiebelwürfel, Paprika und Beefsteakhack in einer beschichteten Pfanne ohne Fett bei mittlerer Hitze braten, bis das Hackfleisch krümelig gegart ist. Hot-Chili-Sauce unterrühren und abkühlen lassen.

2 Milch erhitzen und den Kochkäse darin bei kleiner Hitze auflösen, mit Tabasco und Cayennepfeffer pikant abschmecken, abkühlen lassen.

3 Den Eisbergsalat waschen, trocknen, in mundgerechte Stücke zupfen und in eine Salatschüssel geben. Die Tomaten waschen und in Spalten schneiden, auf dem Rand des Salates verteilen.

4 Die Hackfleischsauce in die Mitte der Schüssel geben und die Käsesauce darauf verteilen. Die Chips zum Dippen dazu reichen.

ZUTATEN

Für 2 Personen
Zubereitungszeit ca. 30 Minuten
Kalorienkiller/Fatburner:
Proteine, Capsaicin, CLA, Jod, niedriger Glyx
Pro Portion ca. 380 kcal

- 1 grüne Paprikaschote (200 g)
- 1 rote Zwiebel (50 g)
- 200 g Beefsteakhack (Tatar)
- 100 g Hot-Chili-Sauce (Feinkostsauce aus der Flasche)
- 1/8 l entrahmte Milch (0,1 % Fett)
- 100 g Mager-Kochkäse
- Tabasco
- Cayennepfeffer
- 100 g Eisbergsalat
- 150 g Tomaten
- 50 g Taco-Chips

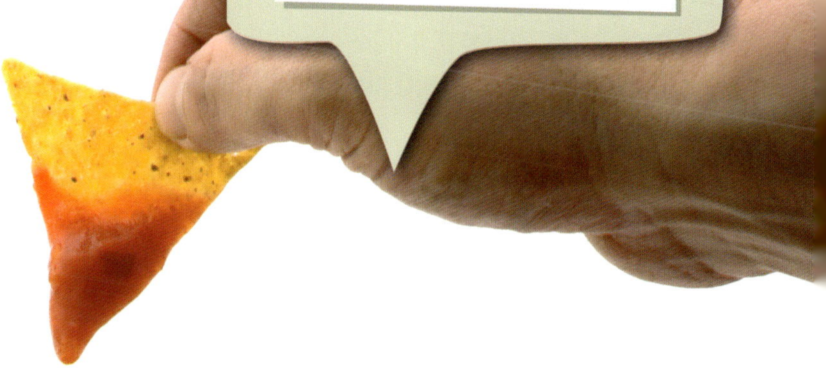

Harzer-Käse-Salat

1 Harzer Käse und abgezogene Gemüsezwiebel würfeln und mit Sherry-Essig, Salz, Pfeffer und Honig über Nacht marinieren.

2 Die Marinade abgießen und mit Senf und Rapsöl vermischen.

3 Spitzkohl putzen und in feine Streifen schneiden, Gurke schälen, Paprika putzen, beides in Stifte schneiden. Gewürzgurken würfeln. Gemüse mit Käse und Marinade mischen und den Salat mit Schnittlauchröllchen bestreut servieren.

Die Spitzkohlsaison ist kurz. Wenn Sie keinen bekommen, können Sie ebenso gut Eisbergsalat, Chinakohl oder Chicoree verwenden.

ZUTATEN

Für 2 Personen

Zubereitungszeit ca. 20 Minuten + Zeit zum Marinieren

Kalorienkiller/Fatburner:

Harzer Käse, Aminosäuren, feste Speise, niedriger Glyx

Pro Portion ca. 170 kcal

- 150 g Harzer Käse
- 1/2 Gemüsezwiebel (100 g)
- 1 EL Sherry-Essig
- Jodsalz
- schwarzer Pfeffer
- 1/2 TL Honig
- 1 TL scharfer Senf
- 1 TL Rapsöl
- 100 g Spitzkohl
- 250 g Gurke
- 1 Paprikaschote (rot oder gelb, 200 g)
- 50 g Gewürzgurken
- 1/4 Bund Schnittlauch

Roher Spargelsalat

1 Spargel schälen, die holzigen Enden abschneiden und die Spargelstangen bis 4 cm vor den Köpfen schräg in 1/2 cm dünne Scheiben schneiden. Spargelköpfe längs halbieren.

2 Limette heiß waschen, trocknen und die Schale abreiben. 3 Esslöffel Limettensaft auspressen. 3 Esslöffel Wasser mit Limettensaft und -schale, Honig, Salz und Pfeffer verrühren. Das Öl unterrühren und die Marinade mit dem Spargel mischen.

3 Kirschtomaten waschen, vierteln und unter den Spargel heben. Blättchen von den Kerbelstielen zupfen, grob hacken und über den Salat streuen.

ZUTATEN

Für 2 Personen
Zubereitungszeit ca. 20 Minuten
Kalorienkiller/Fatburner:
niedrige Energiedichte, niedriger Glyx
Pro Portion ca. 150 kcal

- 500 g weißer Spargel
- 1 unbehandelte Limette
- 2 TL Honig
- Jodsalz
- Pfeffer
- 1 EL Rapsöl
- 200 g Kirschtomaten
- 1/2 Bund frischer Kerbel

Apfel-Linsen-Salat mit Schafskäse

1 Linsen über Nacht einweichen. Am nächsten Tag in 1/2 Liter Wasser mit Lorbeerblatt, Nelkenpulver, Thymian und Bohnenkraut 30 bis 40 Minuten zugedeckt bei mittlerer Hitze kochen. Die Linsen abgießen und in einer Schüssel auskühlen lassen.

2 Zwiebel abziehen, Paprikaschote waschen, halbieren und entkernen. Beides in kleine Würfel schneiden.

3 Öl, Senf und Essig zu einem Dressing verrühren, mit Salz, Pfeffer und Paprikapulver kräftig würzen. Apfel waschen und mit der Schale direkt in das Dressing raspeln.

4 Linsen, Zwiebeln und Paprikaschoten unter das Dressing heben. Eventuell 10 Minuten durchziehen lassen. Mit Schnittlauchröllchen und dem grob zerbröckelten Schafskäse bestreuen.

Schneller geht's mit gegarten Linsen aus der Dose.

ZUTATEN

Für 2 Personen
Zubereitungszeit
ca. 1 Stunde 10 Minuten + Einweichzeit
Kalorienkiller/Fatburner:
Ballaststoffe, feste Speise, Pyruvat, Chrom
Pro Portion ca. 300 kcal

- 100 g Linsen
- Lorbeerblatt
- Nelkenpulver
- Thymian
- Bohnenkraut
- 1 kleine Zwiebel (30 g)
- 1 rote Paprikaschote (200 g)
- 1 EL Rapsöl
- 1 TL Senf
- 1 EL Essig
- Jodsalz, Pfeffer
- Paprikapulver
- 1 Apfel (200 g)
- 1/2 Bund Schnittlauch
- 40 g Schafskäse (45 % Fett i. Tr.)

Möhrensalat mit Ingwer-Dressing

1 Möhren waschen, schälen und raspeln. Frühlingszwiebeln waschen, putzen und in schmale Ringe schneiden.

2 Ingwer schälen und grob hacken. Den Koriander waschen und grob hacken. Ingwer, Koriander, Orangensaft, Essig, Nüsse, Salz, Pfeffer und Öl mit dem Mixstab fein pürieren. Dressing mit den Möhren gründlich vermischen.

ZUTATEN

Für 2 Personen
Zubereitungszeit ca. 10 Minuten
Kalorienkiller/Fatburner:
Ingwer, niedriger Glyx, Jod
Pro Portion ca. 200 kcal

- 300 g Möhren
- 2 Frühlingszwiebeln
- 2 cm frischer Ingwer
- 1/2 Bund Koriander
- 3 EL Orangensaft
- 2 EL Apfelessig
- 15 g gehackte Walnüsse
- Jodsalz
- Pfeffer
- 1 EL Walnussöl

Mediterraner Reissalat

1 Reis in Salzwasser zugedeckt 20 Minuten bei schwacher Hitze kochen. Abgießen und abkühlen lassen.

2 Beide Bohnensorten in ein Sieb geben, abspülen und abtropfen lassen. Tomaten waschen, vierteln, Stielansatz herausschneiden und das Fruchtfleisch würfeln. Gurke waschen und in kleine Würfel schneiden. Petersilie waschen, trocknen und fein schneiden.

3 Aus Essig, Salz, Pfeffer, 1 Prise Zucker und Öl ein Dressing herstellen und über die vorbereiteten Zutaten gießen. Den Salat gut vermengen und eventuell 10 Minuten durchziehen lassen.

Dieser Salat eignet sich hervorragend, um ihn bis zu 1 Tag im Voraus zuzubereiten.

ZUTATEN

Für 2 Personen
Zubereitungszeit ca. 35 Minuten
Kalorienkiller/Fatburner:
Ballaststoffe, Pyruvat, Magnesium
Pro Portion ca. 400 kcal

- 100 g Langkornreis
- Jodsalz
- 200 g Kidneybohnen (aus der Dose)
- 200 g weiße Riesenbohnen (aus der Dose)
- 100 g Tomaten
- 150 g Gurke
- 1/4 Bund Petersilie
- 2 EL Weißweinessig
- Pfeffer
- Zucker
- 1 EL Rapsöl

Spinat-Apfel-Salat

1 Den Spinat putzen, waschen und trocken schleudern. Die Nüsse in einer beschichteten Pfanne ohne Fettzugabe anrösten, bis sie duften. Auf einen Teller schütten und abkühlen lassen.

2 Den Knoblauch abziehen und fein hacken. Knoblauch und Gewürze mit Limettensaft, Honig und Öl verrühren.

3 Apfel waschen, das Kerngehäuse herausschneiden, das Fruchtfleisch in schmale Spalten schneiden. Apfelspalten und Spinat unter das Dressing heben. Mit den gehackten Nüssen bestreuen.

ZUTATEN

Für 2 Personen
Zubereitungszeit ca. 15 Minuten
Kalorienkiller/Fatburner:
Pektin, Pyruvat
Pro Portion ca. 200 kcal

> 250 g Blattspinat
> 15 g gehackte Walnüsse
> 1 Knoblauchzehe
> Kreuzkümmel
> Koriandersamen
> Jodsalz
> Pfeffer
> 2 EL Limettensaft
> 1 EL Honig
> 1 EL Walnussöl
> 1 Apfel

Rotkohlsalat Bangkok

1 Kohl putzen und vierteln. Strunk herausschneiden und den Kohl in feine Streifen schneiden. In einer Schüssel mit etwas Salz, Pfeffer und Zucker vermengen und kräftig kneten.

2 Zitronensaft, Erdnussbutter und Öl verrühren, über den Kohl geben und unterheben.

3 Mango schälen, zuerst in Scheiben vom Stein, dann in Streifen schneiden. Koriandergrün grob hacken und mit der Mango unter den Kohl mischen.

4 Salat 15 Minuten ziehen lassen und mit Salz und Pfeffer abschmecken. Sesam in einer Pfanne ohne Fettzugabe anrösten und über den Salat streuen.

Durch das Kneten des Kohls wird die Rohkost etwas weicher, ohne ihre Knackigkeit zu verlieren.

ZUTATEN

Für 2 Personen
Zubereitungszeit ca. 40 Minuten
Kalorienkiller/Fatburner:
Vitamin C, Ballaststoffe
Pro Portion ca. 260 kcal

- 300 g Rotkohl
- Jodsalz
- Pfeffer
- 1 EL Zucker
- 1 TL Zitronensaft
- 1 EL Erdnussbutter
- 1 EL Rapsöl
- 1/2 vollreife Mango (200 g)
- 1/2 Bund Koriandergrün
- 1 TL Sesam

Exotisches Dressing

1 Koriander waschen, Blättchen abzupfen und fein schneiden. Ingwer schälen und fein reiben. Chilischote längs halbieren, entkernen und fein hacken. Achtung: Nach dem Chilischneiden Hände gut waschen.

2 Sojasauce mit Zucker, Zitronensaft, Koriander, Chili und Ingwer verrühren.

Verwenden Sie dieses Dressing zum Beispiel für einen asiatischen Reissalat mit Ananas, für Chinakohl- oder Sojasprossensalate.

ZUTATEN

Für 2 Personen
Zubereitungszeit ca. 5 Minuten
Kalorienkiller/Fatburner:
Ingwer, Capsaicin
Pro Portion ca. 55 kcal

- 1/2 Bund Koriandergrün
- 1 cm frischer Ingwer
- 1 rote Chilischote
- 100 ml Sojasauce
- 1 EL brauner Zucker
- 5 EL Zitronensaft

Orangen-Vinaigrette

1 Orangensaft ca. 10 Minuten bei starker Hitze auf die Hälfte einkochen lassen. Orangensaft und Senf verrühren und das Öl mit einem Schneebesen darunter schlagen.

2 Die Vinaigrette mit Salz und Pfeffer würzen. Basilikumzweige waschen, trocknen, die Blättchen abzupfen, fein schneiden und unter die Vinaigrette rühren.

Wer Öl einsparen möchte, reduziert die Ölmenge auf 1 Teelöffel und verwendet stattdessen zusatzlich 2 Esslöffel Buttermilch. Das Dressing passt zu allen Sorten an Blatt- und Rohkostsalaten.

ZUTATEN

Für 2 Personen
Zubereitungszeit ca. 15 Minuten
Kalorienkiller/Fatburner:
Vitamin C, Magnesium
Pro Portion ca. 135 kcal

- 200 ml Orangensaft (ohne Zuckerzusatz)
- 1 TL mittelscharfer Senf
- 2 EL Rapsöl
- Jodsalz
- Pfeffer
- 4 Stängel Basilikum

Vegetarische Gerichte

Fleischtomate mit Hüttenkäsefüllung

1 Fleischtomaten waschen, aushöhlen und innen salzen. Möhre schälen und raspeln, Petersilie waschen und fein schneiden. Hüttenkäse mit Möhrenraspeln, Petersilie und Meerrettich verrühren und mit Salz, Pfeffer und einigen grob gehackten grünen Pfefferkörnern würzen und in die Tomaten füllen.

2 Die gefüllten Tomaten auf ein mit Backpapier belegtes Backblech legen und im vorgeheizten Backofen bei 180 °C etwa 20 Minuten backen. Kochkäse auf den Tomaten verteilen und kurz im Backofen schmelzen lassen.

3 Schnittlauch waschen und in Röllchen schneiden, die Tomaten damit bestreuen.

Als vegetarisches Hauptgericht dürfen es schon 2 Tomaten pro Person sein. Als Beilage, zum Beispiel zu Lammfilet und Vollkornnudeln, reicht dieses Rezept für vier.

ZUTATEN

Für 2 Personen
Zubereitungszeit ca. 60 Minuten
Kalorienkiller/Fatburner:
Ballaststoffe, Proteine, Calcium, Aminosäuren
Pro Portion ca. 275 kcal

- 4 Fleischtomaten (1 kg)
- Jodsalz
- 1 Möhre (80 g)
- 1 Bund Petersilie
- 250 g Hüttenkäse (Magerstufe)
- 2 TL Meerrettich
- bunter Pfeffer
- grüne Pfefferkörner
- 100 g Mager-Kochkäse
- 1/2 Bund Schnittlauch

Gurkengemüse mit Kräuterquark

1 Pellkartoffeln etwa 20 Minuten bei mittlerer Hitze in Salzwasser garen.

2 Gurke waschen und in Scheiben schneiden. Die Schalotte abziehen, fein würfeln und in heißem Öl glasig dünsten. Honig dazugeben, die Gurkenscheiben kurz mitbraten, mit Salz, Pfeffer und der Hälfte des gehackten Dills abschmecken. Die Gurken abgedeckt beiseite stellen beiseitestellen.

3 Magerquark mit Mineralwasser cremig rühren. Den Ingwer schälen und fein reiben, Knoblauch abziehen und durch die Knoblauchpresse drucken. Die Petersilie fein hacken, 2 Esslöffel beiseite stellen beiseitestellen, Schnittlauch in Röllchen schneiden. Quark mit Knoblauch, Ingwer und Kräutern verrühren, mit Salz, Pfeffer und Cayennepfeffer abschmecken.

4 Pellkartoffeln abgießen, pellen und in der restlichen Petersilie wälzen. Zusammen mit Gurkengemüse und Kräuterquark servieren.

ZUTATEN

Für 2 Personen
Zubereitungszeit ca. 40 Minuten
Kalorienkiller/Fatburner:
Ballaststoffe, niedriger Glyx, Pellkartoffeln, feste Speise, Proteine
Pro Portion ca. 280 kcal

- 400 g Pellkartoffeln
- Jodsalz
- 500 g Gurke oder Zucchini
- 1 Schalotte (20 g)
- 1 TL Rapsöl
- 1/2 TL Honig
- Pfeffer
- 1 Bund Dill
- 200 g Magerquark
- 3-4 EL Mineralwasser mit Kohlensäure
- 1/2 cm frischer Ingwer
- 1 Knoblauchzehe
- 1 Bund Petersilie
- 1 Bund Schnittlauch
- bunter Pfeffer
- Cayennepfeffer

Noch besser (und schneller) gelingt die Pfanne, wenn Sie Pellkartoffeln vom Vortag verwenden. Die Kartoffeln enthalten nicht mehr so viel Wasser und zerfallen in der Pfanne nicht so leicht.

Pellkartoffelpfanne

ZUTATEN
Für 2 Personen
Zubereitungszeit ca. 45 Minuten
Kalorienkiller/Fatburner:
Pellkartoffeln, feste Speise, Calcium, Capsaicin, Ballaststoffe
Pro Portion ca. 345 kcal

- 500 g kleine Kartoffeln
- 1 rote Zwiebel (50 g)
- 1 Knoblauchzehe
- 1 TL Rapsöl
- 80 g gekochter Schinken
- 150 g Harzer mit Kümmel
- 3 Stängel Petersilie
- 1 TL milder Senf
- Jodsalz
- bunter Pfeffer
- Cayennepfeffer

1 Kartoffeln ungeschält etwa 20 Minuten bei mittlerer Hitze in Salzwasser garen. Kartoffeln abgießen, pellen, abkühlen lassen und in Scheiben schneiden.

2 Zwiebel und Knoblauch abziehen und würfeln. Zwiebel, Knoblauch und Kartoffelscheiben in einer beschichteten Pfanne im heißen Öl kräftig anbraten. Den Schinken würfeln. Schinkenwürfel und den Senf unter die Kartoffelpfanne mischen und kurz erhitzen. Harzer Käse würfeln und in der Pfanne schmelzen. Die Pellkartoffelpfanne mit Salz, Pfeffer und Cayennepfeffer herzhaft abschmecken.

Pellkartoffeln mit Kräuterhüttenkäse

1 Kartoffeln ungeschält etwa 20 Minuten bei mittlerer Hitze in Salzwasser garen.

2 Gurke waschen und in dünne Scheiben schneiden oder hobeln. Dill waschen, trocknen und fein schneiden. Joghurt mit Zitronensaft und Dill verrühren, mit Salz, Pfeffer und wenig Süßstoff abschmecken. Die Joghurtsauce unter die Gurken heben.

3 Zucchini waschen, putzen und grob raspeln. Basilikum waschen, trocknen und fein schneiden. Beides unter den Hüttenkäse heben und mit Salz und Pfeffer abschmecken.

4 Pellkartoffeln abgießen, pellen und mit Hüttenkäse anrichten. Den Gurkensalat in Schälchen füllen.

ZUTATEN

Für 2 Personen
Zubereitungszeit ca. 35 Minuten
Kalorienkiller/Fatburner:
Pellkartoffeln, Probiotika, Aminosäuren, Calcium
Pro Portion ca. 305 kcal

- 400 g kleine Kartoffeln
- Jodsalz, Pfeffer
- 1 Gurke (500 g)
- 1/4 Bund Dill
- 150 g probiotischer Naturjoghurt (0,1 % Fett)
- 2 EL Zitronensaft
- flüssiger Süßstoff
- 100 g Zucchini
- 1 Bund Basilikum
- 250 g Hüttenkäse (Magerstufe)

Pellkartoffelsalat

1 Kartoffeln ungeschält etwa 20 Minuten bei mittlerer Hitze in Salzwasser garen. Kartoffeln abgießen, pellen, abkühlen lassen und in Scheiben schneiden.

2 Paprika waschen, putzen und in feine Streifen, Gurke waschen und in Scheiben schneiden. Die Möhre schälen, in feine Streifen schneiden oder grob raspeln. Schalotten abziehen und fein würfeln.

3 Öl erhitzen, Zwiebeln und Möhren andünsten. Gemüsebrühe, Essig, Senf und Kapern dazugeben, mit Salz, Pfeffer und wenig Süßstoff abschmecken. Kartoffelscheiben mit Paprika und Gurke mischen und mit der noch warmen Sauce übergießen. 15 Minuten durchziehen lassen.

4 Mit gehackter Petersilie und fein geschnittenen Zwiebelringen bestreuen.

Wenn es mal nicht vegetarisch sein soll, passen Geflügelwürstchen oder Frikadellen zum Kartoffelsalat.

ZUTATEN

Für 2 Personen
Zubereitungszeit ca. 45 Minuten
Kalorienkiller/Fatburner:
Pellkartoffeln, Ballaststoffe, feste Speise
Pro Portion ca. 255 kcal

- 400 g kleine Kartoffeln
- Jodsalz
- 300 g bunte Paprikaschoten
- 1/2 Gurke
- 1 kleine Möhre (60 g)
- 2 Schalotten (40 g)
- 1 TL Rapsöl
- 3-4 EL Gemüsebrühe
- 1 EL Weißweinessig
- 1/2 TL Senf
- 1 TL Kapern
- weißer Pfeffer
- flüssiger Süßstoff
- 1/2 Bund Petersilie
- 1 kleine rote Zwiebel (30 g)

Pellkartoffelauflauf

1 Kartoffeln ungeschält etwa 20 Minuten bei mittlerer Hitze in Salzwasser garen. Kartoffeln abgießen, pellen, abkühlen lassen und in Scheiben schneiden.

2 Zwiebel und Knoblauch abziehen, die Zwiebel in dünne Scheiben schneiden und zusammen mit dem durchgepressten Knoblauch im heißen Öl glasig dünsten. Die Kräuter waschen, fein schneiden, den Schnittlauch in Röllchen schneiden und mit den Zwiebeln mischen.

3 Spinat waschen und trocknen, Tomaten waschen und in Scheiben schneiden, den Harzer Käse ebenfalls in Scheiben schneiden.

4 Die Hälfte der Pellkartoffelscheiben in eine Auflaufform legen. Zuerst Zwiebel-Kräuter-Knoblauch-Masse darauf verteilen, Spinat, die zweite Hälfte Kartoffelscheiben, Harzer Käse und Tomaten einschichten. Mit Salz, Pfeffer, Muskat und Majoran würzen und im vorgeheizten Backofen bei 180 °C abgedeckt 40 Minuten backen.

ZUTATEN

Für 2 Personen

Zubereitungszeit ca. 60 Minuten

Kalorienkiller/Fatburner:

Ballaststoffe, Proteine, Pellkartoffeln, feste Speise

Pro Portion ca. 310 kcal

- 400 g kleine Kartoffeln
- Jodsalz
- 1/2 Gemüsezwiebel (100 g)
- 1 Knoblauchzehe
- 1 TL Rapsöl
- je 1/4 Bund Dill, Petersilie und Schnittlauch
- 400 g Spinat
- 250 g Tomaten
- 100 g Harzer Käse mit Schimmel
- weißer Pfeffer
- Muskat
- Majoran

Paprika mit Käsefüllung

1 Weizen in Gemüsebrühe in 30 Minuten bissfest garen und abgießen.

2 Zwiebel und Knoblauchzehen abziehen und würfeln, im heißen Öl kräftig anbraten. Schnittlauchröllchen, Weizen und Hüttenkäse dazugeben und mit Salz, Pfeffer, Paprikapulver und Curry kräftig würzen.

3 Paprikaschoten waschen, den Deckel abschneiden, die Paprikaschoten aushöhlen und die Hüttenkäsemischung einfüllen. Die Schoten in eine Auflaufform stellen (eventuell den Boden der Paprikaschoten glatt schneiden, damit sie aufrecht stehen) und im vorgeheizten Backofen bei 180 °C etwa 30 Minuten backen. Mit gehackter Petersilie bestreut servieren.

Garen Sie Getreide auf Vorrat, es hält sich gut verpackt im Kühlschrank etwa 1 Woche frisch.

ZUTATEN

Für 2 Personen
Zubereitungszeit ca. 50 Minuten
Kalorienkiller/Fatburner:
Ballaststoffe, Calcium
Pro Portion ca. 175 kcal

- 25 g Weizen
- 1/8 l Gemüsebrühe
- 1 kleine rote Zwiebel (30 g)
- 2 Knoblauchzehen
- 1 TL Rapsöl
- 1/2 Bund Schnittlauch
- 50 g Hüttenkäse (Magerstufe)
- Jodsalz, bunter Pfeffer
- Paprikapulver, Curry
- 2 Paprikaschoten (400 g)
- 1/2 Bund Petersilie

Gefüllte Zucchini

1 Reis nach Packungsanleitung in Salzwasser zubereiten, abgießen und abtropfen lassen.

2 Zucchini und Paprika waschen und putzen. 2 Zucchini längs halbieren, aushöhlen und in kochendem Wasser etwa 4 Minuten blanchieren. Abtropfen lassen.

3 Paprika und die restliche Zucchini würfeln, Zwiebel und Knoblauchzehe abziehen und ebenfalls würfeln. Gemüsewürfel im Öl andünsten, den Reis unterheben. Die Gemüse-Reis-Mischung mit Salz und Pfeffer würzen. Zucchinihälften in eine Auflaufform legen und die Gemüse-Reis-Mischung einfüllen.

4 Kochkäse in der Milch bei geringer Hitze auflösen und über die Zucchini gießen. Kräuter darüber streuen und die Zucchini im vorgeheizten Backofen bei 180 °C etwa 15 Minuten backen.

ZUTATEN

Für 2 Personen
Zubereitungszeit ca. 50 Minuten
Kalorienkiller/Fatburner:
Ballaststoffe, CLA,
Magnesium, Proteine
Pro Portion ca. 420 kcal

- 100 g Naturreis
- Jodsalz, weißer Pfeffer
- 3 Zucchini (600 g)
- 1 rote Paprikaschote (200 g)
- 1 Zwiebel (50 g)
- 1 Knoblauchzehe
- 2 TL Olivenöl
- 200 g Mager-Kochkäse
- 100 ml entrahmte Milch (0,1 % Fett)
- 2 EL frische Kräuter (Oregano, Basilikum, Thymian)

Kohlrabi-Kerbel-Gemüse

1 Kohlrabi waschen, schälen und in feine Stifte schneiden. Gemüsebrühe erhitzen und Kohlrabistifte darin zugedeckt bei mittlerer Hitze etwa 15 Minuten dünsten. Milch dazu-gießen und kurz aufkochen lassen. Stärke mit etwas kaltem Wasser anrühren, in die kochende Flüssigkeit gießen und 1 Minute unter ständigem Rühren kochen lassen. Mit Salz und Pfeffer würzen.

2 Kerbel waschen, trocknen, Blättchen abzupfen und unter das Kohlrabigemüse mischen.

ZUTATEN

Für 2 Personen
Zubereitungszeit ca. 35 Minuten
Kalorienkiller/Fatburner:
niedriger Glyx, niedrige Energiedichte
Pro Portion ca. 90 kcal

- 2 Kohlrabi (400 g)
- 1/8l Gemüsebrühe
- 3 EL entrahmte Milch (0,1 % Fett)
- 1 TL Speisestärke
- Jodsalz
- Pfeffer
- 1/2 Bund frischer Kerbel

Nach diesem Grundrezept können Sie verschiedene cremige Gemüseköstlichkeiten zaubern. Versuchen Sie auch Möhren mit Schnittlauch, Wirsing mit Kümmel, Champignons mit Petersilie oder Spargel mit Kresse.

Harzer Soufflé

1 Harzer Käse raspeln. Ein Ei trennen.

2 Milch, Salz, Pfeffer und Diätmargarine in einem Topf aufkochen, dann das Mehl hinzufügen. Mit einem Holzlöffel so lange rühren, bis sich ein Kloß bildet.

3 Den Topf vom Herd nehmen. 1 Ei unterrühren und den Teig in eine Schüssel geben. Nacheinander das Eigelb und den Harzer Käse unterrühren.

4 Eiweiß steif schlagen und unter die Käsemasse heben. Zwei Souffléförmchen einfetten und die Masse einfüllen.

5 Im Wasserbad im vorgeheizten Ofen bei 150 °C etwa 20 Minuten garen. Aus den Förmchen stürzen und mit gehackter Petersilie und Schnittlauchröllchen bestreut servieren.

ZUTATEN

Für 2 Personen
Zubereitungszeit ca. 45 Minuten
Kalorienkiller/Fatburner:
Calcium, Lipamin, Cholin
Pro Portion ca. 215 kcal

- 40 g reifer Harzer Käse
- 2 Eier
- 1/8 l entrahmte Milch (0,1 % Fett)
- Jodsalz, Pfeffer
- 10 g Diätmargarine
- 25 g Weizenmehl (Type 550)
- Fett für die Förmchen
- je 1/4 Bund Schnittlauch und Petersilie

Gratinierte Linsen

1 Frühlingszwiebeln waschen, putzen und in Ringe schneiden. Möhren schälen und fein würfeln. Linsen in einem Sieb kalt abspülen und gut abtropfen lassen.

2 Öl erhitzen, Frühlingszwiebeln und Möhren darin kurz andünsten, Linsen dazugeben und mit 3/4 Liter Wasser aufgießen. Aufkochen und zugedeckt bei mittlerer Hitze etwa 30 Minuten kochen.

3 Nüsse und Koriandergrün grob hacken und unter das Linsengemüse mischen. Mit zerbröselter Chilischote, Koriander, Kreuzkümmel, Salz, Pfeffer und Essig würzen.

4 Das Gemüse in eine flache Auflaufform füllen und den Ziegenfrischkäse in Flöckchen daraufsetzen. Im vorgeheizten Backofen bei 225 °C 5 bis 10 Minuten überbacken.

ZUTATEN

Für 2 Personen
Zubereitungszeit ca. 60 Minuten
Kalorienkiller/Fatburner:
Pyruvat, feste Speise, Chrom
Pro Portion ca. 240 kcal

- 2 Frühlingszwiebeln
- 200 g Möhren
- 125 g Berglinsen
- 2 TL Rapsöl
- 4 Haselnüsse
- 2 Stiele Koriandergrün
- 1 getrocknete Chilischote
- Koriander
- Kreuzkümmel
- Jodsalz
- Pfeffer
- 1-2 EL Balsamico-Essig
- 60 g Ziegenfrischkäse

Die kleineren Vertreter der Linsenfamilie wie rote Linsen, Champagner- oder Berglinsen brauchen Sie nicht einzuweichen. Ihre Kochzeit ist ohnehin sehr kurz.

Herbstliches Lauchgemüse

1 Walnüsse in einer beschichteten Pfanne ohne Fettzugabe anrösten, bis sie duften. Abkühlen lassen und grob hacken.

2 Lauchstange der Länge nach halbieren und unter fließendem, kaltem Wasser gründlich waschen. Lauch in halbe Ringe schneiden und gut abtropfen lassen. Apfel waschen, vierteln, das Kerngehäuse entfernen und das Fruchtfleisch in Spalten schneiden.

3 1/2 Esslöffel Öl erhitzen, Apfelspalten von jeder Seite 1 Minute anbraten, herausnehmen und beiseite stellen beiseitestellen. Das restliche Öl erhitzen, Lauch andünsten, mit Apfelsaft ablöschen und zugedeckt bei mittlerer Hitze etwa 5 Minuten dünsten.

4 Apfel und Walnüsse unter das Gemüse heben, mit Salz und Pfeffer abschmecken und mit gehackter Petersilie bestreut servieren.

Eine köstliche Alternative zum Lauch: 2 Bund knackige Frühlingszwiebeln.

ZUTATEN

Für 2 Personen
Zubereitungszeit ca. 30 Minuten
Kalorienkiller/Fatburner:
niedrige Energiedichte, Pektin
Pro Portion ca. 255 kcal

- 15 g Walnusskerne
- 1 große Stange Lauch (ca. 400 g)
- 1 Apfel (200 g)
- 1 EL Rapsöl
- 100 ml Apfelsaft
- Jodsalz
- Pfeffer
- 2 Stängel Petersilie

Erbsenpüree

1 Knoblauchzehen und Zwiebel abziehen. Knoblauch in feine Scheiben schneiden, die Zwiebel würfeln.

2 Öl erhitzen und die Knoblauchscheiben darin bei mittlerer Hitze goldbraun anbraten. Knoblauch herausnehmen und auf Küchenpapier abtropfen lassen.

3 Zwiebel und Erbsen in das Bratfett geben und eine Minute anschwitzen. Mit Salz, Pfeffer und 1 Prise Zucker würzen. 3 Esslöffel Wasser und Zitronensaft dazugeben und etwa 5 Minuten zugedeckt bei mittlerer Hitze garen.

4 Die Erbsen in einem hohen Gefäß pürieren. Falls das Püree zu fest sein sollte, noch etwas Wasser zugeben, mit Salz und Pfeffer abschmecken und das Püree mit den Knoblauchscheibchen bestreut servieren.

ZUTATEN

Für 2 Portionen
Zubereitungszeit ca. 20 Minuten
Kalorienkiller/Fatburner:
Ballaststoffe, hohe Viskosität
Pro Portion ca. 260 kcal

- 1-2 Knoblauchzehen
- 1 kleine Zwiebel (30 g)
- 1 EL Rapsöl
- 400 g TK-Erbsen
- Jodsalz
- Pfeffer
- Zucker
- 1 EL Zitronensaft

Süßscharfer Duftreis

1 Ananas in Stückchen schneiden, Zwiebel und Knoblauchzehe abziehen und fein würfeln.

2 Öl in einem ofenfesten Topf erhitzen und Zwiebel- und Knoblauchwürfel darin glasig dünsten. Ananas und Reis zugeben und kurz mitdünsten. Gemüsebrühe und Sambal Oelek unterrühren und aufkochen lassen. Im vorgeheizten Backofen bei 190 °C zugedeckt. 20 Minuten garen.

3 Kokosflocken in einer beschichteten Pfanne ohne Fett goldbraun rösten. Den Reis mit Salz und Pfeffer abschmecken und mit den Kokosflocken bestreuen.

Tipp: Sambals (indische Chili-Pasten) sind dickflüssige Würzsaucen auf Chili-Basis. Je nach Rezept variieren die einzelnen Zubereitungen beträchtlich in ihrer Schärfe.

ZUTATEN

Für 2 Personen
Zubereitungszeit ca. 35 Minuten
Kalorienkiller/Fatburner:
Capsaicin, Magnesium
Pro Portion ca. 320 kcal

- 150 g Ananas (aus der Dose)
- 1 kleine Zwiebel (30 g)
- 1 Knoblauchzehe
- 1 EL Rapsöl
- 80 g Basmatireis
- 200 ml Gemüsebrühe
- 1 TL Sambal Oelek
- 1/2 EL Kokosflocken
- Jodsalz
- Pfeffer

Linseneintopf Kreta

1 Die Linsen zwei Stunden in Wasser einweichen. Das Einweichwasser abgießen und die Linsen in Gemüsebrühe etwa 20 Minuten zugedeckt garen. Die Linsen mit der Brühe beiseite stellen beiseitestellen.

2 Zwiebel und Knoblauch abziehen und fein würfeln. Tomate waschen, den Stielansatz herausschneiden und das Fruchtfleisch grob würfeln. Möhre und Sellerie schälen und in gleichgroße Würfel schneiden.

3 Öl erhitzen, Zwiebel und Knoblauch glasig dünsten. Möhren- und Selleriewürfel zugeben und zugedeckt etwa 15 Minuten garen. Tomatenwürfel, Tomatenmark und Linsen dazugeben und mit Salz, Pfeffer und Majoran herzhaft abschmecken. Den Feta in Würfel schneiden und unter die Linsen rühren.

ZUTATEN

Für 2 Personen

Zubereitungszeit
ca. 60 Minuten + Einweichzeit

Kalorienkiller/Fatburner:
Ballaststoffe, Proteine, hohe Viskosität

Pro Portion ca. 160 kcal

- 75 g Linsen
- 1/4 l Gemüsebrühe
- 1 Zwiebel (50 g)
- 1/2 Knoblauchzehe
- 1 Tomate (60 g)
- 1/2 Möhre (40 g)
- 1 Stück Sellerie (50 g)
- 1 TL Rapsöl
- 2 EL Tomatenmark
- Jodsalz, Pfeffer
- Majoran
- 60 g Feta (45 % Fett i. Tr.)

Italienischer Handkäse

1 Aubergine und Zucchini putzen und würfeln. Knoblauch und Schalotten abziehen. Knoblauch fein hacken, Schalotten in feine Ringe schneiden. Tomaten waschen und in Scheiben schneiden, Thymianblättchen von den Zweigen zupfen, Basilikumblättchen fein schneiden, Oliven in Scheiben schneiden.

2 Das Öl erhitzen, Gemüsewürfel, Schalotten und Knoblauch 5 Minuten dünsten. Tomaten, Kräuter und Oliven zugeben, Essig unterrühren und mit Salz und Pfeffer würzen.

3 Den Käse in Scheiben schneiden und die Gemüsemischung darauf verteilen.

Zum Italienischen Handkäse passt frisch getoastetes Vollkornbrot. Achtung Olivenliebhaber: Schwarze Oliven enthalten mehr als doppelt so viele Kalorien wie grüne!

ZUTATEN

Für 2 Personen
Zubereitungszeit ca. 20 Minuten
Kalorienkiller/Fatburner:
Aminosäuren, Proteine, Calcium
Pro Portion ca. 190 kcal

- je 50 g Auberginen und Zucchini
- 2 Knoblauchzehen
- 50 g Schalotten
- 75 g Kirschtomaten
- je 2 Stängel Thymian und Basilikum
- 4 Oliven (grün und schwarz)
- 1/2 EL Olivenöl
- 2 EL Essig (z. B. Basilikumessig)
- Jodsalz, Pfeffer
- 125 g Handkäse mit Kümmel

Protein-Power Rezepte mit Fisch und Fleisch

Feuergarnelen

1 Garnelen eventuell auftauen lassen, waschen und trocken tupfen. Lauchzwiebeln waschen, putzen und schräg in Ringe schneiden. Rettich schälen und in dünne Scheibchen schneiden oder hobeln.

2 Chilischote waschen und mit den Kernen fein hacken. Achtung: Nach dem Chilischneiden Hände unbedingt gut waschen.

3 Öl erhitzen, Lauchringe, Rettich, Garnelen und Chili etwa 3 Minuten bei mittlerer Hitze braten. Mit Honig und Sojasauce würzen, mit Sesam bestreuen.

Genießen Sie zu diesem Gericht Reisnudeln – sie sind blitzschnell gar.

ZUTATEN

Für 2 Personen
Zubereitungszeit ca. 20 Minuten
+ eventuell Auftauzeit
Kalorienkiller/Fatburner:
Capsaicin, Jod
Pro Portion ca. 240 kcal

- 150 g frische oder TK-Garnelen (ohne Schale)
- 3 Lauchzwiebeln
- 300 g weißer Rettich
- 1 rote Chilischote
- 1 EL Sesamöl
- 1 TL Honig
- 3 EL Soja Sauce
- 2 TL Sesam

Seelachs und Fenchel in Senfsauce

1 Fenchel putzen und in Scheiben schneiden. Seelachs waschen, trocken tupfen, mit Zitronensaft beträufeln und mit Salz und Pfeffer würzen. Dill waschen, trocknen und fein schneiden.

2 1 Teelöffel Öl erhitzen, den Fenchel darin kurz andünsten. Mit der Gemüsebrühe ablöschen und zugedeckt bei mittlerer Hitze 10 bis 15 Minuten garen. Den Fenchel mit einem Schaumlöffel herausnehmen.

3 Joghurt, Senf und Mehl verrühren und in die Brühe einrühren. Einmal aufkochen und mit Salz, Pfeffer und wenig Süßstoff abschmecken. Den Fenchel wieder in die Sauce geben und warm halten.

4 Das restliche Öl in einer beschichteten Pfanne erhitzen und den Seelachs darin von beiden Seiten etwa 3 Minuten braten.

5 Fenchelgemüse und Seelachs auf Tellern anrichten, mit Dill bestreuen. Die Zitronenachtel dazulegen, so dass jeder den Fisch nach Geschmack säuern kann.

ZUTATEN

Für 2 Personen
Zubereitungszeit ca. 35 Minuten
Kalorienkiller/Fatburner:
Proteine, Aminosäuren, Jod
Pro Portion ca. 254 kcal

- 500 g Fenchel
- 300 g Seelachsfilet
- 1 EL Zitronensaft
- Jodsalz
- Pfeffer
- 1/4 Bund Dill
- 2 TL Rapsöl
- 1/8 l Gemüsebrühe
- 2 EL entrahmter Naturjoghurt (0,1 % Fett)
- 2 EL mittel scharfer Senf
- 1 TL Mehl
- flüssiger Süßstoff
- 2 Zitronenachtel

Seelachspäckchen aus dem Backofen

1 Fisch waschen, trocken tupfen und mit Salz und Cayennepfeffer würzen. Frühlingszwiebeln waschen, putzen und in Ringe schneiden. Zwei Bogen Backpapier dünn mit Öl bestreichen, den Fisch darauflegen und Frühlingszwiebeln darüber streuen, Zitronensaft darüber träufeln.

2 Päckchen falten und gut zubinden oder die Enden zudrehen. Den Fisch im vorgeheizten Backofen bei 200 °C 15 bis 20 Minuten garen.

3 Kartoffeln ungeschält etwa 20 Minuten in Salzwasser garen.

4 Tomaten an den Rispen lassen, waschen und trocken tupfen. Das restliche Öl in einer beschichteten Pfanne erhitzen und die Tomaten 3 bis 4 Minuten braten, bis sie leicht aufplatzen.

5 Fisch auswickeln, Kartoffeln abgießen und pellen. Zusammen mit den Tomaten anrichten und mit gehackter Petersilie bestreut servieren.

ZUTATEN

Für 2 Personen
Zubereitungszeit ca. 35 Minuten
Kalorienkiller/Fatburner:
Jod, Pellkartoffeln, feste Speise
Pro Portion ca. 293 kcal

> 300 g Seelachsfilet
> Jodsalz
> Cayennepfeffer
> 100 g Frühlingszwiebeln
> 2 TL Öl
> 2 EL Zitronensaft
> 400 g kleine Kartoffeln
> 250 g Kirschtomaten an zwei Rispen
> 1 EL gehackte Petersilie

Wer mag, gibt ein paar Scheibchen Knoblauch mit in die Fischpäckchen.

Seelachs-Gurken-Pfanne mit Ingwerjoghurt

1 Gurke waschen und in mundgerechte Stücke schneiden. Fisch waschen, trocken tupfen, mit Zitronensaft beträufeln und mit Salz und Pfeffer würzen. Den Seelachs würfeln. Ingwer schälen und fein reiben. Koriandergrün fein schneiden.

2 Reis in Salzwasser nach Packungsanweisung kochen.

3 Ingwer und Koriander unter den Joghurt rühren, mit Salz, Pfeffer und wenig Süßstoff abschmecken und den Joghurt bis zum Servieren kalt stellen.

4 Öl in einer beschichteten Pfanne erhitzen, die Fischwürfel darin rundherum 3 bis 5 Minuten braten, herausnehmen und beiseite stellen beiseitestellen. Gurken im Bratfett etwa 5 Minuten dünsten, den Fisch zugeben und kurz erwärmen.

5 Seelachs-Gurken-Pfanne mit Salz, Pfeffer und Zitronenschale würzen und mit Reis und dem eiskalten Ingwerjoghurt servieren.

ZUTATEN

Für 2 Personen
Zubereitungszeit ca. 35 Minuten
Kalorienkiller/Fatburner:
Jod, Magnesium, Ingwer, Probiotika
Pro Portion ca. 400 kcal

- 1 Gurke (500 g)
- 300 g Seelachsfilet
- 1 EL Zitronensaft
- Jodsalz
- Pfeffer
- 1-2 cm frischer Ingwer
- 1/4 Bund Koriandergrün
- 100 g Basmatireis
- 150 g probiotischer Naturjoghurt (0,1 % Fett)
- flüssiger Süßstoff
- 1 EL Rapsöl
- 1 TL abgeriebene Zitronenschale

Asiatisches Kabeljaufilet mit Algen

1 Naturreis in Salzwasser nach Packungsanweisung garen.

2 Kabeljau waschen, trocken tupfen und mit Limettensaft beträufeln. Mit Salz und Cayennepfeffer würzen und in 1 Teelöffel heißem Öl von beiden Seiten kurz anbraten. Bei schwacher Hitze insgesamt etwa10 Minuten dünsten. Den Fisch beiseitestellen.

3 Algen in mundgerechte Stücke schneiden. Das restliche Sesamöl erhitzen, Algen kurz anbraten. Mit Gemüsebrühe ablöschen und einige Minuten garen, bis die Algen bissfest sind. Mit asiatischer Gewürzmischung, Sojasauce und Honig abschmecken.

4 Sesam in einer beschichteten Pfanne ohne Fett anrösten und mit einigen Tropfen Tabasco unter den abgegossenen Reis mischen.

5 Reis, Algengemüse und Fisch anrichten, mit fein geschnittenem Koriander bestreuen.

ZUTATEN

Für 2 Personen
Zubereitungszeit ca. 35 Minuten
Kalorienkiller/Fatburner:
Ballaststoffe, Proteine, Jod, Magnesium
Pro Portion ca. 415 kcal

> 100 g Naturreis
> Jodsalz
> 300 g Kabeljaufilet
> 1 EL Limettensaft
> Cayennepfeffer
> 2 TL Sesamöl
> 250 g frische Algen (Asia-Laden)
> 5 EL Gemüsebrühe
> asiatische Gewürzmischung
> Sojasauce
> 1/2 TL Honig
> 1 EL Sesam
> Tabasco
> 1/4 Bund Koriandergrün

Kabeljau auf Ratatouille

1 Paprika, Aubergine und Zucchini waschen, putzen und würfeln. Zwiebel und Knoblauchzehe abziehen, Zwiebel in Streifen schneiden, Knoblauch würfeln.

2 2 Teelöffel Öl erhitzen, Zwiebeln und Knoblauch glasig dünsten, Gemüse, Brühe und Tomaten zugeben, die Tomaten im Topf grob zerkleinern. Mit Pfeffer und Rosmarin würzen und das Gemüse zugedeckt 15 bis 20 Minuten bei mittlerer Hitze garen.

3 Kabeljau waschen, trocken tupfen und mit Zitronensaft säuern. Mit Salz und Pfeffer würzen und in einer beschichteten Pfanne im restlichen Öl von beiden Seiten etwa 4 Minuten braten.

4 Basilikum grob schneiden. Fisch und Ratatouille-Gemüse anrichten und mit Basilikum bestreut servieren.

Als Beilage passt Vollkornbaguette.

ZUTATEN

Für 2 Personen
Zubereitungszeit ca. 35 Minuten
Kalorienkiller/Fatburner:
Jod, Proteine, niedriger Glyx
Pro Portion ca. 248 kcal

- 1 Paprikaschote (200 g)
- 1 Aubergine (250 g)
- 1 Zucchini (200 g)
- 1/2 Gemüsezwiebel (100 g)
- 1 Knoblauchzehe
- 3 TL Olivenöl
- 6 EL Gemüsebrühe
- 200 g geschälte Tomaten (aus der Dose)
- Pfeffer
- getrockneter Rosmarin
- 300 g Kabeljaufilet
- 1 EL Zitronensaft
- Jodsalz
- 1/2 Bund Basilikum

Nudel-Spinat-Auflauf mit gekochtem Schinken

1 Nudeln nach Packungsanleitung in Salzwasser bissfest garen, abgießen.

2 Spinat mit Kaffeesahne und Kochkäse aufkochen. Kräftig mit Salz, Pfeffer, Muskat und Knoblauch abschmecken. Den Schinken würfeln.

3 Die Nudeln und den Schinken unter den Spinat heben und alles in eine Auflaufform geben. Emmentaler darüberstreuen und den Auflauf im vorgeheizten Backofen bei 180 °C etwa 20 Minuten überbacken.

4 Kirschtomaten halbieren oder vierteln und vor dem Servieren auf dem Auflauf verteilen. Mit gehackten Kräutern garnieren.

Verwenden Sie gerne gekochte Nudeln vom Vortag. Beim Abkühlen wird aus einem Teil der Kohlenhydrate resistente Stärke.

ZUTATEN

Für 2 Personen
Zubereitungszeit ca. 45 Minuten
Kalorienkiller/Fatburner:
niedriger Glyx, Protein, Calcium
Pro Portion ca. 490 kcal

- 200 g kurze Nudeln (z.B. Penne, eifrei)
- Jodsalz
- 300 g frischer oder TK-Blattspinat
- 50 ml Kaffeesahne (10 %)
- 100 g Mager-Kochkäse
- Pfeffer
- Muskat
- Knoblauchpulver
- 75 g gekochter Schinken ohne Fettrand
- 75 g geraspelter Emmentaler (30 % F. i. Tr.)
- 2 Kirschtomaten
- 1 Bund gemischte Kräuter (z. B. Basilikum, Petersilie, Schnittlauch, Thymian)

Nudel-Gemüse-Topf mit Putenbrust

1 Putenbrust in Streifen schneiden. Die Fleischstreifen im Öl rundherum 3 Minuten scharf anbraten, mit Sojasauce, Paprikapulver und Pfeffer würzen und beiseite stellen beiseitestellen.

2 Paprikaschote waschen, entkernen und würfeln, Lauch längs halbieren, gründlich waschen und in halbe Ringe schneiden, Champignons putzen und je nach Größe halbieren oder vierteln.

3 Nudeln zusammen mit den Paprikawürfeln in die kochende Hühnerbrühe geben und nach Packungsanweisung der Nudeln garen. 3 Minuten vor Ende der Garzeit Champignons und Lauch zugeben und mitkochen.

4 Das Fleisch kurz in der Suppe erhitzen und die Brühe eventuell mit Sojasauce und Pfeffer nachwürzen.

ZUTATEN

Für 2 Personen
Zubereitungszeit ca. 25 Minuten
Kalorienkiller/Fatburner:
Proteine, Ballaststoffe, Aminosäuren, Wasser
Pro Portion ca. 440 kcal

- 150 g Putenbrustfilet
- 1 EL Rapsöl
- 1/2 EL Soja Sauce
- Paprikapulver
- weißer Pfeffer
- 1 Paprikaschote (200 g)
- 100 g Lauch
- 100 g Champignons
- 150 g kleine Nudeln (z. B. Hörnchen, eifrei)
- 1/2 l Hühnerbrühe

Zur Abwechslung können Sie statt der Putenbrust auch die gleiche Menge Fischfilet oder Garnelen verwenden. Beides braucht nicht extra angebraten zu werden.

Lasagne Mediterran

1 Zwiebel abziehen, Möhre schälen, beides fein würfeln. Stangensellerie und die Zucchini waschen, putzen und in feine Scheiben schneiden. Tomate waschen und klein schneiden. Das Putenfleisch hacken.

2 Öl erhitzen und das Fleisch darin unter Rühren anbraten. Möhren- und Zwiebelwürfel dazugeben und 5 Minuten mitbraten. Das restliche Gemüse, Tomatenmark und die grob zerkleinerten Dosentomaten zugeben. 20 Minuten zugedeckt kochen, mit Salz, Pfeffer, Muskat, Süßstoff und Zitronensaft abschmecken, Thymian unterheben.

3 Kochkäse in der Milch schmelzen, mit Salz, Pfeffer und Muskat würzen.

4 Nudeln, Fleisch- und Käsesauce in eine gefettete Auflaufform schichten, mit Parmesan bestreuen und im vorgeheizten Backofen bei 180 °C 30 bis 40 Minuten goldbraun backen.

ZUTATEN

Für 2 Personen
Zubereitungszeit ca. 60 Minuten
Kalorienkiller/Fatburner:
Aminosäuren, Capsaicin, Calcium, niedriger Glyx
Pro Portion ca. 450 kcal

- 1/2 Gemüsezwiebel
- 1 Möhre (80 g)
- 100 g Stangensellerie
- 100 g Zucchini
- 1 kleine Tomate (60 g)
- 150 g Putenbrustfilet
- 1 TL Rapsöl
- 20 g Tomatenmark
- 150 g geschälte Tomaten (aus der Dose)
- Jodsalz
- Pfeffer
- Muskat
- flüssiger Süßstoff
- 1 TL Zitronensaft
- 2 Stängel Thymian
- 100 g Mager-Kochkäse
- 50 ml entrahmte Milch (0,1 % Fett)
- Fett für die Form
- 100 g Lasagnenudeln (eifrei)
- 25 g geriebener Parmesan

Kartoffel-Gemüse-Gratin mit Hackbällchen

1 Kartoffeln ungeschält 20 Minuten in Salzwasser garen. Abgießen und pellen. Zucchini und Tomaten putzen und würfeln, Zwiebel und Knoblauch abziehen und klein würfeln.

2 Schinken würfeln und mit Hackfleisch, Ei, Milch und Semmelbröseln vermischen. Mit Salz, Pfeffer, Muskat und Cayennepfeffer würzen und kleine Fleischbällchen formen.

3 Das Öl erhitzen und die Fleischbällchen bei mittlerer Hitze etwa 6 Minuten rundherum knusprig braun braten, herausnehmen und beiseite stellen.

4 Im Bratfett Pellkartoffeln, Zwiebeln und Zucchini etwa 10 Minuten braten, Tomaten zugeben und erhitzen. Mit Thymian, Rosmarin, Salz und Pfeffer würzen und die Mischung in eine Auflaufform füllen.

5 Die Hackbällchen daraufsetzen. Harzer Käse in Scheiben schneiden und auf den Hackbällchen verteilen. Im vorgeheizten Backofen bei 200 °C 5 bis 10 Minuten überbacken.

ZUTATEN

Für 2 Personen
Zubereitungszeit ca. 60 Minuten
Kalorienkiller/Fatburner:
Proteine, Capsaicin, niedriger Glyx, feste Speise, Chrom
Pro Portion ca. 475 kcal

- 250 g Kartoffeln
- Jodsalz
- 250 g Zucchini
- 250 g Tomaten
- 1 Zwiebel (60g)
- 1 Knoblauchzehe
- 50 g gekochter Schinken
- 250 g Rinderhackfleisch
- 1 Ei
- 3 EL entrahmte Milch (0,1 % Fett)
- 1 EL Semmelbrösel
- Pfeffer
- Muskat
- Cayennepfeffer
- 1 EL Rapsöl
- je 1 TL gehackter Thymian und Rosmarin
- 75 g Harzer Käse

Hähnchenbrustfilet mit Orangen-Dill-Sauce

1 Reis nach Packungsanweisung in Gemüsebrühe garen.

2 Hähnchenbrust in mundgerechte Stücke schneiden und rundherum mit Salz, Pfeffer, Curry, Paprikapulver und wenig Zimt würzen. Mandarine pellen und in Spalten teilen, den Dill waschen und fein schneiden.

3 Öl erhitzen und das Hähnchenfleisch 2 Minuten scharf anbraten. Orangensaft, Mandarinenspalten, Dill, Honig und Kondensmilch zugeben, einmal aufkochen. Mit den Gewürzen abschmecken, den Naturreis abgießen und dazu servieren.

Dazu passt ein Gurkensalat mit Buttermilch-Dill-Sauce.

ZUTATEN

Für 2 Personen
Zubereitungszeit ca. 35 Minuten
Kalorienkiller/Fatburner:
Proteine, Aminosäuren, Capsaicin, Pyruvat, Chrom
Pro Portion ca. 405 kcal

- 100 g Naturreis
- 1/4 l Gemüsebrühe
- 300 g Hähnchenbrustfilet
- Jodsalz
- weißer Pfeffer
- Curry
- Paprikapulver
- Zimt
- 1 Mandarine
- 1/4 Bund Dill
- 1 TL Rapsöl
- 1/8 l Orangensaft
- 1/2 TL Honig
- 2 EL Kondensmilch (4 % Fett)

Maishähnchen

1 Zwiebel und Knoblauchzehe abziehen und fein würfeln. Pfefferschote waschen und in feine Ringe schneiden. Maiskolben waschen, trocknen und längs halbieren. Hähnchenfleisch in Würfel schneiden, Maiskörner auf einem Sieb abtropfen lassen.

2 1/2 Esslöffel Öl erhitzen, das Hähnchenfleisch darin 3 Minuten anbraten, mit Salz und Pfeffer würzen und beiseitestellen.

3 Das restliche Öl erhitzen, Zwiebel, Knoblauch, Pfefferschote und Maiskolben darin anbraten und mit Brühe ablöschen. Bei mittlerer Hitze 5 Minuten kochen. Fleisch und Maiskörner untermischen und weitere 5 Minuten garen.

4 Mit Salz und Pfeffer abschmecken und mit gewaschener und fein geschnittener Petersilie bestreuen.

ZUTATEN

Für 2 Personen
Zubereitungszeit ca. 30 Minuten
Kalorienkiller/Fatburner:
Capsaicin, Proteine, Chrom
Pro Portion ca. 380 kcal

- 1 Zwiebel
- 1 Knoblauchzehe
- 1 milde grüne Pfefferschote (40 g)
- 150 g Baby-Maiskolben
- 250 g Hähnchenbrustfilet
- 1 Dose Mais (285 g Abtropfgewicht)
- 1 EL Rapsöl
- Jodsalz
- Pfeffer
- 200 ml Geflügelbrühe
- 1/2 Bund Petersilie

Dazu passt knusprig getoastetes Vollkornbrot.

Ingwerhähnchen

1 Ingwer schälen und fein reiben. Stärke mit Sojasauce glatt rühren. Knoblauchzehe abziehen und durchpressen. Ingwer mit angerührter Stärke, Knoblauchzehe und etwas Pfeffer verrühren, Hähnchenbrustfilets in der Marinade 30 Minuten durchziehen lassen.

2 Kohl putzen, harten Strunk entfernen und den Kohl in Streifen schneiden. Tomaten waschen, trocknen und halbieren.

3 Die Hähnchenbrust aus der Marinade nehmen und trocken tupfen. Die Marinade beiseitestellen. 1/2 Esslöffel Öl erhitzen und das Fleisch von beiden Seiten je 2 Minuten anbraten. Die Hähnchenbrust auf einen ofenfesten Teller legen und im vorgeheizten Backofen bei 180 °C etwa 15 Minuten garen.

4 Das restliche Öl in die Pfanne geben, den Kohl unter Rühren 3 bis 4 Minuten garen, Marinade und Tomaten dazugeben und aufkochen. Mit Salz und Pfeffer abschmecken. Ingwerhähnchen und Kohlgemüse mit fein geschnittener Petersilie bestreuen.

ZUTATEN

Für 2 Personen
Zubereitungszeit ca. 40 Minuten
+ Zeit zum Marinieren
Kalorienkiller/Fatburner:
Ingwer, niedriger Glyx, Proteine, Chrom
Pro Portion ca. 255 kcal

- 2 cm frischer Ingwer
- 1 TL Speisestärke
- 2 EL Sojasauce
- 1 kleine Knoblauchzehe
- schwarzer Pfeffer
- 2 kleine Hähnchenbrustfilets (250 g)
- 300 g Spitzkohl
- 200 g Kirschtomaten
- 1 EL Sesamöl
- Jodsalz
- 1/2 Bund Petersilie

Hähnchenkeule mit Chili-Artischocken

ZUTATEN
Für 2 Personen
Zubereitungszeit ca. 1 Stunde 10 Minuten
Kalorienkiller/Fatburner: Capsaicin, Aminosäuren, Chrom
Pro Portion ca. 420 kcal

- 2 Hähnchenkeulen (400 g)
- Jodsalz
- Pfeffer
- 250 g Artischockenherzen (aus der Dose)
- 30 g getrocknete Tomaten
- 1 Knoblauchzehe
- 50 ml Weißwein
- 2 EL fettreduzierte Schlagsahne (z. B. Cremefine zum Kochen)
- Cayennepfeffer

1 Hähnchenkeulen waschen, trocknen, mit Salz und Pfeffer würzen und in eine ofenfeste Form legen. Im vorgeheizten Backofen bei 160 °C etwa 60 Minuten braten.

2 Artischocken abtropfen lassen und halbieren. Tomaten in feine Streifen schneiden. Knoblauchzehe abziehen und fein würfeln.

3 Artischocken, Tomaten, Knoblauch, Wein, 1/8 Liter Wasser und Sahne 15 Minuten vor Bratzeitende um die Keulen verteilen. Zum Schluss mit Salz, Pfeffer und Cayennepfeffer abschmecken.

Ein prima Gästeessen. Wenn die Zutaten vorbereitet sind, macht es sich fast von alleine, während Sie gemütlich mit Ihren Gästen plaudern.

Rinderfilet im Petersilien-Basilikum-Mantel

ZUTATEN
Für 2 Personen
Zubereitungszeit ca. 40 Minuten
Kalorienkiller/Fatburner: CLA, Proteine, Chrom
Pro Portion ca. 300 kcal

- 2 Rinderfilet-Medaillons (300 g)
- 1 EL Rapsöl
- Jodsalz
- Pfeffer
- 1/2 Bund Petersilie
- 4 Stängel Basilikum

1 Rinderfilets trocken tupfen. Im heißen Öl von jeder Seite 2 bis 3 Minuten scharf anbraten, das Fleisch mit Salz und Pfeffer würzen. Medaillons auf einen ofenfesten Teller legen, mit Alufolie abdecken und im vorgeheizten Backofen bei 120 °C 12 bis 15 Minuten garen.

2 Kräuter waschen, trocknen und fein schneiden. Auf einem flachen Teller mischen und die Filets am Ende der Garzeit darin wenden.

Dazu passt Kohlrabi-Kerbel-Gemüse (S. 143), Herbstliches Lauchgemüse (S. 145) oder ein großer gemischter Salat.

Rinderfilet mit buntem Gemüse

1 Bund gehackte Kräuter (z. B. Petersilie, Dill, Schnittlauch) 1 Limettenschale mit Cayennepfeffer, Salz und zerdrücktem Knoblauch mischen und das Fleisch damit einreiben. 1/2 Teelöffel Öl erhitzen und die Steaks etwa 4 Minuten anbraten. Pellkartoffeln und Steaks auf einen ofenfesten Teller legen und abgedeckt bei 120 °C 10 Minuten in den Ofen stellen.

2 Zwiebel abziehen und in Streifen schneiden, Paprika waschen, entkernen und ebenfalls in Streifen schneiden. Tomaten halbieren, Bohnen abtropfen lassen.

3 Das restliche Öl erhitzen, Zwiebeln und Paprika 5 Minuten garen. Tomaten, Bohnen und Dickmilch unterheben, mit Salz, Pfeffer und Tabasco abschmecken.

4 Steaks mit Gemüse und Kartoffeln anrichten, mit den Kräutern bestreut servieren.

ZUTATEN

Für 2 Personen
Zubereitungszeit ca. 35 Minuten
Kalorienkiller/Fatburner:
CLA, Ballaststoffe, Pellkartoffeln
Pro Portion ca. 495 kcal

- 1 TL abgeriebene Limettenschale
- Cayennepfeffer
- Jodsalz
- 1 kleine Knoblauchzehe
- 300 g Rinderfilet-Medaillons
- 1 TL Rapsöl
- 400 g gekochte Pellkartoffeln
- 1/2 Gemüsezwiebel (100 g)
- 250 g Paprikaschoten
- 250 g Kirschtomaten
- 250 g grüne Bohnen (aus der Dose)
- 25 g entrahmte Dickmilch (0,1 % Fett)
- bunter Pfeffer
- Tabasco
- 1 Bund gehackte Kräuter (z. B. Petersilie, Dill, Schnittlauch)

Kräuterfrikadellen mit Gurken-Dill-Gemüse

1 Die Kartoffeln ungeschält 20 Minuten in Salzwasser garen.

2 Möhre und Kohlrabi schälen und fein reiben. Zwiebel abziehen und fein würfeln. Petersilie fein schneiden, Schnittlauch in Röllchen schneiden.

3 Hackfleisch mit Gemüseraspeln, Zwiebeln, Kräutern, Senf, Tomatenmark und Quark verrühren, mit Salz, Tabasco und Cayennepfeffer abschmecken. Kleine Frikadellen formen, in 1 Teelöffel Öl anbraten und von jeder Seite etwa 5 Minuten garen.

4 Gurke in Scheiben schneiden, Zwiebel abziehen und würfeln. Das Gemüse im restlichen Öl etwa 5 Minuten dünsten, mit Salz, Pfeffer, Limettensaft und Honig abschmecken. Dickmilch und fein geschnittenen Dill unterheben und mit Kräuterfrikadellen und Pellkartoffeln servieren.

ZUTATEN

Für 2 Personen
Zubereitungszeit ca. 35 Minuten
Kalorienkiller/Fatburner:
CLA, Aminosäuren,
Pro Portion ca. 460 kcal

> 400 g kleine Kartoffeln
> Jodsalz
> 1/2 Möhre (40 g)
> 1/4 Kohlrabi (100 g)
> 1 kleine rote Zwiebel (30 g)
> je 1/4 Bund Petersilie und Schnittlauch
> 300 g Beefsteakhack (Tatar)
> 1 TL Senf
> 1 TL Tomatenmark
> 50 g Magerquark
> Tabasco
> Cayennepfeffer
> 2 TL Rapsöl
> 1 Gurke (500 g)
> 1/2 Gemüsezwiebel (100 g)
> weißer Pfeffer
> 2-3 TL Limettensaft
> 1 TL Honig
> 50 g entrahmte Dickmilch (0,1 % Fett)
> 1/2 Bund Dill

Scharfe Rindfleisch-Gemüse-Pfanne mit Pellkartoffeln

1 Kartoffeln ungeschält 20 Minuten in Salzwasser garen.

2 Kirschtomaten waschen und halbieren, Zwiebel abziehen und würfeln, Apfel waschen, das Kerngehäuse herausschneiden und das Fruchtfleisch würfeln. Bärlauch fein schneiden.

3 Rinderfilet salzen, mit Tabasco und Curry würzen und in dünne Scheiben schneiden. 1 Teelöffel Öl erhitzen und die Scheiben von beiden Seiten 1 Minute braten. Fleisch beiseitestellen.

4 Das restliche Öl erhitzen, Zwiebel- und Apfelwürfel 3 Minuten andünsten. Tomaten, Fleisch und Bärlauch untermischen, mit Salz, Cayennepfeffer, Honig und Essig abschmecken.

5 Die Kartoffeln pellen, mit Kümmel bestreuen und mit der Rindfleisch-Gemüse-Pfanne servieren.

ZUTATEN

Für 2 Personen
Zubereitungszeit ca. 40 Minuten
Kalorienkiller/Fatburner:
CLA, Pellkartoffeln, Ballaststoffe, Chrom
Pro Portion ca. 435 kcal

- 400 g Pellkartoffeln
- Jodsalz
- 400 g Kirschtomaten
- 1/2 Gemüsezwiebel (100 g)
- 1 Apfel (200 g)
- 4 Stängel Bärlauch
- 200 g Rinderfilet im Stück
- Tabasco
- Curry
- 2 TL Rapsöl
- Cayennepfeffer
- 1/2 TL Honig
- 1/2 TL Balsamico-Essig
- Kümmel

Rosenkohl-Kassler-Auflauf

1 Kartoffeln ungeschält 20 Minuten in Salzwasser garen. Rosenkohl putzen und 5 Minuten in wenig Salzwasser vorgaren.

2 Zwiebel abziehen, in dünne Streifen schneiden und in einer beschichteten Pfanne im Öl andünsten. Kochkäse und Milch zugeben und erhitzen, bis der Käse geschmolzen ist. Mit Salz, Pfeffer und Muskat abschmecken.

3 Die Kartoffeln pellen und in Scheiben schneiden. In eine gefettete Auflaufform geben, Kasslerscheiben darauflegen. Rosenkohl halbieren und auf dem Fleisch verteilen, die Käsesauce darübergießen. Im vorgeheizten Backofen bei 150 °C etwa 20 Minuten überbacken. Mit fein geschnittener Petersilie bestreuen.

Auch mit Brokkoli oder Blumenkohl sehr lecker!

ZUTATEN

Für 2 Personen
Zubereitungszeit ca. 45 Minuten
Kalorienkiller/Fatburner:
Ballaststoffe, Pellkartoffeln, Proteine, CLA
Pro Portion ca. 475 kcal

> 500 g kleine Kartoffeln
> Jodsalz
> 500 g Rosenkohl
> 1 kleine Zwiebel (30 g)
> 1 TL Rapsöl
> 100 g Mager-Kochkäse
> 1/8 l entrahmte Milch (0,1 % Fett)
> Pfeffer
> Muskat
> Fett für die Form
> 2 Scheiben Kasslerlachs ohne Fettrand (250 g)
> 1/2 Bund Petersilie

Leber Berliner Art

1 Die Leber waschen, trocknen und in Streifen schneiden. Die Zwiebeln abziehen, halbieren und in feine Streifen schneiden. Apfel waschen, das Kerngehäuse herausschneiden und das Fruchtfleisch in Spalten schneiden. Die Leber leicht salzen, im Mehl wenden, das überschüssige Mehl abschütteln.

2 1/2 Esslöffel Öl erhitzen und die Leber 3 Minuten darin anbraten. Herausnehmen und zur Seite stellen. Das restliche Öl in die Pfanne geben und die Zwiebelstreifen darin bei mittlerer Hitze glasig dünsten. Apfelspalten zugeben und 2 Minuten weitergaren. Essig und Gemüsebrühe dazugießen und aufkochen lassen.

3 Die Leberstreifen unter das Apfel-Zwiebel-Gemüse heben, einmal aufkochen und mit Salz und Pfeffer kräftig würzen.

ZUTATEN

Für 2 Portionen
Zubereitungszeit ca. 30 Minuten
Kalorienkiller/Fatburner:
Cholin, Ballaststoffe, Pektin, Chrom
Pro Portion ca. 485 kcal

- 400 g Schweineleber
- 400 g Gemüsezwiebeln
- 400 g Äpfel
- Jodsalz
- 4 EL Mehl
- 1 EL Rapsöl
- 1 EL Essig
- 1/8 l Gemüsebrühe
- Pfeffer

Genießen Sie zu diesem Gericht Kartoffel-Möhren- oder Kartoffel-Sellerie-Püree.

Kräuterlammfilet mit Kümmelkartoffeln

1 Kartoffeln ungeschält 20 Minuten in Salzwasser garen. Kartoffeln abgießen, pellen und halbieren. Ein Backblech mit Backpapier belegen, die Kartoffelhälften darauflegen, mit Salz und Kümmel bestreuen und bei 180 °C etwa 20 Minuten backen.

2 Bohnen putzen und in der Gemüsebrühe 12 bis 15 Minuten bissfest garen. Knoblauch abziehen und fein würfeln.

3 Öl in einer großen Pfanne erhitzen, das Lammfilet etwa 2 Minuten von allen Seiten anbraten. Das Fleisch mit Salz, Pfeffer und Rosmarin würzen und abgedeckt warm stellen.

4 Knoblauch im verbliebenen Bratfett andünsten, den Schinken zugeben und kurz anbraten. Den Quark unterrühren und die abgetropften Bohnen in der Sauce erhitzen. Mit Salz, Pfeffer und Bohnenkraut herzhaft abschmecken. Kartoffeln und Lammfilets zusammen anrichten. Mit fein geschnittener Petersilie bestreuen.

ZUTATEN

Für 2 Personen
Zubereitungszeit ca. 60 Minuten
Kalorienkiller/Fatburner:
L-Carnitin, Proteine, Ballaststoffe
Pro Portion ca. 480 kcal

> 400 g kleine Kartoffeln
> Jodsalz
> Kümmel
> 500 g grüne Bohnen
> 1/8 l Gemüsebrühe
> 1 Knoblauchzehe
> 1 TL Rapsöl
> 300 g Lammfilet
> bunter Pfeffer
> Rosmarin
> 50 g magere Schinkenwürfel
> 30 g Magerquark
> Bohnenkraut
> 1/4 Bund Petersilie

Lammgulasch mit Paprika

1 Das Fleisch in mundgerechte Stücke schneiden. Beide Zwiebelsorten abziehen und würfeln, Paprikaschoten putzen, entkernen und die Schoten in Streifen schneiden.

2 Öl erhitzen und das Fleisch darin rundherum etwa 3 Minuten anbraten. Zwiebeln und Paprika zugeben und kurz dünsten. Tomatenmark, Gemüsebrühe, Buttermilch, geschälte Tomaten und Thymian zugeben, die Tomaten im Topf grob zerteilen. Zugedeckt bei mittlerer Hitze etwa 20 Minuten garen.

3 Mit Salz, Pfeffer, Cayennepfeffer, Zimt und Himbeerkonfitüre süßlich scharf abschmecken. Schnittlauch in Röllchen schneiden und darüberstreuen. Dazu passen Pellkartoffeln, Naturreis oder Vollkornnudeln.

ZUTATEN

Für 2 Personen
Zubereitungszeit ca. 50 Minuten
Kalorienkiller/Fatburner:
L-Carnitin, Capsaicin, Proteine
Pro Portion ca. 405 kcal

- 300 g Lammfilet
- 1 rote Zwiebel (60 g)
- 1/2 Gemüsezwiebel (100 g)
- je 1 rote und gelbe Paprikaschote (400 g)
- 1 TL Rapsöl
- 2 EL Tomatenmark
- 1/8 l Gemüsebrühe
- 75 ml Buttermilch (etwa 6-7 EL)
- 200 g geschälte Tomaten (aus der Dose),
- Thymian
- Jodsalz
- Pfeffer
- Cayennepfeffer
- Zimt
- 2 TL Himbeerkonfitüre
- 1/2 Bund Schnittlauch

Lammspieße mit Knoblauchsauce

1 Lammfleisch würfeln, Zwiebel abziehen und vierteln, Paprikaschote putzen, entkernen und das Fruchtfleisch ebenfalls würfeln. Den Apfel waschen, das Kerngehäuse herausschneiden, in mundgerechte Stücke schneiden und diese mit Zitronensaft beträufeln und mit Zimt bestäuben.

2 Fleisch, Zwiebeln, Paprika und Apfel abwechselnd auf Holz- oder Metallspieße stecken und mit 1/2 Esslöffel Öl bepinseln. Mit Salz, Pfeffer und Thymian würzen und im vorgeheizten Backofen bei 180° C 25 bis 30 Minuten garen. In den letzten 5 bis 10 Minuten den Grill zuschalten.

3 Knoblauch abziehen und fein würfeln, Kohlrabi schälen und grob raspeln. Knoblauch und Kohlrabi im restlichen Öl andünsten, Tomatenmark, Dickmilch und Apfeldicksaft unterrühren, mit Salz, Paprikapulver, Vanillemark und fein geschnittenem Dill würzen. Die Sauce zu den Lammspießen servieren.

ZUTATEN

Für 2 Personen
Zubereitungszeit ca. 50 Minuten
Kalorienkiller/Fatburner:
Proteine, L-Carnitin
Pro Portion ca. 400 kcal

- 300 g Lammfilet
- 1/2 Gemüsezwiebel (100 g)
- 1 Paprikaschote (200 g)
- 1 Apfel (200 g)
- 1 EL Zitronensaft
- Zimt
- 1 EL Rapsöl
- Jodsalz
- bunter Pfeffer
- Thymian
- 1-2 Knoblauchzehen
- 1/4 Kohlrabi (100 g)
- 30g Tomatenmark
- 30 g entrahmte Dickmilch (0,1 % Fett)
- 1/2 TL Apfeldicksaft
- Jodsalz
- Paprikapulver
- 1/2 Vanilleschote
- 1/4 Bund Dill

Scharfes Lammcurry

1 Zwiebeln abziehen und würfeln. Chilischoten waschen, längs halbieren, entkernen und fein hacken. Achtung: Nach dem Chilischneiden unbedingt Hände waschen. Ingwer schälen und fein reiben. Koriander fein zerstoßen. Fleisch trocken tupfen und in Würfel schneiden.

2 Öl erhitzen, das Fleisch portionsweise anbraten und herausnehmen. Im verbliebenen Bratfett die Zwiebeln glasig dünsten. Chilischote, Ingwer, Salz, Pfeffer, Kreuzkümmel, Kardamom, Kurkuma und Koriander zugeben und kurz anrösten, bis die Gewürze zu duften beginnen.

3 Tomatenmark, Tomaten und 1/8 Liter Wasser zugeben, die Tomaten grob zerkleinern. Zugedeckt bei mittlerer Hitze etwa 60 bis 70 Minuten schmoren. Das Lammcurry eventuell nachwürzen und mit Duftreis oder Naturreis servieren.

Statt der verschiedenen Einzelgewürze können Sie auch ein handelsübliches Currypulver verwenden.

ZUTATEN

Für 2 Personen
Zubereitungszeit
ca. 1 Stunde 30 Minuten
Kalorienkiller/Fatburner:
L-Carnitin, Capsaicin, Ingwer
Pro Portion ca. 435 kcal

- 100 g kleine Zwiebeln
- 1/2 rote Chilischote
- 2 cm frischer Ingwer
- 1/2 EL Koriandersamen
- 300 g mageres Lammfleisch (z. B. aus der Keule)
- 1 EL Rapsöl
- Jodsalz
- Pfeffer
- Kreuzkümmel
- Kardamom
- Kurkuma
- 2 EL Tomatenmark
- 200 g geschälte Tomaten (aus der Dose)

Deftige Fatburning Abendmahlzeiten

Rucola-Trauben-Salat mit Himbeer-Balsam-Dressing

1 Rucola waschen, trocknen und in mundgerechte Stücke zupfen. Tomaten und Trauben waschen, die Tomaten halbieren oder vierteln. Harzer Käse würfeln.

2 Essig, Öl, Joghurt und Konfitüre verrühren und mit Salz und Cayennepfeffer herzhaft abschmecken. Dressing unter die Salatzutaten heben. Dazu passt Pumpernickel.

Statt Rucola können Sie auch Radicchiosalat oder Chicoreestauden verwenden.

ZUTATEN

Für 2 Personen

Zubereitungszeit ca. 20 Minuten

Kalorienkiller/Fatburner:

Ballaststoffe, Calcium, Aminosäuren

Pro Portion ca. 175 kcal

- 100 g Rucola
- 150 g Kirschtomaten
- 100 g blaue Trauben
- 100 g Harzer Käse mit Schimmel
- 1 EL Balsamico-Essig
- 1 EL Rapsöl
- 30 g entrahmter Naturjoghurt (0,1 % Fett)
- 1/2 TL Himbeerkonfitüre
- Jodsalz
- Cayennepfeffer

Harzer Schnitten mit Rohkostsalat

1 Harzer Käse in Scheiben schneiden. Zwiebel und Knoblauch abziehen, Zwiebel in Ringe schneiden, Knoblauch fein würfeln. Essig, beide Senfsorten und Honig verrühren, über Zwiebeln, Knoblauch und Käsescheiben gießen und über Nacht durchziehen lassen.

2 Harzer Käse und Zwiebelringe abtropfen lassen, dabei die Marinade auffangen. Tomate waschen und in dünne Scheiben schneiden. Vollkornbrot zweimal toasten und dünn mit Meerrettich bestreichen. Mit Käse, Zwiebelringen und Tomatenscheiben belegen.

3 Radieschen, Rettich und Kohlrabi putzen, den Kohlrabi schälen. Alles grob raspeln. Mit der aufgefangenen Marinade verrühren. Eventuell mit Salz und Pfeffer würzen.

4 Petersilie fein schneiden und über die Rohkost streuen, Schnittlauch in Röllchen schneiden und auf den Broten verteilen.

ZUTATEN

Für 2 Personen
Zubereitungszeit ca. 20 Minuten
+ Zeit zum Marinieren
Kalorienkiller/Fatburner:
Proteine, Aminosäuren, Ballaststoffe, feste Speise
Pro Portion ca. 355 kcal

- 150 g Harzer Käse ohne Schimmel
- 1/2 Gemüsezwiebel (100 g)
- 1 Knoblauchzehe
- 2 EL Kräuteressig
- je 1/2 TL scharfer und milder Senf
- 1/2 TL Honig
- 1 Fleischtomate (250 g)
- 4 Scheiben Vollkornbrot (200 g)
- 1-2 TL Meerrettich
- 100 g Radieschen
- 100 g Rettich
- 100 g Kohlrabi
- Jodsalz
- Pfeffer
- je 1/4 Bund Petersilie und Schnittlauch

Knäckebrot mit Handkäse und Kochkäse

1 Quark mit etwas Mineralwasser cremig rühren. Mit Salz, Pfeffer und Meerrettich würzen und auf die Knäckebrote streichen.

2 Je zwei Scheiben Knäckebrot mit Kochkäse bestreichen und mit Harzer Käse belegen.

3 Die Gurke waschen und in Scheiben schneiden, Dill fein schneiden. Käsebrote mit Gurkenscheiben und Dill garniert servieren.

Dazu passt ein Chicoreesalat mit Apfel, Walnüssen und Mandarinen-Buttermilch-Dressing.

ZUTATEN

Für 2 Personen
Zubereitungszeit ca. 10 Minuten
Kalorienkiller/Fatburner:
Ballaststoffe, Proteine, Aminosäuren, Calcium
Pro Portion ca. 177 kcal

- 50 g Magerquark
- 2–3 EL Mineralwasser mit Kohlensäure
- Jodsalz
- weißer Pfeffer
- 1 TL Meerrettich
- 4 Scheiben Knäckebrot
- 75 g Mager-Kochkäse
- 75 g Harzer Käse
- 100 g Gurke
- 2 Stängel Dill

Handkäs mit Musik

1 Die Zwiebeln abziehen und fein würfeln, Frühlingszwiebel und Schnittlauch waschen und in feine Röllchen schneiden. Essig mit Öl verrühren, mit Salz, Pfeffer, Süßstoff und Kümmel würzen, Zwiebeln und Schnittlauch unterheben.

2 Die Quargel in eine flache Schale legen und mit der Marinade übergießen, 30 Minuten marinieren.

Sie können den Handkäse gut schon am Vortag zubereiten. Je länger er mariniert, desto weicher und aromatischer wird der Sauermilchkäse. Dazu passt geröstetes Vollkornbrot.

ZUTATEN

Für 2 Personen
Zubereitungszeit ca. 15 Minuten + Zeit zum Marinieren
Kalorienkiller/Fatburner:
Proteine, Aminosäuren, Ballaststoffe
Pro Portion ca. 225 kcal

- je 1 kleine weiße und rote Zwiebel
- 1 Frühlingszwiebel, gehackt
- 1/4 Bund Schnittlauch
- 4 EL Weißweinessig
- 1 EL Rapsöl
- Jodsalz
- bunter Pfeffer
- flüssiger Süßstoff
- Kümmel
- 2 Olmützer Quargel (à 125 g)

Feuriger Kartoffel-Käse-Salat

1 Kartoffeln ungeschält 20 Minuten in Salzwasser garen, abgießen, pellen und in Scheiben schneiden. Harzer Käse in dünne Scheiben schneiden und mit den Kartoffeln in eine Schüssel geben.

2 Gemüsebrühe aufkochen, mit Essig, Senf und Öl verrühren und heiß über Kartoffel- und Käsescheiben gießen. Die Kräuter waschen und fein schneiden, Schnittlauch in Röllchen schneiden. Chilischote längs halbieren, entkernen, waschen und fein hacken. Achtung: Nach dem Chilischneiden Hände unbedingt gut waschen. Kräuter und Chilischote unter den Kartoffel-Käse-Salat heben. Den Salat noch einmal abschmecken und lauwarm genießen.

Mit Laugenstange und Kirschtomaten ein komplettes Abendessen.

ZUTATEN

Für 2 Personen
Zubereitungszeit ca. 20 Minuten
Kalorienkiller/Fatburner:
Capsaicin, Proteine,
Pellkartoffeln, Harzer Käse
Pro Portion ca. 195 kcal

- 250 g kleine Kartoffeln
- Jodsalz
- 125 g Harzer Käse
- 6 EL Gemüsebrühe
- 1 EL Weißweinessig
- 1 EL scharfer Senf
- 1/2 EL Rapsöl
- 1 Bund gemischte Kräuter (z. B. Petersilie, Schnittlauch, Dill)
- 1/2 rote Chilischote

Kartoffeln nach Pfälzer Art

1 Kartoffeln gründlich waschen und längs halbieren, Knoblauchzehe abziehen und fein hacken. Kartoffeln in einer Schüssel mit Gewürzen und Knoblauch mischen.

2 Kartoffeln mit der Schnittfläche auf ein mit Backpapier belegtes Backblech setzen und im vorgeheizten Backofen bei 190 °C 30 Minuten backen.

3 Den Käse in Scheiben schneiden und auf die Kartoffeln legen. Weitere 5 Minuten backen, bis der Käse geschmolzen ist.

Statt Harzer Käse können Sie auch andere Sorten Sauermilchkäse verwenden, zum Beispiel Korbkäse, Handkäse, Quargel, Stangenkäse, Mainzer. Der fettarme und proteinreiche Käse hat in den verschiedenen Regionen Deutschlands die unterschiedlichsten Namen.

ZUTATEN

Für 2 Personen
Zubereitungszeit ca. 40 Minuten
Kalorienkiller/Fatburner:
Harzer Käse, Proteine, Calcium,
Pellkartoffeln, feste Speise
Pro Portion ca. 275 kcal

- 400 g mittelgroße, festkochende Kartoffeln
- 1 kleine Knoblauchzehe
- Jodsalz
- Pfeffer
- Kümmel
- Paprikapulver
- 100 g Harzer Käse

Couscous-Salat

1 Frühlingszwiebeln waschen, putzen und in feine Ringe schneiden. Knoblauchzehe abziehen und fein hacken. 1 Teelöffel Öl erhitzen, Zwiebelringe und Knoblauchwürfel darin andünsten. Paprikapulver darüber stäuben und mit Gemüsebrühe ablöschen. Aufkochen und Couscous einrühren. Den Topf von der Platte ziehen und den Couscous etwa 5 Minuten quellen lassen. Couscous in eine Schüssel füllen und abkühlen lassen.

2 Gurke waschen, der Länge nach halbieren und in feine Würfel schneiden. Tomaten waschen, trocknen und halbieren. Die Petersilie waschen, trocknen, Blättchen abzupfen. Einige schöne Blättchen beiseitelegen, den Rest fein schneiden.

3 Zitronensaft, Senf, das restliche Öl, Salz und Pfeffer verrühren. Vorbereitete Zutaten mit der Marinade mischen, den Salat mit Salz und Pfeffer abschmecken.

ZUTATEN

Für 2 Personen
Zubereitungszeit ca. 20 Minuten
Kalorienkiller/Fatburner:
Ballaststoffe, niedriger Glyx, Vitamin C
Pro Portion ca. 260 kcal

- 2 Frühlingszwiebeln
- 1 Knoblauchzehe
- 2 TL Rapsöl
- 1 TL Paprikapulver
- 100 ml Gemüsebrühe
- 75 g Couscous
- 1 kleine Salatgurke (400 g)
- 250 g Kirschtomaten
- 1/2 Bund Petersilie
- 2 EL Zitronensaft
- 1/2 TL mittel scharfer Senf
- Jodsalz
- Pfeffer

Asiatischer Auberginensalat

1 Aubergine waschen, putzen und in dünne Scheiben schneiden, Auberginenscheiben 10 Minuten in kaltes Salzwasser legen. Die Chilischoten waschen, längs aufschneiden, entkernen und fein hacken. Achtung: Nach dem Chilischneiden Hände gut waschen.

2 Knoblauchzehen und Zwiebeln abziehen. Eine Zehe und eine Zwiebel klein würfeln und zusammen mit der Chilischote mit etwas grobem Salz im Mörser zu einer Paste zerstoßen.

3 Zitronengras mit einem Fleischklopfer oder einem Messerrücken andrücken. Die restliche Knoblauchzehe in dünne Scheiben, die Zwiebel in Ringe schneiden. Auberginen abgießen und trocknen. Koriander waschen, trocknen und Blättchen abzupfen.

4 Die Knoblauchscheiben im heißen Öl kurz anrösten und herausnehmen. Die Chilipaste und das Zitronengras im Bratöl kurz anbraten. Das Hackfleisch dazugeben und unter Rühren etwa 5 Minuten krümelig braten. Auberginen und Zwiebeln zugeben und weitere 3 Minuten braten. Knoblauch und Koriander unterrühren, das Zitronengras entfernen, den Salat lauwarm abkühlen lassen.

ZUTATEN

Für 2 Personen
Zubereitungszeit ca. 55 Minuten
Kalorienkiller/Fatburner:
Capsaicin, niedriger Glyx, CLA
Pro Portion ca. 245 kcal

- 1 Aubergine (400 g)
- Jodsalz
- 2 grüne Chilischoten
- 2 Knoblauchzehen
- 2 kleine rote Zwiebeln
- grobes Salz
- 1 Stange Zitronengras
- 1/4 Bund frischer Koriander
- 1 EL Rapsöl
- 100 g Rinderhackfleisch

Bunter Fischsalat

1 Den Fisch säubern, mit Limettensaft säuern und salzen. Rapsöl erhitzen, das Fischfilet von jeder Seite 2 bis 3 Minuten braten, aus der Pfanne nehmen.

2 Curry, wenig Zimt und Paprikapulver kurz im Bratensatz schwenken, mit Essig, Senf, Honig, Hüttenkäse und Kapern verrühren. Dill waschen und fein schneiden, Gewürzgurken würfeln. Beides unter die Sauce mischen.

3 Eisbergsalat waschen und in mundgerechte Stücke teilen. Mit Mandarinenspalten, Krabben und Fisch in einer Schüssel mischen, die Salatsauce darübergeben und vorsichtig unterheben.

Dazu passen Vollkornbaguette oder Folienkartoffeln.

ZUTATEN

Für 2 Personen
Zubereitungszeit ca. 30 Minuten
Kalorienkiller/Fatburner:
Jod, Proteine, Capsaicin
Pro Portion ca. 155 kcal

- 100 g Kabeljaufilet
- Limettensaft
- Jodsalz
- 1 TL Rapsöl
- Curry
- Zimt
- Paprikapulver
- 1 EL Weißweinessig
- 1/2 TL Dijonsenf
- 1 TL Honig
- 50 g Hüttenkäse (Magerstufe)
- 1/2 EL Kapern
- 1/2 Bund Dill
- 50 g Gewürzgurken
- 100 g Eisbergsalat
- 100 g Mandarinenspalten
- 50 g Krabben

Matjes nach Hausfrauenart

1 Zwiebel abziehen und in feine Ringe schneiden. Gewürzgurke würfeln. Apfel waschen, das Kerngehäuse herausschneiden und das Fruchtfleisch ebenfalls in Würfel schneiden. Apfel sofort mit Zitronensaft beträufeln.

2 Joghurt mit saurer Sahne glatt rühren und mit Salz und Pfeffer würzen. Zwiebeln, Gurken- und Apfelwürfel darunterheben.

3 Matjesfilets auf eine Platte legen und die Sauce darauf verteilen.

Für einen feinen Matjessalat schneiden Sie die Fischfilets in ebenso kleine Würfel wie die übrigen Zutaten.

ZUTATEN

Für 2 Portionen
Zubereitungszeit ca. 15 Minuten
Kalorienkiller/Fatburner:
Jod, Pyruvat, Pektin, Probiotika
Pro Portion ca. 345 kcal

- 1 kleine rote Zwiebel (30 g)
- 50 g Gewürzgurken
- 2 Äpfel (400 g)
- 2 EL Zitronensaft
- 150 g probiotischer Natur Joghurt (0,1 % Fett)
- 30 g saure Sahne
- Jodsalz
- Pfeffer
- 4 Matjesfilets (250 g)

Scharfe Pasta

1 Pasta in reichlich Salzwasser nach Packungsanweisung bissfest (al dente) kochen.

2 Knoblauch abziehen, Chili waschen, beides hacken. Achtung: Nach dem Chilischneiden Hände gut waschen. Zwiebeln abziehen und in halbe Ringe schneiden.

3 Schinken in schmale Streifen schneiden und in einer beschichteten Pfanne ohne Fett ausbraten, herausnehmen und auf einem Küchenpapier abtropfen lassen.

4 Chili, Knoblauch und Zwiebelringe im Bratfett 2 Minuten bei mittlerer Hitze braten. Tomaten zugeben und mit einem Kochlöffel zerdrücken. Bei schwacher Hitze 5 Minuten offen einkochen lassen und mit Salz, Pfeffer, Kräutern und Balsamico-Essig würzen.

5 Nudeln abgießen und mit der Tomatensauce mischen, mit Schinkenstreifen bestreuen.

Greifen Sie zu italienischen Nudeln aus Hartweizengrieß. Sie werden ohne Zusatz von Eiern hergestellt und schmecken besonders herzhaft.

ZUTATEN

Für 2 Personen

Zubereitungszeit ca. 20 Minuten

Kalorienkiller/Fatburner:

Ballaststoffe, Capsaicin, niedriger Glyx

Pro Portion ca. 445 kcal

- 200 g kurze Nudeln (z. B. Penne, eifrei)
- 1 Knoblauchzehe
- 1 rote Chilischote
- 60 g Zwiebeln
- 2 dünne Scheiben geräucherter Schinken
- 400 g geschälte Tomaten (aus der Dose)
- Jodsalz
- Pfeffer
- 1 TL getrocknete Kräuter (z. B. Basilikum, Majoran, Thymian)
- 1 TL Balsamico-Essig

Toskana-Nudeln

1 Bohnen gut abtropfen lassen. Zwiebel und Knoblauch abziehen und fein würfeln. Champignons putzen und je nach Größe halbieren oder vierteln.

2 Nudeln nach Packungsanweisung in reichlich Salzwasser bissfest (al dente) kochen.

3 Öl erhitzen, Zwiebel- und Knoblauchwürfel darin scharf anbraten, Pilze dazugeben und mitbraten. Tomaten und Brühe zugeben, die Tomaten dabei grob zerkleinern. Zugedeckt 4 Minuten bei schwacher Hitze kochen. Bohnen dazugeben und weitere 3 Minuten kochen. Mit Salz, Pfeffer und Zitronensaft würzen.

4 Nudeln abgießen und gut abtropfen lassen. Unter das Pilz-Bohnen-Gemüse mischen und mit gehobeltem Parmesan bestreuen.

ZUTATEN

Für 2 Personen

Zubereitungszeit ca. 20 Minuten

Kalorienkiller/Fatburner:

Capsaicin, Chrom, Ballaststoffe, Magnesium

Pro Portion ca. 595 kcal

- 200 g weiße Bohnen (aus der Dose)
- 1 kleine Zwiebel (30 g)
- 1 Knoblauchzehe
- 200 g Champignons
- 200 g kurze Nudeln (z. B. Orecchiette, eifrei)
- Jodsalz
- 1 EL Rapsöl
- 200 g geschälte Tomaten (aus der Dose)
- 75 ml Gemüsebrühe
- Pfeffer
- 1 EL Zitronensaft
- 30 g Parmesan

Überbackene Polentaschnitten

1 Die Zwiebel schälen und fein hacken. Paprika und Chili waschen, längs halbieren, Trennwände und Kerne entfernen und die Schotenhälften in kleine Würfel schneiden.

2 Die Hälfte des Öls erhitzen und die Zwiebel darin andünsten. Paprika, Chili und Rosmarin kurz mitdünsten. Mit Gemüsebrühe ablöschen, aufkochen und Polenta unter Rühren einstreuen, aufkochen und 1 Minute bei mittlerer Hitze kochen lassen. Zugedeckt beiseitestellen und 10 Minuten quellen lassen.

3 Petersilienblättchen fein schneiden. Den Käse reiben und mit Petersilie und restlichem Öl unter die Polenta rühren. Mit Salz und Pfeffer würzen. Polenta auf Backpapier glatt streichen und abkühlen lassen.

4 Aus der Polenta mit einem angefeuchteten Messer Rechtecke oder Rauten schneiden. Diese auf ein mit Backpapier belegtes Backblech setzen, Mozzarella in dünne Scheiben schneiden und auf den Polentaschnitten verteilen. Im vorgeheizten Backofen bei 200 °C etwa 10 Minuten überbacken.

ZUTATEN

Für 2 Personen

Zubereitungszeit
ca. 50 Minuten + Kühlzeit

Kalorienkiller/Fatburner:
Protein, Capsaicin

Pro Portion ca. 530 kcal

- 1 kleine Zwiebel (30 g)
- 1/2 rote Paprikaschote (100 g)
- 1 kleine rote Chilischote
- 1 EL Rapsöl
- 1 kleiner Zweig Rosmarin
- 1/2 l Gemüsebrühe
- 125 g Instant-Polenta
- 1/4 Bund Petersilie
- 40 g Parmesan
- Jodsalz
- Pfeffer
- 1 1/2 Kugeln Mozzarella

Gerösteter Maiskolben

1 Die Hüllblätter und Fäden der Maiskolben abziehen. Maiskolben in Salzwasser zugedeckt etwa 15 Minuten kochen. Gut abtropfen lassen.

2 Maiskolben mit etwas Öl bestreichen und mit Salz und Pfeffer würzen. In einer heißen Grillpfanne rundherum unter Wenden braten, bis der Mais leicht geröstet ist.

3 Käse fein reiben, Limette in Spalten schneiden.

4 Den gebratenen Mais mit dem restlichen Öl bestreichen, mit Paprikapulver, Cayennepfeffer und Käse bestreuen. Limettenspalten dazu servieren.

Geröstete Maiskolben gelingen auch auf dem Gartengrill hervorragend und sind eine köstliche Bereicherung für jedes Barbecue.

ZUTATEN
Für 2 Personen
Zubereitungszeit ca. 35 Minuten
Kalorienkiller/Fatburner:
Ballaststoffe, Capsaicin
Pro Portion ca. 240 kcal

- 2 frische Maiskolben
- Jodsalz
- 2 TL Rapsöl
- Pfeffer
- 10 g Parmesan
- 1/2 Limette
- Paprikapulver
- Cayennepfeffer

Vienenburger Pfannkuchen

1 Mehl, Milch und Ei zu einem glatten Teig verrühren, eventuell mit etwas Mineralwasser verdünnen. Mit Salz und Pfeffer würzen und 15 Minuten ruhen lassen.

2 Eine beschichtete Pfanne mit Diätmargarine auspinseln und in zwei Portionen kleine Pfannkuchen ausbacken. Den Harzer Käse in dünne Scheiben schneiden, Schinken würfeln. Käse und Schinken auf den Pfannkuchen verteilen, die Eierkuchen zur Mitte hin umklappen, wenden und 1 bis 2 Minuten braten.

3 Pfannkuchen im Backofen bei 100 °C warm halten.

Grilltomaten sind eine ideale Ergänzung zu den pikanten Pfannkuchen.

ZUTATEN
Für 2 Personen
Zubereitungszeit
ca. 30 Minuten + Ruhezeit
Kalorienkiller/Fatburner:
Calcium, Aminosäuren, Proteine
Pro Portion ca. 320 kcal

- 75 g Weizenmehl (Type 550)
- 1/8 l entrahmte Milch (0,1 % Fett)
- 1 Ei
- eventuell etwas Mineralwasser mit Kohlensäure
- Jodsalz
- Pfeffer
- 1 TL Diätmargarine
- 100 g Harzer Käse mit Edelschimmel
- 75 g gewürfelter gekochter Schinken

Käse-Lauch-Pfanne

1 Kartoffeln ungeschält 20 Minuten in Salzwasser garen, abgießen, pellen und in Scheiben schneiden.

2 Möhren schälen und in Scheiben schneiden, Porree putzen, waschen und in Ringe schneiden.

3 Öl erhitzen und die Möhrenscheiben darin etwa 5 Minuten andünsten, Porree dazugeben und weitere 10 Minuten dünsten lassen. Eventuell etwas Wasser hinzugeben. Mit Salz und Pfeffer würzen.

4 Hackfleisch mit Salz, Pfeffer und Paprikapulver würzen. Mit den Händen etwa 16 kleine Bällchen formen, zur Gemüsepfanne geben und anbraten. Brühe zugießen und mit Muskat würzen. Zugedeckt bei mittlerer Hitze 10 Minuten kochen. In den letzten 5 Minuten die Kartoffelscheiben zugeben und erhitzen.

5 Mit Zitronensaft, Pfeffer und Salz abschmecken, Kochkäse auf der Käse-Lauch-Pfanne verteilen und kurz zerlaufen lassen.

ZUTATEN

Für 2 Personen
Zubereitungszeit ca. 45 Minuten
Kalorienkiller/Fatburner:
Pellkartoffeln, Ballaststoffe, feste Speise
Pro Portion ca. 360 kcal

- 400 g kleine Kartoffeln
- Jodsalz
- 150 g Möhren
- 300 g Porree
- 2 TL Rapsöl
- schwarzer Pfeffer
- 150 g Beefsteakhack (Tatar)
- Paprikapulver
- 150 ml Gemüsebrühe
- Muskat
- 1-2 TL Zitronensaft
- 100 g Mager-Kochkäse

Cremige Desserts & andere Leckereien, die schlank machen

Apfeldickmilch

1 Mandarine halbieren und auspressen. Den Saft mit Dickmilch verrühren und mit Süßstoff, Zimt und Mandelaroma abschmecken.

2 Apfel waschen, das Kerngehäuse herausschneiden, das Fruchtfleisch würfeln und mit Zitronensaft beträufeln.

3 Apfelstücke und Dickmilch in hohe, schmale Gläser schichten, mit etwas Zimt bestreuen.

Äpfel haben mittlerweile das ganze Jahr Saison. Sie können aber ebenso gut auch Aprikosen, Birnen, Kirschen oder Erdbeeren mit der Dickmilch einschichten.

ZUTATEN

Für 2 Personen
Zubereitungszeit ca. 20 Minuten
Kalorienkiller/Fatburner:
Ballaststoffe, Pyruvat, Calcium, Proteine
Pro Portion ca. 120 kcal

- 1 Mandarine
- 250 g entrahmte Dickmilch (0,1 % Fett)
- flüssiger Süßstoff
- Mandelaroma
- Zimt
- 250 g Äpfel
- 1-2 EL Zitronensaft
- Minzblätter

Johannisbeer-Apfel-Salat mit Zimtjoghurt

1 Apfel waschen, das Kerngehäuse herausschneiden und das Fruchtfleisch würfeln. Sofort mit Limettensaft beträufeln. Johannisbeeren waschen, abtropfen lassen und verlesen. Zitronenmelisse waschen und in feine Streifen schneiden. Beeren und Melisse mit den Apfelwürfeln mischen, mit etwas Süßstoff süßen.

2 Joghurt mit Zimt und Süßstoff cremig rühren und über das Obst gießen.

ZUTATEN

Für 2 Personen
Zubereitungszeit ca. 25 Minuten
Kalorienkiller/Fatburner:
Ballaststoffe, Probiotika, Pektin, Protein, Calcium, Aminosäuren
Pro Portion ca. 105 kcal

- 2 Äpfel (400 g)
- 2 TL Limettensaft
- 200 g rote frische oder TK-Johannisbeeren
- 3 Stängel Zitronenmelisse
- flüssiger Süßstoff
- 200 g probiotischer Naturjoghurt (0,1 % Fett)
- Zimt

Quarkdessert mit Herbstaroma

1 Apfel und Birne waschen, das Kerngehäuse herausschneiden und das Fruchtfleisch in mundgerechte Stücke schneiden. Mit Zitronen- und Apfelsaft aufkochen, die Nelke zugeben und zugedeckt 8 Minuten bei schwacher Hitze kochen. Das Kompott abkühlen lassen und mit Ahornsirup süßen. Die Nelke entfernen.

2 Mineralwasser und Buttermilch mit einem Schneebesen unter den Quark rühren. Mit Zimt und Süßstoff abschmecken. Kompott und Quark abwechselnd in zwei Dessertschalen schichten, mit etwas Zimt bestäuben.

ZUTATEN

Für 2 Personen
Zubereitungszeit ca. 25 Minuten
Kalorienkiller/Fatburner:
Proteine, Zimt
Pro Portion ca. 220 kcal

- 1 Apfel
- 1 Birne
- 2 EL Zitronensaft
- 6 EL Apfelsaft
- 1 Nelke
- 1/2 EL Ahornsirup
- 4-5 EL Mineralwasser mit Kohlensäure
- 2 EL Buttermilch
- 250 g Magerquark
- Zimt
- flüssiger Süßstoff

Zimtbratapfel mit Quarkfüllung

1 Am Vorabend das Rumaroma mit etwas warmem Wasser verrühren. Die Rosinen darin über Nacht quellen lassen.

2 Äpfel waschen, das Kerngehäuse großzügig ausstechen.

3 Quark mit Mineralwasser cremig rühren, mit Rosinen, Limettensaft und -schale verrühren, mit Zimt, Süßstoff und Vanillemark abschmecken.

4 Quarkmasse in die Äpfel füllen, jeden Apfel einzeln in Alufolie wickeln und im vorgeheizten Backofen bei 180 ° C 25 bis 30 Minuten backen. Lauwarm abkühlen lassen und auswickeln.

5 Joghurt mit Vanillemark und Süßstoff abschmecken und zu den Zimtbratäpfeln servieren.

ZUTATEN

Für 2 Personen

Zubereitungszeit
ca. 20 Minuten + Einweichzeit

Kalorienkiller/Fatburner:
Pektin, Vanille, Zimt, Calcium, Aminosäuren, Probiotika

Pro Portion ca. 200 kcal

- einige Tropfen Rumaroma
- 2 EL Rosinen
- 2 Äpfel (z. B. Boskop 400 g)
- 100 g Magerquark
- 2-3 EL Mineralwasser mit Kohlensäure
- Saft und Schale von 1/2 Limette
- Zimt
- flüssiger Süßstoff
- 1/2 Vanilleschote
- 150 g probiotischer Naturjoghurt (0,1 % Fett)

Marzipan-Himbeer-Dessert

1 Einige schöne Himbeeren zum Garnieren beiseitelegen. Die restlichen Himbeeren mit 3 Esslöffel Wasser in einen Topf geben, einmal aufkochen. Die Himbeeren abkühlen lassen, mit Himbeergeist und Süßstoff abschmecken.

2 Marzipan in kleine Stücke schneiden und mit dem Joghurt pürieren. Quark, Mohn und Vanillezucker unterrühren. Eventuell mit etwas Süßstoff abschmecken.

3 Himbeeren und Mohn-Marzipan-Creme abwechselnd in zwei hohe Dessertgläser schichten. Mit den restlichen Himbeeren und Minzeblättchen garnieren.

ZUTATEN

Für 2 Personen

Zubereitungszeit ca. 25 Minuten + Abkühlzeit

Kalorienkiller/Fatburner: Magnesium, Vanille, Aminosäuren

Pro Portion ca. 375 kcal

> 300 g TK-Himbeeren
> 1 EL Himbeergeist
> flüssiger Süßstoff
> 20 g Marzipanrohmasse
> 75 g probiotischer Naturjoghurt (0,1 % Fett)
> 250 g Magerquark
> 1 EL gemahlener Mohn
> 1 TL Vanillezucker
> einige Blättchen Minze

Espresso-Dickmilch mit Himbeeren

1 Dickmilch mit dem Espresso verrühren, mit Süßstoff und Vanillearoma abschmecken.

2 Himbeeren verlesen, in zwei Dessertschalen füllen und die Dickmilch darauf verteilen. Bis zum Servieren in den Kühlschrank stellen.

ZUTATEN

Für 2 Personen

Zubereitungszeit ca. 15 Minuten

Kalorienkiller/Fatburner: niedriger Glyx, Calcium, CLA, Koffein

Pro Portion ca. 70 kcal

> 200 g entrahmte Dickmilch (0,1 % Fett)
> 1 kleine Tasse Espresso (40 ml)
> flüssiger Süßstoff
> Vanillearoma
> 200 g Himbeeren

Schokoladenpudding mit Chili-Kirschen

1 Milch mit Kakao, 1 Prise Salz und dem Vanillemark aufkochen. Stärke mit etwas kaltem Wasser glatt und in die kochende Milch rühren. Den Pudding kaltstellen und mit Süßstoff abschmecken.

2 Sauerkirschen waschen, entkernen und mit Süßstoff und Zimt abschmecken, mit wenig Cayennepfeffer bestäuben.

3 Kirschen in zwei Schälchen füllen, den Pudding lauwarm darübergeben und vollständig abkühlen lassen.

Sie können auch ungezuckerte Früchte aus dem Glas verwenden.

ZUTATEN

Für 2 Personen

Zubereitungszeit ca. 40 Minuten

Kalorienkiller/Fatburner:

CLA, Zimt, Vanille, Capsaicin

Pro Portion ca. 105 kcal

- 250 ml entrahmte Milch (0,1 % Fett)
- 1 TL Kakao (stark entölt)
- Jodsalz
- 1/2 Vanilleschote
- 2 EL Speisestärke
- flüssiger Süßstoff
- 100 g Sauerkirschen
- Zimt
- Cayennepfeffer

Zimtquark mit Vanille

1 Quark mit Mineralwasser cremig rühren und mit Süßstoff, Zimt und dem Vanillemark abschmecken.

Dieser Quark ist ein Allroundtalent. Er macht nicht nur solo eine gute Figur, Sie können ihn ebenso gut zu Obstsalat oder Kompott genießen. Probieren Sie den Quark auch als Brotaufstrich.

ZUTATEN

Für 2 Personen

Zubereitungszeit ca. 5 Minuten

Kalorienkiller/Fatburner:

Proteine, Zimt, Vanille, Calcium, Aminosäuren

Pro Portion ca. 110 kcal

- 300 g Magerquark
- 5-6 EL Mineralwasser mit Kohlensäure
- flüssiger Süßstoff
- Zimt
- 1/2 Vanilleschote

Erdbeerquark mit grünem Pfeffer

1 Quark mit Mineralwasser cremig rühren und mit Süßstoff und Vanillemark abschmecken. Quark in zwei Schälchen füllen.

2 Pistazien grob hacken und in einer beschichteten Pfanne ohne Fett anrösten, bis sie duften. Erdbeeren waschen, trocknen und je nach Größe halbieren oder vierteln.

3 Erdbeeren, Pistazien und grob gehackten grünen Pfeffer auf dem Quark anrichten, mit Kakaopulver bestäuben, mit Minzeblättern garnieren.

ZUTATEN

Für 2 Personen
Zubereitungszeit ca. 20 Minuten
Kalorienkiller/Fatburner:
CLA, Calcium, Ballaststoffe, Aminosäuren
Pro Portion ca. 200 kcal

- 250 g Magerquark
- 4-5 EL Mineralwasser mit Kohlensäure
- flüssiger Süßstoff
- 1/2 Vanilleschote
- 2 EL Pistazien
- 250 g Erdbeeren
- 1/2 TL grüner Pfeffer
- Kakaopulver
- einige Blättchen Minze

Scharfes Birnenkompott

1 Birnen waschen, das Kerngehäuse herausschneiden, das Fruchtfleisch würfeln und mit Zitronensaft beträufeln. Ingwer schälen und fein reiben.

2 Birnen und Ingwer mit 1/8 Liter Wasser und Apfelsaft etwa 3 Minuten bei mittlerer Hitze zugedeckt kochen. Abkühlen lassen und mit Zimt und Süßstoff abschmecken.

Dieses Kompott schmeckt nicht nur als Dessert. Probieren Sie es zu Ziegen- oder Schafskäse oder als fruchtig scharfe Ergänzung zu Harzer Käse.

ZUTATEN

Für 2 Personen
Zubereitungszeit ca. 10 Minuten
Kalorienkiller/Fatburner:
Zimt, Ingwer, Ballaststoffe
Pro Portion ca. 135 kcal

- 500 g Birnen
- 1 EL Zitronensaft
- 1 cm frischer Ingwer
- 100 ml Apfelsaft
- Zimt
- flüssiger Süßstoff

Rhabarberkompott mit Vanillejoghurt

1 Rhabarber waschen, putzen und in Stücke schneiden. Mit Zitronensaft, 6 Esslöffel Wasser, Zimtstange und Vanillemark aufkochen und etwa 5 Minuten zugedeckt kochen. Die Stärke mit etwas kaltem Wasser glatt rühren, unter den Rhabarber rühren und einmal aufkochen. Erdbeeren waschen, putzen und vierteln. Unter den Rhabarber heben und das Kompott abkühlen lassen. Mit Süßstoff abschmecken.

2 Joghurt mit Kondensmilch cremig rühren und mit Süßstoff, Rum- und Vanillearoma abschmecken.

Probieren Sie den Rhabarber schon nach 5 Minuten. Die verschiedenen Sorten haben sehr unterschiedliche Garzeiten.

ZUTATEN

Für 2 Personen
Zubereitungszeit
ca. 25 Minuten + Abkühlzeit
Kalorienkiller/Fatburner: Ballaststoffe, Calcium, Aminosäuren, Probiotika
Pro Portion ca. 90 kcal

- 400 g Rhabarber
- 2 EL Zitronensaft
- Zimtstange
- 1/2 Vanilleschote
- 1 EL Speisestärke
- 50 g Erdbeeren
- flüssiger Süßstoff
- 150 g probiotischer Naturjoghurt (0,1 % Fett)
- 2 EL Kondensmilch (4 % Fett)
- Rumaroma
- Vanillearoma

Schlanke Kuchen, Torten & süße Teilchen

Apfelmuskuchen

1 Rapsöl, Zucker und Süßstoff sorgfältig verrühren, bis sich der Zucker aufgelöst hat. Eier einzeln zugeben und gut unterrühren.

2 Mehl, Stärke und Backpulver sorgfältig mischen und esslöffelweise unter die Eiermasse rühren. Apfelmus, Zitronenschale und Zimt unterrühren.

3 Teig in eine gefettete Gugelhupfform (ø 22 cm) füllen und glatt streichen. Im vorgeheizten Backofen bei 180 °C etwa 1 Stunde backen. Kuchen in der Form 20 Minuten auskühlen lassen, erst dann auf ein Rost stürzen und ganz auskühlen lassen.

Selbstverständlich können Sie auch pürierte Aprikosen oder Pfirsiche aus der Dose verwenden.

ZUTATEN

Für 16 Stücke

Zubereitungszeit ca. 1 Stunde 30 Minuten

Kalorienkiller/Fatburner: Pektin, Zimt, Vitamin C, Ballaststoffe

Pro Portion ca. 220 kcal

- 150 g Rapsöl
- 50 g Zucker
- 1 1/2 TL Süßstoff
- 4 Eier
- 400 g Mehl (Type 550)
- 4 EL Speisestärke
- 1 Pck. Backpulver
- 360 g Apfelmus (aus dem Glas)
- 1 TL abgeriebene Zitronenschale
- Zimt
- Fett für die Form

Johannisbeer-Quark-Waffeln

1 Das Ei trennen. Eiklar mit 1 Prise Salz steif schlagen. Eigelb mit Honig schaumig rühren. Mehl mit Backpulver mischen, über die Eigelbmasse sieben und unterrühren.

2 Quark, Milch und Mineralwasser verrühren, die Johannisbeeren waschen, abtropfen lassen und verlesen. Quark und Beeren unter den Teig rühren, zum Schluss den Eischnee ganz vorsichtig unterheben.

3 Das Waffeleisen dünn mit Haselnussöl einpinseln und nacheinander Waffeln backen. Mit Zimt bestreut servieren.

ZUTATEN

Für 2 Personen

Zubereitungszeit ca. 25 Minuten

Kalorienkiller/Fatburner: Aminosäuren, Calcium, Ballaststoffe, Magnesium

Pro Portion ca. 305 kcal

- 1 Ei
- Jodsalz
- 2 TL Honig
- 100 g Weizenvollkornmehl
- 1 TL Backpulver
- 100 g Magerquark
- 1/8 l entrahmte Milch (0,1 % Fett)
- 1/8 l Mineralwasser mit Kohlensäure
- 50 g rote Johannisbeeren
- 1 TL Haselnussöl
- Zimt

Käsekuchen ohne Boden mit Zimtapfel

1 Rumaroma mit etwas Wasser verrühren, die Rosinen darin quellen lassen.

2 Die Eier trennen. Eiklar mit 1 Prise Salz steif schlagen. Eigelb cremig aufschlagen und mit Quark und Mineralwasser verrühren. Rosinen und Puddingpulver unterrühren, mit Süßstoff, Zimt, Vanillearoma und Zitronenschale abschmecken. Zum Schluss den Eischnee ganz vorsichtig unterheben.

3 Äpfel waschen, das Kerngehäuse herausschneiden und das Fruchtfleisch in dünne Spalten schneiden.

4 Eine Springform (ø 24 cm) mit Öl ausfetten und mit Bröseln ausstreuen. Die Hälfte der Quarkmasse einfüllen, darauf 2/3 der Apfel verteilen. Den restlichen Quark darübergeben und mit den übrigen Äpfeln belegen.

5 Den Kuchen im vorgeheizten Backofen bei 180 °C etwa 60 Minuten backen. Mit Zimt bestreut servieren.

ZUTATEN

Für 12 Stücke
Zubereitungszeit
ca. 1 Stunde 20 Minuten
Kalorienkiller/Fatburner:
Calcium, Proteine, CLA, Pektin
Pro Stück ca. 120 kcal

- einige Tropfen Rumaroma
- 60 g Rosinen
- 2 Eier
- Jodsalz
- 1 kg Magerquark
- 1/8 l Mineralwasser mit Kohlensäure
- 1 Pck. Vanillepuddingpulver (zum Kochen)
- flüssiger Süßstoff
- Zimt
- Vanillearoma
- abgeriebene Schale von 1 Zitrone
- 400 g Äpfel
- Haselnussöl und Zwiebackbrösel für die Form

Rhabarber-Apfel-Kuchen mit Baiserhaube

1 Eier trennen. Mehl, 1 Teelöffel Zucker, Süßstoff, Salz, Milch, zerbröckelte Hefe und Eigelb mit den Knethaken des Handrührers zu einem glatten Teig kneten. Zugedeckt an einem warmen Ort aufgehen lassen.

2 Apfel waschen, das Kerngehäuse herausschneiden und das Fruchtfleisch in Spalten schneiden. Rhabarber waschen, putzen und in Stücke schneiden.

3 Den Teig einmal durchkneten und in eine gefettete Tarteform (ø 26 cm) geben. Mit den Händen in die Form drücken. Früchte auf dem Teig verteilen.

4 Den Kuchen im vorgeheizten Backofen bei 200 °C etwa 25 Minuten backen.

5 Eiklar mit 1 Prise Salz, Vanillemark und dem restlichen Zucker steif schlagen und mit einem Esslöffel auf dem Kuchen verteilen. Den Kuchen noch einmal etwa 15 Minuten backen, bis die Baiserhaube hellbraune Spitzen bekommt.

ZUTATEN

Für 12 Stücke
Zubereitungszeit ca. 60 Minuten + Zeit zum Aufgehen
Kalorienkiller/Fatburner: Ballaststoffe, Vanille
Pro Portion ca. 124 kcal

- 2 Eier
- 250 g Mehl
- 2 EL Zucker
- 1/2 TL Süßstoff
- Jodsalz
- 1/8 l entrahmte Milch (0,1 % Fett)
- 1/2 Würfel Hefe oder 1 Pck. Trockenbackhefe
- 300 g Äpfel
- 300 g Rhabarber
- Fett für die Form
- 1 Vanilleschote

Pikantes Zimtbrot

1 Hefe, 1 Esslöffel Zucker, Mehl, Salz, Öl und 1/4 Liter lauwarmes Wasser mit den Knethacken des Handrührgeräts zu einem festen, elastischen Teig verkneten. Zugedeckt an einem warmen Ort aufgehen lassen.

2 Zitronenschale, restlichen Zucker, Süßstoff und Zimt mit Butter verrühren.

3 Teig auf einer bemehlten Arbeitsfläche durchkneten und zu einer Fläche von 50 x 30 cm ausrollen. Teig mit Butter und Zimtmischung bestreichen und aufrollen.

4 Die Rolle halbieren, eine Hälfte mit der Naht nach unten in eine gefettete Kastenform (Länge 28 cm) geben, etwas flach drücken. Die andere Hälfte daraufsetzen und mit einem scharfen Messer der Länge nach einschneiden, sodass beide Enden noch zusammenhalten. Die Form abgedeckt weitere 30 Minuten gehen lassen.

5 Das Brot im vorgeheizten Ofen bei 200 °C etwa 35 Minuten backen, nach 20 Minuten eventuell mit Alufolie abdecken.

ZUTATEN

Für 14 Stücke
Zubereitungszeit ca. 60 Minuten + Zeit zum Gehen
Kalorienkiller/Fatburner: Zimt, Jod
Pro Stück ca. 180 kcal

- 1 Pck. Trockenbackhefe
- 2 EL Zucker
- 500 g Weizenmehl (Type 550)
- 1 TL Jodsalz
- 4 EL Rapsöl
- 1 EL abgeriebene Zitronenschale
- 1 1/2 TL Süßstoff
- 2 TL Zimt
- 40 g weiche Halbfettbutter
- Mehl für die Arbeitsfläche
- Fett für die Form

Zwetschgendatschi

Der Kuchen gelingt mit Zwetschgen weit besser als mit den frühen Pflaumensorten. Diese enthalten zu viel Flüssigkeit und feuchten den Hefeteig zu sehr durch.

ZUTATEN

Für 18 Stücke

Zubereitungszeit ca. 60 Minuten + Zeit zum Aufgehen

Kalorienkiller/Fatburner: Ballaststoffe, Calcium

Pro Stück ca. 160 kcal

- 250 g Mehl
- 250 g Weizenvollkornmehl
- 1 Pck. Trockenbackhefe
- 1/2 TL Jodsalz
- 1 TL Süßstoff
- 1/4 l entrahmte Milch (0,1 % Fett)
- 3 EL Rapsöl
- 1,5 kg Zwetschgen
- Fett für das Backblech

1 Beide Sorten Mehl in eine Schüssel sieben. Trockenbackhefe, Salz, Süßstoff, Milch und Öl zugeben und mit den Knethaken des Handrührers zu einem glatten Teig verkneten. Zugedeckt an einem warmen Ort zur doppelten Größe aufgehen lassen.

2 Die Zwetschgen waschen, halbieren, entsteinen und vierteln.

3 Den Teig auf dem gefetteten Backblech ausrollen und die Zwetschgen schuppenförmig darauf verteilen.

4 Den Kuchen im vorgeheizten Backofen bei 200 °C etwa 35 Minuten backen. Lauwarm servieren.

Kirsch-Grieß-Kuchen

1 Die Eier trennen. Eigelb mit Öl, Zucker, Süßstoff und Vanillezucker sehr cremig rühren. Joghurt, Grieß und Backpulver unterrühren. Eiweiß mit 1 Prise Salz steif schlagen, Eischnee vorsichtig unter den Teig heben.

2 Eine rechteckige Backform (1,2 Liter Inhalt) fetten und mit Mehl ausstreuen. Die Hälfte des Teigs einfüllen. Kirschen darauf verteilen und mit dem restlichen Teig bedecken.

3 Im vorgeheizten Backofen bei 170 °C 70 bis 80 Minuten backen, nach 50 Minuten eventuell mit Alufolie abdecken. Den Kuchen nach dem Backen 15 Minuten in der Form belassen, dann auf ein Gitter gestürzt auskühlen lassen. Mit Puderzucker bestreut servieren.

Für einen Schoko-Kirsch-Kuchen geben Sie 3 Teelöffel stark entölten Kakao und 3 Esslöffel entrahmte Milch zum Teig.

ZUTATEN

Für 8 Stücke
Zubereitungszeit
ca. 1 Stunde 40 Minuten
Kalorienkiller/Fatburner:
Proteine, Ballaststoffe
Pro Stück ca. 190 kcal

- 2 Eier
- 2 EL Rapsöl
- 40 g Zucker
- 1 TL Süßstoff
- 1 Pck. Vanillezucker
- 250 g entrahmter Naturjoghurt (0,1 % Fett)
- 250 g Hartweizengrieß
- 2 TL Backpulver
- 200 g abgetropfte Kirschen (aus dem Glas)
- 2 TL Puderzucker

Quark-Kirsch-Taschen

1 80 g Quark mit Rapsöl, 2 Esslöffel Milch, 1 Prise Salz und 1/2 Teelöffel Süßstoff verrühren. Mehl und Backpulver über die Quarkmasse sieben. Mit den Knethaken zu einem glatten Teig verarbeiten. Den Teig 30 Minuten im Kühlschrank ruhen lassen.

2 Die Kirschen waschen, abtropfen lassen und entkernen, Früchte aus dem Glas gut abtropfen lassen.

3 Den Teig auf einer bemehlten Arbeitsfläche dünn ausrollen und mit einer Ausstechform (ø 10 cm) Kreise ausstechen.

4 Den restlichen Quark mit einigen Tropfen Süßstoff, wenig Vanillearoma und Mineralwasser glatt rühren. Die Teigkreise mit Quarkcreme bestreichen und die Kirschen darauf verteilen. Die Teigränder mit der restlichen Milch bestreichen und umklappen.

5 Die Quarktaschen mit der restlichen Milch bestreichen und auf ein mit Backpapier belegtes Blech setzen. Im vorgeheizten Backofen bei 200 °C etwa 30 Minuten backen.

ZUTATEN

Für 10 Stück
Zubereitungszeit
ca. 1 Stunde 10 Minuten + Ruhezeit
Kalorienkiller/Fatburner: Proteine
Pro Stück ca. 180 kcal

- 125 g Magerquark
- 1 1/2 EL Rapsöl
- 4 EL entrahmte Milch (0,1 % Fett)
- Jodsalz
- flüssiger Süßstoff
- 150 g Mehl
- 1/2 Pck. Backpulver (100g)
  Sauerkirschen (frisch oder aus dem Glas)
- Mehl für die Arbeitsfläche
- Vanillearoma
- 1-2 EL Mineralwasser mit Kohlensäure

Quarkauflauf mit Aprikosen

1 Quark mit Mineralwasser und Puddingpulver verrühren, mit Zimt, Süßstoff und Mandelaroma abschmecken. Aprikosen in Streifen schneiden und zusammen mit den Rosinen und dem grob geraspelten Apfel unterheben.

2 Die Quarkmasse in eine gefettete, ofenfeste Form füllen, mit Alufolie abdecken und im vorgeheizten Backofen bei 180 °C etwa 35 Minuten backen.

ZUTATEN

Für 2 Personen
Zubereitungszeit ca. 60 Minuten
Kalorienkiller/Fatburner:
Proteine, Aminosäuren, Zimt
Pro Portion ca. 270 kcal

- 400 g Magerquark
- 1/2 Tasse Mineralwasser mit Kohlensäure
- 1 EL Mandel Puddingpulver
- Zimt
- flüssiger Süßstoff
- Mandelaroma
- 50 g getrocknete Aprikosen
- 1 EL Rosinen
- 1/2 Apfel (100 g)
- Fett für die Form

Milchreis mit Orangen-Ingwer-Kompott

1 Milch, Reis, 1 Prise Salz und Vanillemark in einem kalt ausgespülten Topf zum Kochen bringen. Reis bei schwacher Hitze ausquellen lassen. Den Reis abkühlen lassen und mit Süßstoff abschmecken.

2 Orangen filetieren, dabei den Saft auffangen. Ingwer schälen und fein reiben. Orangensaft aufkochen, Ingwer und Orangenfilets darin ca. 3 Minute bei schwacher Hitze kochen. Das Kompott abkühlen lassen und zum Milchreis servieren.

Das Ingwerkompott gelingt auch mit anderen Zitrusfrüchten. Clementinen haben einen milderen, nicht so säurebetonten Charakter, Grapefruits bringen eine leicht bittere Note ins Spiel.

ZUTATEN

Für 2 Personen
Zubereitungszeit
ca. 40 Minuten + Kühlzeit
Kalorienkiller/Fatburner:
CLA, Vanille, Ingwer, Vitamin C
Pro Portion ca. 300 kcal

- 1/2 l entrahmte Milch (0,1 % Fett)
- 60 g Milchreis
- Jodsalz
- 1/2 Vanilleschote
- flüssiger Süßstoff
- 2 Orangen (400 g)
- 2 cm frischer Ingwer
- 150 ml Orangensaft

Brombeer-Granita

1 Zitronensaft erhitzen und den Zucker darin auflösen. Kirschsaft zugeben, den Saft in eine flache Schale füllen und abkühlen lassen. Abgedeckt mindestens 3 Stunden einfrieren, dabei alle 30 Minuten umrühren.

2 Brombeeren waschen und verlesen. Die Früchte mit 1/8 Liter Wasser aufkochen und etwa 5 Minuten bei schwacher Hitze kochen. Stärke mit Rum glatt rühren und in die Brombeeren einrühren. Einmal aufkochen und das Kompott abkühlen lassen. Mit Süßstoff abschmecken.

3 Brombeeren auf zwei Dessertgläser verteilen. Granita erneut kräftig durchrühren und auf das Kompott geben.

Statt Kirschsaft können Sie auch einen hellen Saft, zum Beispiel Apfelsaft, verwenden. Das ergibt beim Einschichten einen hübschen Farbkontrast.

ZUTATEN

Für 2 Personen
Zubereitungszeit
ca. 30 Minuten + Kühlzeit
Kalorienkiller/Fatburner:
Magnesium, Vitamin C
Pro Portion ca. 200 kcal

- 3 EL Zitronensaft
- 1 EL brauner Zucker
- 1/4 l Kirschsaft
- 250 g Brombeeren
- 1/2 TL Speisestärke
- 1 EL Rum
- 1/2 TL flüssiger Süßstoff

Zwetschgen-Blitzeis

1 Sahne halb steif schlagen und Vanillezucker einrieseln lassen. Kalt stellen.

2 Zwetschgen waschen, halbieren, entsteinen und die Fruchthälften auf einer flachen Schale für 30 Minuten in die Gefriertruhe stellen.

3 Die gefrorenen Früchte, Süßstoff und Zwetschgengeist im Mixer fein pürieren. Mit einem Eisportionierer etwa sechs Kugeln abstechen und je drei in einem Schälchen anrichten. Die Sahne gleichmäßig darauf verteilen und sofort servieren.

Verwenden Sie keine völlig durchgefrorenen Früchte. Damit könnte Ihr Mixer Schwierigkeiten bekommen.

ZUTATEN

Für 2 Personen
Zubereitungszeit ca. 45 Minuten
Kalorienkiller/Fatburner:
Ballaststoffe, Vanille
Pro Portion ca. 130 kcal

- 100 ml fettreduzierte Schlagsahne (z. B. Cremefine zum Schlagen)
- 1 TL Vanillezucker
- 300 g Zwetschgen
- 2 TL flüssiger Süßstoff
- 1 EL Zwetschgengeist

Kalorienkiller / Fatburner-Getränke

Schwarzer Zimttee

1 Teeblätter und Zimtstange mit 1 Liter kochendem Wasser überbrühen, etwa 3 Minuten ziehen lassen, abgießen.

2 Mit etwas Zimt bestäuben und nach Geschmack mit Süßstoff süßen.

Wer mag, kann den Tee mit etwas entrahmter Milch oder leichter Kondensmilch verrühren. Der Tee schmeckt auch als Eistee köstlich.

ZUTATEN

Für 1 Liter
Zubereitungszeit ca. 5 Minuten
Kalorienkiller/Fatburner:
Wasser, Koffein, Zimt
Pro Tasse (1/8 l) ca. 0 kcal

3 EL Teeblätter (z. B. Assam)
1/2 Zimtstange
Zimtpulver
flüssiger Süßstoff

Kalorienkiller/ Fatburner-Tee

1 Ingwer in Scheiben schneiden, die Vanilleschote aufschneiden. Ingwer, Vanille, Zimtstange und Teeblätter mit 1 Liter kochendem Wasser überbrühen, etwa 3 Minuten ziehen lassen, abgießen.

2 Limettensaft einrühren, nach Geschmack mit Süßstoff süßen und mit etwas Zimt bestäuben.

Je nach Geschmack und Tageszeit können Sie den Tee etwas kürzer oder länger ziehen lassen. Nach 1 bis 2 Minuten wirkt er anregend, nach 5 Minuten beruhigend. Der eher herbe und kräftige Ostfriesentee ist nicht jedermanns Sache. Versuchen Sie auch milden Darjeeling, würzigen Ceylon oder blumigen Earl-Grey-Tee, der mit Bergamotte aromatisiert wird.

ZUTATEN

Für 1 Liter
Zubereitungszeit ca. 5 Minuten
Kalorienkiller/Fatburner:
Koffein, Wasser, Vanille, Ingwer, Zimt
Pro Tasse (1/8 l) ca. 0 kcal

- 1/2 cm frischer Ingwer
- 1/2 Vanilleschote
- 1 Zimtstange
- 2 EL Teeblätter
- (z. B. Ostfriesenmischung)
- 2-3 EL Limettensaft
- flüssiger Süßstoff
- Zimtpulver

Kalorienkiller/ Fatburner-Kaffee

1 Kaffeepulver mit je einer Messerspitze Zimt, Kakaopulver und Cayennepfeffer und einer Prise Salz in den Kaffeefilter geben.

2 Mit 1/2 Liter kochendem Wasser überbrühen. Mit Süßstoff nach Geschmack süßen.

Wenn Sie Ihren Kaffee in einem Kaffeevollautomaten zubereiten, der die ganzen Kaffeebohnen direkt vor dem Brühen mahlt, geben Sie die Gewürze direkt in die Tasse, die Sie unter den Auslauf der Maschine stellen.

ZUTATEN

Für 1/2 Liter
Zubereitungszeit ca. 5 Minuten
Kalorienkiller/Fatburner:
Koffein, Wasser, Capsaicin
Pro Tasse (1/8 l) ca. 0 kcal

- 4 EL gemahlener Kaffee
- Zimt
- Kakaopulver (stark entölt)
- Cayennepfeffer
- Jodsalz

Zimtkakao

1 Vanilleschote aufschneiden und das Mark herauskratzen. Milch, Vanilleschote und -mark, Kakaopulver, Zimt und 1 Prise Salz verrühren und aufkochen.

2 Die Vanilleschote herausnehmen und den Kakao mit Süßstoff abschmecken.

Es empfiehlt sich, einen kleinen Vorrat im Kühlschrank zu haben. Der Kakao schmeckt warm oder kalt und hilft hervorragend, wenn Appetit nach Süßem aufkommt. Schon der Duft von Vanille besänftigt das Verlangen nach Süßigkeiten, wie Wissenschaftler beweisen konnten. Lassen Sie den frisch zubereiteten Kakao rasch abkühlen, und lagern Sie ihn gut verschlossen im Kühlschrank. So hält er sich 2 bis 3 Tage frisch.

ZUTATEN

Für 1/2 Liter
Zubereitungszeit ca. 10 Minuten
Kalorienkiller/Fatburner:
Calcium, Vanille
Pro Tasse (1/8 l) ca. 60 kcal

- 1/2 Vanilleschote
- 1/2 l entrahmte Milch (0,1 % Fett)
- 4 TL Kakaopulver (stark entölt)
- 1 TL Zimt
- Jodsalz
- flüssiger Süßstoff

Scharfer Tomatendrink

1 Zwiebel abziehen und fein würfeln. Dosentomaten zusammen mit Mineralwasser und Zwiebelwürfeln in ein hohes Gefäß geben und pürieren. Mit Limettensaft, Tabasco und wenig Jodsalz abschmecken.

2 Chilischote waschen, entkernen und fein schneiden. Achtung: Hände nach dem Chilischneiden gut waschen. Schnittlauch waschen, trocknen und in feine Röllchen schneiden. Den Tomatendrink in Gläser füllen, mit Chili und Schnittlauch bestreut servieren.

Tipp: Aufgesprudeltes Trinkwasser ist praktisch, es enthält jedoch nie die Menge an Mineralstoffen, die ein natürliches Mineralwasser aufweist.

ZUTATEN

Für 1 Liter
Zubereitungszeit ca. 15 Minuten
Kalorienkiller/Fatburner:
Capsaicin, niedriger Glyx, Wasser
Pro Glas (1/4 l) ca. 40 kcal

- 1 kleine weiße Zwiebel (30 g)
- 800 g geschälte Tomaten (aus der Dose)
- 200 ml Mineralwasser mit Kohlensäure
- 2–3 EL Limettensaft
- Tabasco
- Jodsalz
- 1/2 kleine Chilischote
- 1/4 Bund Schnittlauch

Johannisbeer-Joghurt-Drink

1 Johannisbeeren waschen und verlesen. Joghurt, Mineralwasser und Johannisbeeren in einem hohen Gefäß pürieren.

2 Den Drink mit Limettensaft, Vanillemark und Süßstoff abschmecken.

Auch als herzhafter Joghurtdrink ein Genuss: Statt Johannisbeeren, Vanilleschote und Süßstoff ein Stück Gurke, ein paar frische Kräuter und eine Prise Salz mit Joghurt und Mineralwasser pürieren.

ZUTATEN

Für 1 Liter
Zubereitungszeit ca. 10 Minuten
Kalorienkiller/Fatburner:
Proteine, Aminosäure, Calcium, Pektin, Wasser, Probiotika
Pro Glas (1/4 l) ca. 50 kcal

- 200 g rote Johannisbeeren
- 500 g probiotischer Naturjoghurt (0,1 % Fett)
- 300 ml Mineralwasser mit Kohlensäure
- 2–3 EL Limettensaft
- 1/2 Vanilleschote
- flüssiger Süßstoff

Sanddornmilch

1 Den Kefir mit Sanddorn im Mixer gut verquirlen und mit Süßstoff abschmecken.

Mit Sanddorn gönnen Sie Ihrem Körper eine Extraportion Vitamin C.
Andere Vitamin-C-Bomben sind Hagebutten und Schwarze Johannisbeeren.

ZUTATEN

Für 1/2 Liter
Zubereitungszeit ca. 5 Minuten
Kalorienkiller/Fatburner:
CLA, Calcium, Vitamin C, Wasser
Pro Glas (1/4 l) ca. 110 kcal

> 1/2 l entrahmter Kefir (0,1 % Fett)
> 40 g Vollfrucht-Sanddorn
> flüssiger Süßstoff

Kalorienkiller/ Fatburner-Mineralwasser

1 Ingwer schälen und in Scheiben schneiden, Zitronengras waschen, putzen und grob schneiden. Limette auspressen.

2 Mineralwasser mit Ingwer, Zitronengras und Limettensaft in eine Karaffe oder Flasche füllen und mit Süßstoff nach Geschmack süßen. Über Nacht im Kühlschrank ziehen lassen.

Sie können aus einer Flasche Mineralwasser etwa 1/2 Glas abgießen und das Kalorienkiller/Fatburner-Mineralwasser direkt in der Flasche ansetzen.

ZUTATEN

Für 1 Liter
Zubereitungszeit ca. 10 Minuten + Zeit zum Durchziehen
Kalorienkiller/Fatburner:
Wasser, Ingwer, Vitamin C
Pro Glas (1/4 l) ca. 0 kcal

> 1 cm frische Ingwerknolle
> 1 Stängel Zitronengras
> 1 Limette
> Mineralwasser mit Kohlensäure
> flüssiger Süßstoff

Heiße Chili-Schokolade

1 Chilischote waschen und grob schneiden. Achtung: Hände nach dem Chilischneiden gründlich waschen. Vanilleschote aufschneiden und das Mark herauskratzen. Schokolade grob zerbrechen.

2 Milch, Vanilleschote und -mark, Schokolade, Chilistückchen und 1 Prise Salz langsam unter Rühren erhitzen.

3 Die heiße Schokolade durch ein Sieb gießen und mit Honig süßen.

Sie lieben Eiscreme? Füllen Sie die Chili-Schokolade in kleine Eisförmchen oder eine flache Schale und stellen Sie sie ins Gefrierfach. Ein Kalorienkiller/Fatburner-Genuss für heiße Sommertage!

ZUTATEN

Für 1/2 Liter

Zubereitungszeit ca. 15 Minuten

Kalorienkiller/Fatburner:

Vanille, Capsaicin, Proteine

Pro Tasse (1/8 l) ca. 95 kcal

- 1/2 kleine Chilischote
- 1/2 Vanilleschote
- 40 g Zartbitterschokolade
- 1/2 l entrahmte Milch
- (0,1 % Fett)
- Jodsalz
- 20 g flüssiger Honig

Vanillemilchkaffee

1 Vanilleschote aufschneiden und das Mark herauskratzen. Milch mit der Schote und dem Mark kurz aufkochen lassen. Schote entfernen.

2 Kaffeepulver mit 1/4 Liter Wasser überbrühen, den heißen Kaffee mit der Milch verrühren.

Wenn Sie einen Milchaufschäumer besitzen, können Sie sich aus den Zutaten einen Vanille-Cappuccino zubereiten.

ZUTATEN

Für 1/2 Liter

Zubereitungszeit 10 Minuten

Kalorienkiller/Fatburner:

CLA, Vanille, Koffein, Calcium

Pro Tasse (1/8 l) ca. 60 kcal

- 1 Vanilleschote
- 1/4 l entrahmte Milch (0,1 % Fett)
- 1-2 EL Kaffeepulver

Die besten Kalorienkiller und Fatburner mit ihrer Wirkung im Überblick

KALORIENKILLER/ FATBURNER	WIRKUNG	WIRKUNGS-MECHANISMUS
Algen	Stoffwechselaktivierung Sättigung, niedriger Glyx	Jodgehalt, Vitalstoffe – Fasern, niedrige Energiedichte,
Aminosäuren (siehe essenzielle Aminosäuren)		
Äpfel	Sättigung	Pektingehalt, Ballaststoffe, Vitalstoffe, niedrige Energiedichte, niedriger Glyx
Capsaicin	Stoffwechselaktivierung	fördert die Thermogenese – löst Fettzellen auf
Chitosan	Sättigung, Fettausscheidung	fördert als tierischer Ballaststoff die Sättigung, bindet Cholesterin und (etwas) Fett
Chrom	Stoffwechselaktivierung	Blutzuckerregulation, fördert die Fettverbrennung
CLA (siehe konjugierte Linolsäure)		
Essen	Stoffwechselaktivierung	Nur bei ausreichender Kalorien-, Nähr- und Wirkstoffzufuhr kann der Stoffwechsel optimal ablaufen und die Muskeln werden nicht abgebaut.
essenzielle Aminosäuren	Hormonaktivierung	Bildung von schlankmachenden Hormonenund Baustein für die Muskulatur
Gemüse	Sättigung, Stoffwechselaktivierung	Ballaststoffe, Vitalstoffe, niedrige Energiedichte, niedriger Glyx

KALORIENKILLER/ FATBURNER	WIRKUNG	WIRKUNGS-MECHANISMUS
Gewürze	Stoffwechselaktivierung	Vitalstoffe – Geschmack und dadurch Meidung von dick machendem Glutamat
Harzer Käse	Stoffwechselaktivierung, Sättigung	Proteine, Aminosäuren, Calcium, B-Vitamine
Hohe Viskosität		
Ingwer	Stoffwechselaktivierung	fördert die Thermogenese – löst Fettzellen auf
Jod	Stoffwechselaktivierung	Bildung von Schilddrüsenhormonen
Johannisbeeren	Stoffwechselaktivierung, Sättigung	Vitalstoffe, Vitamin C, Ballaststoffe
Calcium	Stoffwechselaktivierung	Fettverbrennung
Knäckebrot	Sättigung	Ballaststoffe
Koffein	Stoffwechselaktivierung	Wirkung des Koffeins auf den Energiestoffwechsel sowie das Herz- Kreislauf-System
konjugierte Linolsäure	Muskelstärkung	verdrängt Fettgewebe und fördert die Muskelmasse
Kräuter	Stoffwechselaktivierung	Vitalstoffe – Geschmack und dadurch Meidung von dick machendem Glutamat
Lammfleisch	Stoffwechselaktivierung	L-Carnitin, Förderung der Fettverbrennung und der Thermogenese, Förderung der Regeneration und fördert in Kombination mit L-Carnitin die Fettverbrennung, Training
L-Carnitin (siehe Lammfleisch)		
Mineralstoffe	Stoffwechselaktivierung	Enzymaktivatoren
Magnesium	Stoffwechselaktivierung	Enzymaktivator
MCT-Fette	Stoffwechselaktivierung	fördert die Thermogenese und die Fettverbrennung

KALORIENKILLER/ FATBURNER	WIRKUNG	WIRKUNGS-MECHANISMUS
niedrige Energiedichte	Sättigung	fördert Sättigung und Fettverbrennung
niedriger Glyx/GL	Stoffwechselaktivierung	hemmt den Hyperinsulinismus, fördert die Fettverbrennung und die Sättigung
Obst	Sättigung,	Ballaststoffe, Vitalstoffe, niedrige Energiedichte, niedriger Glyx
Omega-3-Fettsäuren	Stoffwechselaktivierung	senkt die Blutfette, vermindert die Insulinresistenz und fördert in Kombination mit L-Carnitin die Fettverbrennung
Protein	Stoffwechselaktivierung, Sättigung	Baustein für die Muskeln
Quellstoffe (Pektin)	Sättigung, Fettausscheidung	Ballaststoff fördert die Sättigung und bringt Fett im Darm zur Ausscheidung
resistente Stärke	Sättigung	Ballaststoffe, fördert die Sättigung
Seelachs	Sättigung, Stoffwechselaktivierung	Proteine sättigen, erhalten die Muskeln, und Jod ist für die Bildung von Schilddrüsenhormonen nötig.
Süßstoffe	kalorienfrei	Süßen ohne Kalorien
ungesättigte Fettsäuren	Stoffwechselaktivierung	hemmen die Insulinresistenz
Vanille	Appetithemmung	Geruch hemmt die Schokoladenlust.
Vitamine	Stoffwechselaktivierung	fördert Stoffwechselprozesse
Vitamin C	Stoffwechselaktivierung	fördert Stoffwechselprozesse
Wasser	Stoffwechselaktivierung, Sättigung	fördert die Thermogenese und die Sättigung
Zimt	Stoffwechselaktivierung	senkt den Blutzuckerspiegel
Zink	Stoffwechselaktivierung	Enzymaktivator und Hemmung der Insulinresistenz

DIE GROSSE NÄHRWERTTABELLE

LEBENSMITTEL	KILOKALORIEN
(bezogen auf 100g)	(kcal)
MILCH & KÄSE & EI	
Bergkäse, Vollfettstufe	384,1
Blauschimmel, Rahmstufe	358,5
Brie, Rahmstufe	335,3
Butterkäse	298,8
Buttermilch	35,9
Buttermilch mit Fruchtzubereitung	74,6
Buttermilchpulver	379,5
Camembert	287,8
Cheddar, Rahmstufe	405,1
Chester	367,6
Danablu, Rahmstufe	345,4
Dickmilch (Sauermilch)	63,6
Dickmilch (Sauermilch) 10% Fett	118,5
Dickmilch (Sauermilch) entrahmt	34,2
Dickmilch (Sauermilch) teilentrahmt	46,1
Dickmilch 10 % mit Früchten	143,9
Dickmilch fettarm mit Früchten	82,7
Dickmilch mit Müsli	123,8
Edamer	354,2
Edelpilzkäse	303,5
Eier in Senfsauce (R)	120,8
Eiersalat (R)	203,8
Emmentaler, Vollfettstufe	383,4
Esrom, Vollfettstufe	313,6
Feta	236,6
Fontina	382,4
Frischkäse	335,3
Frischkäse, Doppelrahmstufe	335,3
Frischkäse, Rahmstufe	281,3
Frischkäsezubereitung	335,3
Fruchtdickmilch mit Süßstoff	62,4
Fruchtjoghurt mit Süßstoff	64,3
Fruchtquark mit Süßstoff	73,1
Gorgonzola	356,6
Gouda	365
Greyerzer	406,1

NÄHRSTOFFE					WIRKSTOFFE				RISIKO-SUBSTANZEN	
Proteine g	Fett g	Kohlenhydrate g	Ballaststoffe g	Zucker (Saccharose) g	Vitamin C mg	Eisen mg	Magnesium mg	Natrium mg	Cholesterin mg	Purin mg
28,9	30	0	0	0	0	0,3	43	300	70	3
21,6	29,8	1	0	0	0	0,1	23	1234	90	3
21,1	27,9	0	0	0	0	0,5	20	700	92	3
21,7	23,5	0	0	0	0	0,4	35	800	54	3
3,2	0,5	4	0	0	1	0,1	13	60	3	0
2,8	0,4	14,2	0,1	10,4	1,4	0,1	11	51	3	0
34,9	6	44,6	0	0	8	0,7	120	350	20	0
21	22,8	0	0	0	0	0,3	20	700	70	3
24,7	34	0	0	0	0	0,4	25	620	105	3
27	28,8	0	0	0	0	0,4	30	700	68	3
20,2	29,5	0	0	0	0	0,2	23	1260	97	3
3,4	3,5	4	0	0	1	0,1	12	50	13	0
3,1	10	3,7	0	0	1	0,1	11	50	37	0
3,4	0,1	4,2	0	0	1	0,1	12	50	1	0
3,4	1,5	4,1	0	0	1	0,1	12	50	6	0
2,8	8,7	13,2	0,9	9,5	1,5	0,1	10	40	33	0
2,9	1,3	14,1	0,9	10,1	1,5	0,1	11	42	5	0
4,3	3,9	17,2	1,2	5,5	1,1	0,6	26	55	10	5
24,8	28,3	0	0	0	0	0,3	36	600	59	3
22	24	0	0	0	0	0,6	45	1200	59	3
7,5	9,7	1	0	0,1	0,1	1	13,2	756,9	222,8	1,8
9,9	18,1	0,6	0	0	0	1,3	12	676,6	303,3	1,6
28,7	30	0	0	0	0	0,3	43	300	90	3
22,5	24,9	0	0	0	0	0,6	50	800	58	3
17	18,8	0	0	0	0	0,6	25	1300	45	10
25,6	31,1	0	0	0	0	0,2	14	700	116	3
11	31,5	2,5	0	0	0,2	0,1	7	350	103	0
11	31,5	2,5	0	0	0,2	0,1	7	350	103	0
13,8	23,6	3,4	0	0	0,2	0,1	9	400	77	0
11	31,5	2,5	0	0	0,2	0,1	7	350	103	0
3,2	3,2	4,6	1	0,2	1,9	0,1	12	61	12	0
3,1	3,5	4,6	1	0,2	1,9	0,1	12	61	13	0
12,3	0,2	4,6	1	0,2	1,6	0,4	11	52	1	0
19,4	31,2	0	0	0	1	0,3	20	1400	102	3
25,5	29,2	0	0	0	0	0,3	36	600	59	3
29	32,3	0	0	0	0	0,4	37	335	110	3

LEBENSMITTEL	KILOKALORIEN
(bezogen auf 100g)	(kcal)
Hartkäse	294,7
Hartkäse, Dreiviertelfettstufe	356,6
Hartkäse, Rahmstufe	406,1
Hartkäse, Vollfettstufe	383,4
Harzer Käse	131,2
Hausmacher Blutwurst	343,9
Hühnerei, Eigelb	348,7
Hühnerei, Eiweiß	49,7
Hühnerei, frisch	154,4
Hühnerei, frisch, gegart	148,7
Hüttenkäse	102,3
Hüttenkäse, Magerstufe	81,5
Jarlsberg, Vollfettstufe	349,4
Joghurt 10% mit Früchten	143,6
Joghurt, entrahmt	38
Joghurt, fettarm mit Früchten	82,7
Joghurt mit Früchten	98,9
Joghurt mit Müsli	125,7
Joghurt, teilentrahmt	46,1
Joghurt, vollfett	65,7
Joghurt, vollfett mit Früchten	98,9
Kaffeesahne	202,9
Kaffeeweißer	549,2
Käsefondue (R)	322,9
Käseplatte (R)	307,9
Käsesalat (R)	268,9
Käsespätzle (R)	255,4
Kefir	49,7
Kefir, entrahmt	37,8
Klosterkäse, Rahmstufe	342,3
Kondensmilch 10 % Fett	176,4
Kondensmilch 4% Fett	110,7
Kondensmilch 7.5 % Fett	133,1
Kondensmilch, gezuckert 10 % Fett	342,7
Kuhmilch, entrahmt, gekocht	36,8
Kuhmilch, gekocht	65,5
Kuhmilch, teilentrahmt, gekocht	49,5
Kuhmilch, Trinkmilch, entrahmt	36,1
Kuhmilch, Trinkmilch, fettarm	48,5
Kuhmilch, Trinkmilch, vollfett	64,3

NÄHRSTOFFE					WIRKSTOFFE				RISIKO-SUBSTANZEN	
Proteine g	Fett g	Kohlen-hydrate g	Ballast-stoffe g	Zucker (Saccha-rose) g	Vitamin C mg	Eisen mg	Magnesium mg	Natrium mg	Cholesterin mg	Purin mg
31,9	18,2	0	0	0	0	0,4	30	800	43	3
38,5	22,5	0	0	0	0	0,8	44	1000	53	3
29	32,3	0	0	0	0	0,4	37	335	110	3
28,7	30	0	0	0	0	0,3	43	300	90	3
30	0,7	0	0	0	0	0,3	15	800	3	6
15,7	31,4	0,6	0,2	0,1	0,1	17	14	649	33	5
16,1	31,9	0,3	0	0	0	7,2	16	51	1260	2
11,1	0,2	0,7	0	0	0,3	0,2	12	170	0	0
12,9	11,2	0,7	0	0	0	2,1	12	144	396	2
12,4	10,8	0,7	0	0	0	1,6	10	73	382	2
12,6	4,3	2,6	0	0	0	0,1	8	380	16	0
13,3	1,4	3,3	0	0	0	0,1	6	380	5	0
26,7	26,9	0	0	0	0	0,4	40	600	69	3
2,7	8,7	13,2	0,9	9,6	1,5	0,1	10	40	33	0
4,3	0,1	4,2	0	0	1	0,1	13	50	1	0
2,9	1,3	14,1	0,9	10,1	1,5	0,1	11	42	4	0
2,9	3,2	14	0,9	10,1	1,5	0,1	11	42	12	0
4,2	4,1	17,2	1,2	5,5	1,1	0,6	26	55	11	5
3,4	1,5	4,1	0	0	1	0,1	12	50	5	0
3,3	3,8	4	0	0	1	0,1	12	50	14	0
2,9	3,2	14	0,9	10,1	1,5	0,1	11	42	12	0
2,8	20	3,6	0	0	1	0,1	11	40	65	0
4	35	55	0	0	0	1,1	4	200	0	0
19,9	18,2	19,8	1,2	0,4	0	0,7	33,5	352,7	41,2	7,5
23,9	23,4	0,1	0	0	0	0,4	28,4	948,4	59,2	3,2
18,3	21,3	0,7	0,2	0,1	1,2	0,4	25,7	871,9	32,7	2,7
10,3	12,2	25,9	1,4	0,1	0,1	0,9	17,8	490,2	90,4	5,5
3,4	1,5	4,1	0	0	1	0,1	12	50	6	0
3,4	0,1	4,2	0	0	1	0,1	12	51	0	0
21,1	28,8	0	0	0	0	0,4	50	800	67	3
8,8	10	12,5	0	10	1,4	0,1	33	140	38	0
7,5	4	10,8	0	8,6	1	0,1	26	110	16	0
6,5	7,5	9,7	0	7,8	1	0,1	24	100	28	0
8	10	54,3	0	0	2,5	0,2	24	117	36	0
3,6	0,1	5,1	0	0	0,5	0,1	12	51	2	0
3,4	3,6	4,8	0	0	0,9	0,1	12	51	13	0
3,5	1,6	5	0	0	0,5	0,1	12	51	6	0
3,5	0,1	5	0	0	1	0,1	12	50	2	0
3,4	1,6	4,9	0	0	1	0,1	12	50	6	0
3,3	3,5	4,8	0	0	1,7	0,1	12	50	13	0

LEBENSMITTEL	KILOKALORIEN
(bezogen auf 100g)	(kcal)
Kuhmilch, Vorzugsmilch, vollfett	67,2
Limburger	270,1
Magermilchpulver	368,3
Milchreis (R)	156,3
Molke	24,9
Mozzarella	254,8
Nudelteig, Nudelerzeugnis	363,5
Omelett (R)	177,3
Parmesan	440,2
Quark, Fettstufe	142,9
Quark, Halbfettstufe	99,9
Quark, Magerstufe	75,3
Quark mit Früchten	103,3
Quark mit Kräutern Fettstufe	113,3
Quarkauflauf mit Äpfeln (R)	138,3
Quarkspeise, roh mit Früchten (R)	178,2
Quarkspeisen, Joghurt (R)	119,4
Raquelette, Rahmstufe	343
Ricotta, Doppelrahmstufe	174,2
Romadur, Halbfettstufe	178,8
Roquefort	361,4
Rührei mit Speck/Schinken (R)	191,1
Rühreier (R)	211,1
Sauermilchkäse, Magerstufe	131,2
Saure Sahne 10 % Fett	116,6
Saure Sahne 20 % Fett	204,3
Saure Sahne 30 % Fett	287,8
Saure Sahne 40 % Fett	390,5
Schafskäse	236,6
Scheiblette	271,3
Schlagsahne 30 % Fett	288,5
Schmelzkäse	327,7
Schmelzkäse, Halbfettstufe	221,6
Schnittkäse	354,2
Schnittkäse, Dreiviertelfettstufe	255,7
Schnittkäse, Fettstufe	313,1
Schnittkäse, halbfest	291,1
Schnittkäse, halbfest Doppelrahmstufe	425,2
Schnittkäse, halbfest Dreiviertelfettstufe	242,1
Schnittkäse, halbfest Fettstufe	268,2

NÄHRSTOFFE					WIRKSTOFFE				RISIKO-SUBSTANZEN	
Proteine g	Fett g	Kohlen-hydrate g	Ballast-stoffe g	Zucker (Saccha-rose) g	Vitamin C mg	Eisen mg	Magnesium mg	Natrium mg	Cholesterin mg	Purin mg
3,3	3,8	4,8	0	0	1,7	0,1	12	50	14	0
23,2	19,7	0	0	0	0	0,3	20	800	46	6
35,5	0,9	51,5	0	0	10	0,8	120	550	3	0
3,7	5,1	23,6	0,3	5,8	0,6	0,2	20,7	39,9	13,1	5,3
0,8	0,2	4,7	0	0	1	0,1	8	45	2	0
19	19,8	0	0	0	0	0,3	20	500	46	3
14,4	5,9	62,1	3,5	0,2	0	2,3	22	136	179	12
9,9	14,9	1,3	0	0	0,1	1,2	12,3	939,2	307,2	1,5
32,3	34,8	0	0	0	0	0,6	44	1200	82	3
9	10,3	3,2	0	0	0	0,1	10	40	31	0
10,8	4,4	3,6	0	0	0,6	0,1	11	40	16	0
13,5	0,2	4	0	0	0,7	0,4	11	40	1	0
6	0,7	17,5	0,8	12,1	8,2	0,3	12	24	2	2
5,5	4,7	11,8	2	7,9	36,5	1,7	20	31	14	4
6,6	7,5	10,7	0,7	6	2,9	0,4	8,9	27,7	62,1	2,2
6,4	7,4	21,1	0,7	16,7	6,9	0,2	10,8	20,8	22,7	2,1
4,4	2,5	19,1	0,3	16	0,9	0,2	9,1	27,9	9,1	0,9
22,7	28	0	0	0	0	0,3	34	600	65	3
9,5	15	0,3	0	0	0	0,4	14	90	59	2
24	9	0	0	0	0	0,3	25	800	21	3
21	31	0	0	0	0	0,5	30	1600	72	0
12,6	15,5	0,7	0	0,2	0	1,5	21,1	1121,1	293,9	10,3
11,1	18,5	0,6	0	0	0	1,4	11,2	759	358,9	1,8
30	0,7	0	0	0	0	0,3	15	800	3	6
3,1	10	3,3	0	0	1	0,1	12	40	37	0
2,8	20	3,4	0	0	1	0,1	11	40	65	0
2,5	30	2,4	0	0	1	0,1	9	30	90	0
2,1	42	2	0	0	1	0,1	8	20	123	0
17	18,8	0	0	0	0	0,6	25	1300	45	10
17,2	19,7	6,3	0	0	0	0,9	45	1200	45	7
2,5	30	3,2	0	0	1	0,1	9	30	90	0
13,2	30,4	0,9	0	0	0	1,2	42	1100	85	4
27	12	1	0	0	0	0,9	30	1100	27	9
24,8	28,3	0	0	0	0	0,3	36	600	59	3
27,4	16	0	0	0	0	0,4	40	601	37	3
26,2	23	0	0	0	0	0,4	37	603	51	3
20,8	23	0	0	0	0	0,4	30	1400	54	3
19,1	39,1	0	0	0	0	0,4	50	850	90	3
26,5	15	0	0	0	0	0,4	40	600	35	3
21,7	20	0	0	0	0	0,4	30	1395	47	3

LEBENSMITTEL	KILOKALORIEN
(bezogen auf 100g)	(kcal)
Schnittkäse, halbfest Rahmstufe	323,1
Schnittkäse, halbfest Vollfettstufe	291,1
Schnittkäse, Rahmstufe	356,6
Schnittkäse, Vollfettstufe	344,4
Schwedenmilch, vollfett	66,4
Spaghetti Bolognese (R)	214,1
Spiegeleier (R)	253,1
Stilton, Doppelrahmstufe	461,8
Tilsiter	354,2
Trappisten, Vollfettstufe	338,4
Trinkmilch mit Kakao/Schokolade	130,7
Vollmilchpulver	494,7
Weichkäse	275,3
Weichkäse 70% F.i.Tr.	408
Weichkäse, Doppelrahmstufe	362,6
Weichkäse, Dreiviertelfettstufe	209,1
Weichkäse, Fettstufe	267
Weichkäse, Halbfettstufe	178,5
Weichkäse, Rahmstufe	311,9
Weichkäse, Vollfettstufe	275,3
WURST	
Bauernbratwurst	306,4
Bierwurst	251,7
Bockwurst	296,4
Bratwurst (R)	301,5
Braunschweiger Mettwurst	364,7
Cabanossi	451,2
Cervelatwurst	369,5
Curry-Bratwurst	272,7
Filetblutwurst	247,1
Fleischkäse	302,3
Fleischkäse, gebraten (R)	334,9
Fleischsalat (R)	195,8
Fleischwurst / Stadtwurst	282,7
Frankfurter Rindswurst/Rote	249,5
Geflügelmortadella	174
Gefüllte, Kalbsbrust	192,4
Gelbwurst	284,9
Hausmacher, Blutwurst	343,9
Jagdwurst (Süddeutsche und Norddeutsche)	218

	NÄHRSTOFFE					WIRKSTOFFE				RISIKO-SUBSTANZEN	
P	Proteine g	Fett g	Kohlen-hydrate g	Ballast-stoffe g	Zucker (Saccha-rose) g	Vitamin C mg	Eisen mg	Magnesium mg	Natrium mg	Cholesterin mg	Purin mg
	20	27	0	0	0	0	0,4	30	1400	63	3
	20,8	23	0	0	0	0	0,4	30	1400	54	3
	21,9	30	0	0	0	0	0,4	33	597	70	3
	25,3	27	0	0	0	0	0,3	37	611	56	3
	3,4	3,5	4,7	0	0	2	0	12	49	12	0
	13,1	11,2	15,1	1,2	0,1	2,5	1,2	21,8	464,7	38,5	27,1
	10,2	23,7	0,6	0	0	0	1,3	11,9	1219,8	343,4	1,6
	26	40	0	0	0	0	0,3	20	930	120	3
	26,3	27,7	0	0	0	0	0,4	37	773	95	3
	24,2	26,8	0	0	0	0	0,4	37	600	62	3
	3,4	3,6	20,9	0,8	16,5	1,4	0,4	29	73	10	1
	25,3	26,3	38	0	0	10	0,6	100	370	98	0
	20,1	21,8	0	0	0	0	0,3	20	1000	54	3
	13,2	40	0	0	0	0	0,2	13	700	112	3
	16,8	33,2	0	0	0	0	0,3	16	700	93	3
	23	13	0	0	0	0	0,3	20	700	35	3
	22	20	0	0	0	0	0,3	20	700	46	3
	24,2	9	0	0	0	1	0,3	20	1095	21	3
	21,1	25,5	0	0	0	0	0,3	20	700	72	3
	20,1	21,8	0	0	0	0	0,3	20	1000	54	3
	20	25,4	0,2	0,1	0	0	1,2	31	984	71	42
	13,3	22,2	0,2	0,1	0	23,5	1,1	18	788	43	26
	15,2	26,4	0,3	0,1	0	22,9	0,8	20	834	53	31
	11,6	28,6	0,3	0,1	0	0,1	0,7	18,1	716,2	58,1	25,7
	20,1	31,9	0,2	0	0	0	1,4	36	1305	91	58
	15,2	43,9	0,3	0,1	0	0	1,3	23	1085	60	28
	20,1	32,4	0,3	0,1	0	0	1,4	28	1274	76	44
	12,2	25,1	0,3	0,1	0	0,1	0,8	19	752	51	27
	22,4	17,4	0,6	0	0,5	0	10,3	24	1560	53	28
	14,2	27,6	0,2	0,1	0	23,9	0,8	21	872	59	31
	13,4	31,6	0,2	0,1	0	22,5	0,8	19,9	822,7	67	29,2
	22,9	11,4	0,4	0,1	0,1	0,4	2,7	19	472,7	52	40,8
	14,2	25,3	0,2	0,1	0	21,6	0,8	19	789	50	28
	18,6	19,5	0,3	0,1	0	25,8	2	23	958	62	35
	21	9,8	0,3	0,1	0	26,3	1,3	27	987	81	45
	18,9	12,7	0,8	0,7	0,1	2,1	3,2	28	1069	88	47
	11,3	26,9	0,3	0	0	0,1	0,7	18	728	46	22
	15,7	31,4	0,6	0,2	0,1	0,1	17	14	649	33	5
	16,8	16,8	0,2	0,1	0	21,1	0,9	24	738	59	40

LEBENSMITTEL	KILOKALORIEN
(bezogen auf 100g)	(kcal)
Fische, gegart	96,1
Fischfilet, gebraten (R)	115,8
Fischfrikadelle (R)	106,3
Fischfrikasee (R)	138,5
Fischkonserve (R)	211,6
Fischstäbchen, frittiert (R)	187,4
Fischstäbchen, paniert, tiefgefroren	118,3
Flunder, frisch, gegart, Fischzuschnitt	111,9
Flußkrebs (Edelkrebs), gegart	92
Forelle, frisch, gegart, Fischzuschnitt	122,6
Forelle, geräuchert	120
Garnele, frisch	101,6
Hecht, frisch, gegart, Fischzuschnitt	93,5
Heilbutt, frisch, gegart, Fischzuschnitt	112,6
Hering, Konserve in Öl	335,1
Heringsfilet in Sahne-Meerrettichcreme	176,1
Heringsfilet in Tomatensoße	184,3
Heringsfische, Makrelen, Thunfische, gegart	137,4
Hummer, frisch, gegart	88,2
Jacobsmuschel	77
Kabeljau, tiefgefroren, gegart	89,6
Karpfen, frisch, gegart, Fischzuschnitt	122,4
Kaviar, echt	259,3
Kaviarersatz	101,8
Krabbe, klein (Shrimps), gegart	93,2
Krebstiere (Krustentiere), gegart	93,2
Lachs, frisch	130,7
Lachs, geräuchert	138,4
Lachsfische, gegart	98,2
Languste Konserve, abgetropft	100,9
Makrele, frisch, gegart, Fischzuschnitt	210,3
Makrele, Konserve in Öl	316,2
Matjeshering, gesalzen	282
Miesmuschel, frisch, gegart	68,8
Miesmuschel, Konserve in Öl	225,4
Renke, frisch, gegart, Fischzuschnitt	109,9
Rotbarsch, frisch, gegart, Fischzuschnitt	125,5
Sardelle, gesalzen	94,9
Sardine, gegart	138,4
Sardine, geräuchert	126

NÄHRSTOFFE					WIRKSTOFFE				RISIKO-SUBSTANZEN	
Proteine g	Fett g	Kohlenhydrate g	Ballaststoffe g	Zucker (Saccharose) g	Vitamin C mg	Eisen mg	Magnesium mg	Natrium mg	Cholesterin mg	Purin mg
21,3	1,1	0	0	0	0,7	0,5	28	98	85	63
16,2	5,4	0,6	0,3	0,1	1,4	0,4	29,8	376,5	56,7	34,8
17,2	2,2	4,2	0,4	0,2	0,9	0,7	24,3	497,4	105,9	46,2
12,6	7,9	4,2	0,5	0,4	3,4	0,5	22	753	53,1	36,2
15	16,5	1,2	0,3	0,7	2,1	1,4	25,7	351,3	52	68,7
12,3	10,1	11,9	0,8	0,4	0,6	0,4	20,1	225,5	73,6	31,8
13,5	1,2	13	0,8	0,4	0,7	0,5	22	248	61	35
19,2	3,8	0	0	0	0,6	0,6	26	104	60	46
19	1,1	1,3	0	0	1,9	1,5	25	52	146	20
23,8	2,9	0	0	0	2,7	0,7	26	58	69	115
21,8	3,6	0	0	0	2,4	0,7	26	67	59	105
20,3	1,7	0,9	0	0	2	1,7	37	148	152	22
21,4	0,7	0	0	0	2,8	0,6	27	69	87	54
23,3	2	0	0	0	0	0,6	30	96	38	66
14,3	31,3	0	0	0	0,4	0,9	27	854	72	55
10,7	14,1	1,8	0,6	1,1	2,3	0,8	20	454	53	39
14,9	13,1	1,8	0,5	1	3	1,1	28	107	72	58
20,9	5,9	0	0	0	1,4	1	32	83	52	73
19,1	0,9	0,5	0	0	1,9	1	24	269	100	40
11,1	0,9	5,9	0	0	0,6	7,5	50	205	150	110
20,3	0,8	0	0	0	1	0,4	35	88	60	43
21	4,2	0	0	0	0,7	0,7	51	29	83	62
26,1	15,5	4	0	0	14	1,4	3	1940	300	48
17,8	2,5	1,7	0	0	21,3	0,5	30	5263	332	33
18,9	1,5	0,8	0	0	1,2	1,8	67	146	145	50
18,9	1,5	0,8	0	0	1,2	1,8	67	146	145	50
18,4	6,3	0	0	0	0	1	29	51	35	57
19,5	6,7	0	0	0	0	0,9	29	53	37	60
21	1,5	0	0	0	2,2	0,9	24	56	88	105
20,3	1,5	1,3	0	0	1,2	1	19	963	138	20
21,5	13,9	0	0	0	0,3	1	32	105	88	55
14,9	28,9	0	0	0	0,2	0,8	26	836	59	38
18	23,6	0	0	0	0,3	1,4	47	2692	143	80
10	1,4	3,9	0	0	2	5,1	36	294	132	38
7,7	20,6	2,9	0	0	1,8	4	31	994	99	29
21	2,8	0	0	0	0,7	1,1	27	47	74	105
21,5	4,3	0	0	0	0,6	0,7	31	91	50	50
18,5	2,2	0	0	0	0,5	3,3	62	6451	13	102
22,3	5,4	0	0	0	0,3	2,4	26	113	18	132
20,5	4,8	0	0	0	0,3	2,3	25	106	16	122

LEBENSMITTEL	KILOKALORIEN
(bezogen auf 100g)	(kcal)
Sardine Konserve in Öl	266,3
Schellfisch, frisch, gegart, Fischzuschnitt	91,3
Schleie, frisch, gegart, Fischzuschnitt	89,4
Scholle, frisch, gegart, Fischzuschnitt	104,7
Schwarzer Heilbutt, geräuchert	185,9
Seeteufel, frisch	74,1
Seezunge, frisch, gegart, Fischzuschnitt	97,5
Sprotte, frisch	214,6
Sprotte, geräuchert	225,6
Steinbutt, frisch, gegart, Fischzuschnitt	97,5
Stockfisch, tiefgefroren	333,2
Thunfisch, frisch, gebraten, Fischzuschnitt	252,9
Thunfisch, Konserve in Öl	347,3
Tintenfisch, tiefgefroren, gegart	95,1
Wels, frisch, gegart, Fischzuschnitt	161,3
Zander, frisch, gegart, Fischzuschnitt	96,1
GEFLÜGEL & FLEISCH	
Baby-Pute, frisch	151,1
Brät, frisch	285,1
Brathähnchen, Brustfilet, frisch	101,8
Brathähnchen, Leber, gegart	146,7
Brathähnchen, Schenkel, frisch, gegart	214,4
Corned Beef, deutsch, Konserve	126,2
Eintopf mit Rindfleisch (R)	73,2
Ente Fleisch, (mf) frisch	225,6
Ferkel Fleisch, (mf) frisch	176,9
Fleisch, frisch	202,2
Fleisch, gegart	223
Frikadelle (R)	249,5
Gans, Fleisch mit Haut, frisch, gegart	279,2
Gans, Schenkel, frisch, gegart	186,2
Geflügelsalat (R)	141,3
Gulaschsuppe, Konserve	109,7
Hackbraten (R)	224,8
Hase, Fleisch (ma), frisch, gegart	152,7
Hauskaninchen, Fleisch, gegart	188,1
Hirsch Fleisch (mf), frisch, gegart	149,4
Hühnerfrikassee (R)	196,4
Irish Stew (R)	68,9
Kalb, Bries, gegart	104,7

NÄHRSTOFFE					WIRKSTOFFE				RISIKO-SUBSTANZEN	
Proteine g	Fett g	Kohlen-hydrate g	Ballast-stoffe g	Zucker (Saccha-rose) g	Vitamin C mg	Eisen mg	Magnesium mg	Natrium mg	Cholesterin mg	Purin mg
15,2	23,1	0	0	0	0,2	1,9	21	840	12	90
20,9	0,7	0	0	0	1,4	0,6	42	132	69	54
20,6	0,6	0	0	0	0,7	0,8	51	31	87	31
20,8	2,3	0	0	0	1,1	0,9	24	119	50	50
14	14,6	0	0	0	0,7	0,4	22	91	49	35
14,9	1,5	0	0	0	1	0,3	30	109	25	43
20,4	1,6	0	0	0	0	0,8	53	114	60	51
16,7	16,6	0	0	0	0,2	1,9	30	100	109	147
17,6	17,5	0	0	0	0,1	1,8	30	105	115	154
19,5	2,1	0	0	0	0	0,5	49	130	72	47
75,7	2,9	0	0	0	6,1	1,9	139	335	217	159
24,6	17,3	0	0	0	0,7	1	36	40	81	56
17,3	31,3	0	0	0	0,5	0,8	29	791	55	39
18,4	1,2	2,4	0	0	2,5	2,2	37	369	150	43
18,1	9,9	0	0	0	0,9	0,6	30	19	191	43
22,3	0,6	0	0	0	0,7	0,7	30	47	86	43
22,4	6,8	0	0	0	0	1,5	28	66	81	50
11,5	26,9	0	0	0	0	0,6	16	831	48	27
23,5	0,7	0	0	0	0	0,5	27	72	66	60
20,8	4,3	6	0	0	22	9,2	21	82	537	93
28,2	11,3	0	0	0	0	2	33	104	85	57
23,5	3,4	0,2	0	0	0	1,7	22	840	44	34
7,1	1,9	6,6	1,4	0,3	5,8	1	13,3	96,8	13,8	13,9
18,1	17,2	0	0	0	0	2,4	22	38	76	37
19,9	10,8	0	0	0	0	1,8	24	73	70	49
19,7	13,6	0,5	0	0	0	1,9	19	60	58	36
27,6	12,2	0,7	0	0	0	2,7	16	40	61	51
20,3	15,7	0,2	0	0	0	1,7	22	840	44	34
23,4	20,8	0	0	0	0	2,1	27	97	77	85
20,5	11,6	0	0	0	0	2	26	93	74	81
9,9	8,8	5,4	0,8	2,4	3,9	0,8	18,4	308,4	43,6	22,6
10,6	6,3	2,6	0,8	0,3	3,2	1,5	20	432	29	23
18,4	14,2	6	0,6	0,2	0,5	1,7	16,6	545	91,6	35,5
29,9	3,6	0	0	0	0	2,9	25	46	82	51
26,9	8,9	0	0	0	0	1,4	22	40	87	44
28,1	4	0	0	0	0	2,4	22	64	63	52
13,2	15	2,4	0,4	0,3	1,1	1	23,8	327,6	65,1	35,5
4,8	4	3,3	1,4	0,2	9,3	0,6	12,4	146,5	15,6	13,7
19	3,1	0	0	0	44,6	1,9	16	81	263	489

LEBENSMITTEL	KILOKALORIEN
(bezogen auf 100g)	(kcal)
Kalb Fleisch (ma), frisch gegart	137
Kalb Fleisch (mf), frisch gegart	152,5
Kalb Fleisch, gegart	152,5
Kalb Leber, gegart	146,5
Kalb Niere, gegart	116,4
Kalb Rücken (Kotelett) (mf), frisch, gegart	171,8
Kalb Vorderhaxe (mf), frisch, gegart	174,5
Kalb Zunge, gegart	173,5
Königsberger Klopse (R)	123,1
Lammkotelett, gebraten (R)	285,3
Lasagne mit Hackfleisch (R)	214,9
Ochsenschwanzsuppe, klar, Trockenprodukt	126,2
Pferd Fleisch, gegart	154,4
Pute Brust, frisch	106,6
Pute Fleisch mit Haut	216,3
Pute Fleisch mit Haut, frisch, gegart	253,3
Pute Schenkel, frisch, gegart	188,8
Putenschnitzel (R)	225,1
Ragout Fin, Konserve	133,1
Reh Fleisch (mf), frisch, gegart	160,1
Rind Filet (Lende) (ma), frisch, gegart	152
Rind Fleisch (fe), frisch, gegart	208,4
Rind Fleisch (ma), frisch, gegart	151,1
Rind Fleisch (mf), frisch, gegart	180,4
Rind Hackfleisch, gegart	223
Rind Herz, gegart	102,5
Rind Leber, gegart	147
Rind Magen/Kutteln, gegart	97,8
Rind Niere, gegart	101,6
Rind Zunge, gegart	187,9
Rind/Schwein Hackfleisch, gegart	239,2
Rindergulasch (R)	93,8
Rinderroulade (R)	152,5
Rumpsteak (R)	234,9
Schaf Bratenfleisch (mf), frisch, gegart	270,1
Schaf Fleisch (fe), frisch, gegart	307,1
Schaf Fleisch (ma,) frisch, gegart	180
Schaf Kotelett (mf), frisch, gegart	259,1
Schaschlikspieß (R)	98,9
Schlachtplatte (R)	170,1

NÄHRSTOFFE					WIRKSTOFFE				RISIKO-SUBSTANZEN	
Proteine g	Fett g	Kohlenhydrate g	Ballaststoffe g	Zucker (Saccharose) g	Vitamin C mg	Eisen mg	Magnesium mg	Natrium mg	Cholesterin mg	Purin mg
27,9	2,7	0	0	0	0	2	24	69	73	70
27,2	4,8	0	0	0	0	2	23	68	74	66
27,2	4,8	0	0	0	0	2	23	68	74	66
21,9	4	5,6	0	0	17,3	7,6	18	60	348	96
17,4	4,6	1,2	0	0	10,1	11,3	16	174	357	93
26,9	7	0	0	0	0	3	24	57	74	66
28	6,8	0	0	0	0	3,1	24	45	73	66
18,2	10,2	2,2	0	0	2,1	2,8	16	86	94	60
9	7,1	12,2	7,6	6,2	0	2	180	235	0	23
23,2	21,4	0,5	0	0,1	0,3	2,3	23,3	125,1	89,6	75,7
13,1	11,6	13,1	1	0,1	2,7	1	24,3	222,6	46,5	19,2
14,8	6,7	1,7	0,6	0,3	1,6	1,5	20	431	40	31
29,8	3,5	0,6	0	0	0	4,1	21	38	65	93
24,1	1	0	0	0	0	1	20	46	60	40
20,6	15	0	0	0	0	1,4	27	63	74	57
27	16,2	0	0	0	0	1,3	26	60	85	73
25,3	9,7	0	0	0	0	1,9	17	83	88	52
24	14,4	0	0	0	0	1,8	16,2	78,7	93,9	49,3
14,9	7,4	1,8	0	0	0,4	1,4	18	445	72	33
30,3	4,2	0	0	0	0	3,1	21	87	88	51
29,6	3,6	0	0	0	0	3,2	21	31	73	51
26,7	11,3	0	0	0	0	3,1	18	36	63	46
28,9	3,8	0	0	0	0	3,1	21	49	73	56
27,6	7,7	0	0	0	0	3,2	18	37	63	49
27,6	12,2	0,7	0	0	0	2,7	16	40	61	51
19,2	2,4	0,7	0	0	4,4	5	24	105	137	99
22,2	3,5	6,4	0	0	18	6,8	17	112	342	97
16,1	3,6	0	0	0	2,4	1,9	7	46	94	55
17,3	3	1,1	0	0	8,8	9,3	20	177	368	105
16,9	11,5	4,3	0	0	2,3	2,9	18	80	102	60
26,7	14,6	0,4	0	0	0	2,2	18	38	63	55
8	4,5	2,1	1	0,1	15,6	1,2	12,5	157,2	20,2	15,2
15,3	9,4	1,6	0,2	0,1	1,5	1,8	13,4	152,4	41,2	27,5
25,3	14,9	0	0	0	0	2,9	16,6	34,1	68,5	44,7
23,3	19,9	0	0	0	0	2,1	20	55	91	59
22,3	24,5	0	0	0	0	2	20	53	93	49
27	7,9	0	0	0	0	2,3	23	62	87	60
24,7	17,9	0	0	0	0	2,4	24	56	86	81
7,6	6,7	2,1	0,9	0,4	15	1,1	10,6	34,7	16,1	15
8	13,2	4,2	1,4	0,3	4,4	4,2	18,7	624,9	36,5	16,5

LEBENSMITTEL	KILOKALORIEN
(bezogen auf 100g)	(kcal)
Schwein Eisbein vorn (mf), frisch, gegart (gekocht)	208,7
Schwein Fleisch, fett (fe)	215,1
Schwein Fleisch, gegart	201
Schwein Fleisch, gepökelt, geräuchert	139,6
Schwein Fleisch, gepökelt, ungeräuchert	137,2
Schwein Fleisch, mager (ma)	135,8
Schwein Fleisch, mittelfett (mf)	176,9
Schwein Hackfleisch, gegart	263,9
Schwein Hackfleisch, gegart	263,9
Schwein Herz, gegart	108
Schwein Kotelett (mf), frisch, gegart	210,6
Schwein Leber, gegart	123,3
Schwein Lunge, gegart	101,6
Schwein Magen, gegart	152,2
Schwein Niere, gegart	114,7
Schwein Schnitzel	107,1
Schwein Speck, roh, geräuchert	320,3
Schwein Zunge, gegart	196,7
Schweinekotlett (R)	239,7
Schweineschnitzel, natur (R)	151,4
Schweineschnitzel, paniert (R)	174,3
Serbisches Reisfleisch (R)	87,9
Suppenhuhn, Fleisch mit Haut	256,7
Suppenhuhn, Schenkel, frisch, gegart	303,5
Tatar (Schabefleisch), frisch	113,5
Taube Fleisch mit Haut, frisch, gegart	245,2
Wachtel Fleisch mit Haut, frisch	175
Wiener Schnitzel (R)	178,9
Ziege Fleisch (mf), frisch, gegart	191,4
FETTE / ÖLE / ZUSATZSTOFFE	
Backpulver	155,6
Barbecue-Grillsoße	146,3
Bechamelsoße (R)	100,8
Bratensoße (Trockenpulver)	149,1
Bratensoße dunkel, Konserve	51,6
Bratensoße, flüssig (R)	14,9
Bratensoße mit Pilzen, Konserve	51,6
Bratfett (tierisches Fett)	878,1
Brühwürfel	149,1
Brühwürfel, fettreich	317,6

NÄHRSTOFFE					WIRKSTOFFE				RISIKO-SUBSTANZEN	
Proteine g	Fett g	Kohlenhydrate g	Ballaststoffe g	Zucker (Saccharose) g	Vitamin C mg	Eisen mg	Magnesium mg	Natrium mg	Cholesterin mg	Purin mg
28,9	10,3	0	0	0	0	2,1	16	40	77	57
19,1	15,5	0	0	0	0	1,6	52	58	60	43
28,7	9,6	0	0	0	0	2,5	23	55	86	70
17,3	7,4	0,9	0	0,9	0	1,6	30	2479	59	42
17,4	7,1	0,9	0	0,9	0	1,5	29	2373	57	43
21,2	5,6	0	0	0	0	1,1	25	75	70	50
19,9	10,8	0	0	0	0	1,8	24	73	70	49
25,3	18,2	0	0	0	0	1,3	20	32	67	61
25,3	18,2	0	0	0	0	1,3	20	32	67	61
18,6	3,4	0,5	0	0	4,2	4,2	20	78	128	70
28,7	10,6	0	0	0	0	2,3	52	45	74	65
21,3	3	2,6	0	0	18,2	15,4	21	75	331	96
19,2	2,7	0	0	0	10,4	4,9	13	147	314	168
18,3	8,8	0	0	0	3,5	2,1	6	52	190	59
18,2	4,2	1	0	0	11,2	9,8	17	169	358	130
22,2	1,9	0	0	0	0	1,7	21	72	70	53
16	28,9	0	0	0	0	1	21	51	60	32
16,1	14,6	0,6	0	0	3,4	3,3	18	94	96	53
25,7	13,6	3,8	0,3	0,2	0	2,1	46,7	228,8	90,5	56,7
20,5	6,2	3,2	0,2	0	0	1,6	20,8	357,2	72,2	48,4
19,1	8,3	5,8	0,4	0,3	0	1,5	19,8	345,3	96	43
6,1	4	6,6	1	0,1	14,6	0,8	13	126,8	14	15,5
19	20,3	0	0	0	0	1,4	30	100	94	53
25	22,8	0	0	0	0	1,3	29	96	106	81
21,4	3	0	0	0	0	2,2	22	66	58	43
21,6	17,8	0	0	0	0	2	40	90	101	70
22,4	9,5	0	0	0	0	4	31	46	44	50
19,1	8,7	5,9	0,4	0,3	0	1,5	20,8	611,2	83,1	44,3
27,1	9,2	0	0	0	0	1,8	18	44	87	60
0,5	0	37,8	0	0	0	0	9	11800	0	0
1,8	0,1	31,4	1,9	20,3	12	0,9	38	1240	0	18
2,4	7,4	6,3	0,3	0	0	0,3	8,7	2859,9	11,9	5,4
17	4	11	0	0	0	2	50	25000	0	46
3,5	1,8	5,2	0,5	0,2	1,7	0,6	8	397	10	8
1,7	0,4	1,1	0	0	0	0,2	5,9	2500,9	0	4,6
3,4	1,7	5,6	0,6	1,1	1,4	0,7	8	358	9	9
0	99,3	0	0	0	0	0	1	1	200	0
17	4	11	0	0	0	2	50	25000	0	46
13,1	26	8,5	0	0	0	1,5	39	19271	0	36

LEBENSMITTEL	KILOKALORIEN
(bezogen auf 100g)	(kcal)
Butter	741,2
Butter halbfett - Milchhalbfett	382,6
Butterschmalz	881
Distelöl (Safloröl)	880
Erdnussbutter/-mus	597,8
Erdnussöl	879,8
Essig	18,9
Essigmarinade (R)	509,9
Fleischbrühe (R)	28,9
Fritierfett (überwiegend pflanzliches Fett)	884,1
Gelatine	343
Gemüsebrühe (R)	15,2
Grundsoße mit Senf (R)	53,1
Grundsoße, weiß (R)	49,7
Hefe	288
Kochsalzersatz und Gewürze natriumarm/mineralstoffreich	0
Kokosfett, gehärtet	878,8
Kräutersalz	21,5
Lebertran	882,6
Maggi	224,4
Maiskeimöl	883,4
Margarine, halbfett, Linolsäure 30-50%	361,9
Margarine, Linolsäure >50%	709,1
Margarine, pflanzlich, Linolsäure 30-50%	709,8
Margarine zum Kochen	709,8
Mayonnaise (R)	790,3
Mayonnaise, 80% Fett	743,8
Olivenöl	881,7
Orangeat	309,3
Palmkernfett	878,1
Pflanzliche Öle, Linolsäure 30% - 60%	882,6
Pudding-/Soßenpulver/Cremespeisenpulver	382,4
Rindertalg	861,1
Rüböl (Rapsöl)	875,5
Salatmayonnaise, 50% Fett	482,3
Schaschlik-Grillsoße	74,6
Schweineschmalz/-fett	882,2
Senf	86,3
Sesamöl	880,7

NÄHRSTOFFE					WIRKSTOFFE				RISIKO-SUBSTANZEN	
Proteine g	Fett g	Kohlen-hydrate g	Ballast-stoffe g	Zucker (Saccha-rose) g	Vitamin C mg	Eisen mg	Magnesium mg	Natrium mg	Cholesterin mg	Purin mg
0,7	83,2	0,6	0	0	0,2	0,1	3	5	240	0
4	39,8	3,5	0	0	0	0	14	80	140	0
0,3	99,5	0	0	0	0	0,2	1	2	340	0
0	99,5	0	0	0	0	0	0	0	0	0
26,1	50	12,2	7,6	6,2	0	2	180	235	0	23
0	99,4	0,2	0	0,1	0	0,1	1	1	1	0
0,4	0	0,6	0	0	0	0,5	22	20	0	0
0,2	56,8	0,2	0	0	0	0,2	15	1975,3	0,6	0
1,2	2,4	0,8	0	0	0	0,2	4,5	1752,8	0	3,3
0	100	0	0	0	0	0	0	0	30	0
84,4	0	0	0	0	0	0,1	11	50	0	5
1,6	0,4	1,3	0,3	0,1	2,7	0,3	6,4	2085,4	0	5,5
1,3	3,9	3,3	0,2	0,3	0	0,3	12	694,7	9,7	2,4
0,8	3,8	3	0,2	0	0	0,1	3,1	638,1	10,7	1,7
35,6	1,5	32	21	0,6	0	20	230	50	0	400
0	0	0	0	0	0	0	0	40	0	0
0,8	99	0	0	0	0	0	0	2	1	0
1,2	0,2	3,6	1,7	0,7	2,3	0,8	121	35100	0	0
0	99,8	0	0	0	0	0,1	0	0	850	0
25	7	15	0	0	0	20	10	20	0	46
0	99,9	0	0	0	0	1,3	0	1	1	0
1,6	40	0,4	0	0	0	0	1	390	4	0
0,2	80	0,2	0	0	0,2	0,1	2	39	1	0
0,2	80	0,4	0	0	0,1	0,1	13	101	7	0
0,2	80	0,4	0	0	0,1	0,1	13	101	7	0
2	88,3	0,3	0	0,2	0,4	0,9	5,2	663	160,3	0,3
1,5	82,5	2	0	0	0	0,6	5	481	237	0
0	99,6	0,2	0	0	0	0,1	0	1	1	0
0,4	0,3	74,3	2,3	66,9	4	0,3	7	1	0	8
0	99,3	0	0	0	0	0	0	0	2	0
0	99,8	0	0	0	0	0	1	1	1	0
0,6	0,7	92	0,5	0	0	1,4	7	320	0	0
0,8	97	0	0	0	1	0,3	3	11	100	0
0	99	0	0	0	0	0,1	1	1	2	0
0,5	52	5	0	0	0	0,3	2	750	52	4
2,9	2,2	10,1	2,8	1,2	15,8	2,3	45	82	0	14
0,1	99,7	0	0	0	0	0,1	1	1	86	0
6	4	6	1	2,9	0	2	100	1250	0	10
0,2	99,5	0	0	0	0	0,1	0	2	1	0

LEBENSMITTEL	KILOKALORIEN
(bezogen auf 100g)	(kcal)
Sojaöl	871,9
Sojasoße, Fertigprodukt	70,3
Sonnenblumenöl	882,6
Soße, holländisch (R)	359,9
Speisesalz	0
Stärke	351,1
Tomatenketchup	109,9
Tomatenmark	73,9
Tomatensoße (R)	78,5
Tortengußpulver	351,3
Traubenkernöl	880
Walnussöl	880
Weizenkeimöl	880
Würzsoßen und andere Würzmittel	52,3
Zaziki (R)	57,9
Zitronat (Sukkade)	292,5
FAST FOOD	
Cheeseburger (R)	279,2
Hamburger (R)	223,5
Kebab, Gyros (R)	226,5
Pizza (R)	291,5
GETREIDE & BACKWAREN	
Apfelstrudel	165,2
Baguette	248,1
Baiser	364,2
Baumkuchen	426,9
Berliner (Pfannkuchen) aus Hefeteig fettarm	322,7
Bienenstich aus Hefeteig, fettreich	300,4
Biskuit-Obsttorte	157,5
Biskuitrolle	272,9
Blätterteig	417,8
Brandteig	201,5
Brot dunkel mit Johannisbrotkernmehl, eiweißarm, glutenfrei	222
Brötchen	248,1
Brötchen, belegt (R)	327,2
Brötchen mit Ölsamen	263,9
Brötchen-Roggenbrötchen	223
Buchweizen	340,6
Buntes Plundergebäck	309,3
Buttercremetorte aus Biskuitmasse	316,2

NÄHRSTOFFE					WIRKSTOFFE				RISIKO-SUBSTANZEN	
Proteine	Fett	Kohlen-hydrate	Ballast-stoffe	Zucker (Saccha-rose)	Vitamin C	Eisen	Magnesium	Natrium	Cholesterin	Purin
g	g	g	g	g	mg	mg	mg	mg	mg	mg
0	98,6	0	0	0	0	0	0	0	2	0
8,7	0	8,3	0	0	0	2,7	43	5720	0	14
0	99,8	0	0	0	0	0	1	1	1	0
1,7	38,1	4	0,2	0	0,1	0,2	7,2	1962,2	104,3	3,2
0	0	0	0	0	0	0,1	120	38850	0	0
0,4	0,1	85,8	1	0	0	0,5	2	3	0	0
2,1	0,3	24	0,9	1	2	1,2	19	1120	0	26
4,5	0,2	12,9	2,8	0,5	38	1,6	48	240	0	30
2	4,5	6,9	1,1	0,2	17,5	0,8	23,7	494,8	0	8
0,3	0,1	86	1,7	0	0	0,5	1	3	0	0
0	99,5	0	0	0	0	0	0	0	0	0
0	99,5	0	0	0	0	0	0	0	1	0
0	99,5	0	0	0	0	0,1	1	1	0	0
1,1	0,3	7,5	5,3	0,9	34,9	1	15	3	0	5
4,2	2,8	3,5	0,3	0,1	3,1	0,2	10,8	34,5	10	1,1
0,4	0,4	70	2	63	4	0,3	5	2	0	3
19,2	14,2	18,4	1,1	0,3	0	1,3	24,8	366,5	39	24
20,7	8,6	15,7	1	0,3	0,4	2,2	17,3	162,3	40,7	38,6
18	7,9	20,6	1,3	0,4	0	2,1	20,6	210	42,6	43,1
11	11,8	34,3	2,4	0,4	34,7	2,6	54,2	478,6	12,8	28,7
2,2	5,6	26	2,5	6,5	1,8	0,6	14	27	0	7
7,4	1,4	50,7	3,2	0,9	0	1,3	21	451	0	15
5,6	0,1	83,9	0	83,5	0,1	0,3	7	86	0	0
4,1	22,4	51,9	0,8	34,2	0,5	1	13	52	146	1
8,4	12,8	43,1	2,2	4,2	0,2	1,3	16	246	104	9
5,7	16,2	33	2,1	13,1	0,5	0,9	28	48	52	5
4	1,9	30,6	2,1	16,7	3,7	0,9	11	80	59	6
4	2,6	57,6	0,8	42,6	0,9	0,9	6	74	84	3
4	32,4	28,3	1,5	0,9	0,1	0,6	10	451	92	5
6,4	12,6	15,7	0,8	0,1	0,4	0,9	10	52	140	3
-	1.2	51	1.1	1.6	0	0.5	8	837	0	1
7,4	1,4	50,7	3,2	0,9	0	1,3	21	451	0	15
12,2	21,3	21,8	1,4	0,4	6,2	0,9	21,6	533,5	48,4	15
8,2	3,6	48,8	3,3	0,9	0	1,6	39	429	0	16
6,4	1	46,3	6	0,7	0	2,2	50	452	0	19
9,1	1,7	71	3,7	0,3	0	3,2	85	2	0	50
4,7	14,4	40	1,2	14	0,5	0,7	11	53	58	5
4,1	19,4	31,4	1,2	15,7	0,4	0,8	19	120	95	2

LEBENSMITTEL	KILOKALORIEN
(bezogen auf 100g)	(kcal)
Butterkeks	479,9
Cannelloni (R)	157,5
Cornflakes	355,6
Cremetorte	316,2
Croissant aus Blätterteig	508,1
Dampfnudeln (R)	277
Diabetikerbackwaren	351,8
Diabetikergebäck	414,4
Donau-Wellen aus Rührmasse	312,6
Dresdner Stollen aus Hefeteig, fettreich	408,5
Eclairs mit Sahne gefüllt aus Brandmasse	294,2
Eierpfannkuchen (R)	170,2
Eierteigwaren	352,3
Eierteigwaren, gegart	126
Erdnussflips	529,6
Fettgebackenes aus Hefeteig, fettarm	322,7
Fladenbrote	235,4
Frankfurter Kranz aus Sandmasse	363,5
Früchte-Müsli	340,1
Gefüllter aufgeschnittener Kranz aus Hefeteig, fettarm	359,5
Gerste Perlgraupen	339,6
Gerste Vollkorn	319,8
Getreideflocken	370
Grahambrot	212,5
Graubrot-Mehrkornbrot	218,7
Graubrot-Weizenmischbrot	219,2
Graubrot-Weizentoastbrot mit Schrotanteilen	254,1
Grünkern Vollkorn	324,6
Hafer Flocken	370
Hafer ganzes Korn	353,3
Hefeextrakt (Hefeaufstrichpaste)	313,1
Hefeteig	302,1
Hefezopf aus Hefeteig, fettarm	301,9
Hirse Flocken	354
Hirse ganzes Korn	330,8
Hirse Korn, geschält	354
Hirsebrot, glutenfrei	253,1
Honigkuchen	304,7
Käsekuchen aus Mürbeteig	276,3
Käsesahnetorte	208,9

NÄHRSTOFFE					WIRKSTOFFE				RISIKO-SUBSTANZEN	
Proteine g	Fett g	Kohlenhydrate g	Ballaststoffe g	Zucker (Saccharose) g	Vitamin C mg	Eisen mg	Magnesium mg	Natrium mg	Cholesterin mg	Purin mg
10	21,2	61,8	2,7	0,9	1,1	1,6	43	266	62	9
10,5	6,3	14,5	1,6	0,2	4,7	1,4	24,6	341,4	35,3	20,8
7,2	0,6	79,1	4	2,4	0	2	14	938	0	27
4,1	19,4	31,4	1,2	15,7	0,4	0,8	19	120	95	2
7,1	33,6	44,9	2,5	3,5	0,3	1	16	371	26	14
6,9	8	43,8	2,2	12,2	0,3	1,3	19,1	22,8	45,7	16,5
20,8	9	46,1	12,5	0,6	0	6,2	178	226	0	45
10,4	21,7	44,4	9,3	0,8	0	5,6	173	134	0	33
4,2	19,1	30,7	1,8	17,4	0,6	1	22	75	87	4
5,7	21,8	46,7	3,4	9,2	0,4	1	24	11	54	18
6,6	21,7	18,5	1,4	5,1	0,3	1,2	23	92	145	3
7,2	10,1	12,7	0,6	0	0,4	0,8	14,5	951,5	148,2	2,6
12,3	2,8	68,3	5	0,3	0	1,6	67	17	94	20
4,4	1	24,4	1,9	0,1	0	0,5	21	3	34	7
9,7	34,7	45,2	4,9	1,4	0	0,9	43	770	0	10
8,4	12,8	43,1	2,2	4,2	0,2	1,3	16	246	104	9
7,1	1,3	48,1	3	0,9	0	1,3	20	428	0	14
4,9	24	32,1	1,5	19,5	0,5	0,9	24	92	105	2
9,9	6	60,3	8,5	3,7	2,9	3,3	110	44	0	32
5,7	13,6	52,5	2,8	17,3	0,3	0,9	21	32	48	12
9,6	1,4	71	4,6	1,2	0	2	65	5	0	33
9,8	2,1	64,3	9,8	1,1	0	2,8	114	18	0	36
12,5	7	63,3	5,4	0,9	0	4,6	139	7	0	33
7,7	1,5	41,4	6,4	0,4	0	2,7	91	424	0	21
5,9	1	45,7	4,8	0,6	0	1,8	44	396	0	15
7,1	0,8	44,9	4,2	0,5	0	1,7	40	421	0	16
9,1	4	44,7	5	1,6	0,1	3,5	54	433	0	24
10,8	2,7	63,3	8,8	0,6	0	4,2	130	3	0	42
12,5	7	63,3	5,4	0,9	0	4,6	139	7	0	33
11,7	7,1	59,8	5,6	0,9	0	5,8	129	8	0	34
3,3	32,7	2,5	1,4	0	0,2	1,1	15	315	1	40
7,3	10,7	43,7	2,3	6,3	0,4	1,1	17	323	58	14
7,5	9,1	46,6	2,6	5,4	0,2	1,1	16	69	84	12
9,8	3,9	68,8	3,8	1,4	0	9	170	3	0	28
9,6	3,6	64	13	1,3	0	9	170	3	0	22
9,8	3,9	68,8	3,8	1,4	0	9	170	3	0	28
4,4	2,2	53,1	5,2	0,5	0	2,3	54	324	0	13
4,3	1,3	67,3	1,8	28,8	0,4	1,3	15	106	2	5
8,8	14,1	27,9	0,9	10,6	0,3	0,9	12	48	118	4
5,9	6,2	31,4	0,2	24,3	0,6	0,6	10	50	94	1

LEBENSMITTEL	KILOKALORIEN
(bezogen auf 100g)	(kcal)
Kastanienbrot, glutenfrei	177,6
Kleinteile aus besonderen Teigen	479,9
Knabbergebäck	347
Knäckebrot	359,5
Kokosmakronen	438,8
Kräcker	376,2
Krapfen Beignets (R)	417
Kuchen	376,7
Kuchen aus Hefeteig, fettarm mit Streusel	301,9
Kuchen aus Hefeteig, fettarm mit Streuselmutz	301,9
Kuchen aus Rührmasse	360,9
Laugengebäck	340,1
Lebkuchenteigbackwaren	412,8
Linzertorte	417,5
Löffelbiskuit aus Biskuitmasse	414,4
Mais Grieß	345,1
Mais Stärke	351,1
Mais Vollkorn	331
Makkaroni mit Tomatensoße (R)	153,3
Marmorkuchen aus Rührmasse	391,5
Marzipanstollen aus Hefeteig, fettreich	389,1
Maultaschen (R)	262,1
Maultaschen in der Brühe (R)	137,3
Mehl	336,8
Mehlmischung für Brot, glutenfrei	349,2
Mehrkornflocken mit Zucker/Honig geröstet	315,5
Mohnkranz aus Hefeteig, fettreich	334,6
Mürbeteig	479,7
Müsli	351,6
Müsli mit Milch/Zucker/Obst (R)	124,3
Napfkuchen (Gugelhupf) aus Hefeteig, fettreich	349,7
Nasi Goreng (R)	120,9
Nudelgericht mit Gemüse (R)	83,9
Nudelgerichte mit Fleisch (R)	187,8
Nudelgerichte mit Gemüse (R)	120,4
Nudeln, Spätzle (R)	126
Nudelsalat mit Mayonaise (R)	205
Nudelsuppe (R)	32,9
Nusshörnchen aus Hefeteig, fettreich	390,1
Nusskranz aus Hefeteig, fettreich	364

NÄHRSTOFFE					WIRKSTOFFE				RISIKO-SUBSTANZEN	
Proteine g	Fett g	Kohlenhydrate g	Ballaststoffe g	Zucker (Saccharose) g	Vitamin C mg	Eisen mg	Magnesium mg	Natrium mg	Cholesterin mg	Purin mg
1,4	0,8	40,6	1,7	1,8	2,6	0,6	11	208	0	3
10	21,2	61,8	2,7	0,9	1,1	1,6	43	266	62	9
9	0,5	75,3	0,7	0,3	0	0,7	0	1790	0	33
10,8	2	73,4	4,6	1,3	0	1,9	31	653	0	21
5,4	26,5	44,6	8,3	44,1	0,6	1,7	41	57	0	0
10,3	3,3	75	4,5	0,3	0	1,6	15	977	0	14
7,7	23,2	44,5	2,5	0,2	0	1,2	16,3	29,4	61,6	8,4
5,9	14,9	54,4	2,2	16,1	0,2	0,9	13	10	42	8
7,5	9,1	46,6	2,6	5,4	0,2	1,1	16	69	84	12
7,5	9,1	46,6	2,6	5,4	0,2	1,1	16	69	84	12
6,3	15,8	47,3	2,5	15,8	0,3	1	19	168	95	10
9,4	2,6	68,5	4,1	0,3	0	1,5	14	1184	0	13
8,8	19,8	49,4	5,2	47,3	7,3	2,3	76	43	77	6
7,5	23,6	43,7	3,7	25,2	0,3	1,5	45	70	97	6
12,2	8,3	71,8	1,4	34,4	0	2,1	15	314	281	5
8,8	1,1	73,8	5	1,3	0	1	20	1	0	10
0,4	0,1	85,8	1	0	0	0,5	2	3	0	0
8,5	3,8	64,7	9,2	1,2	0	1,5	120	6	0	20
3,7	7,1	18,6	1,4	0,1	2,5	0,4	17,6	24,2	33,7	6,4
6,2	21,7	42,9	1,6	22,4	0,1	1,2	15	141	141	4
5,9	18,7	47,3	4,1	17,5	0,4	1,2	39	27	45	13
12,5	11,9	26	1,6	0,2	0,3	1,4	14,3	23,9	99,1	19,3
9,4	5,9	11,6	0,8	0,1	2,2	1	10,8	243,2	73,8	14,5
9,8	1	70,9	4	0,3	0	1,5	20	2	0	13
2	0,6	82,7	2	0,3	0	0,9	11	3	0	2
9,5	1,7	64,4	9,9	1	0,2	3,4	103	7	0	27
7,4	13,9	43,3	4,3	23,1	0,2	2	59	54	32	16
5,1	27,5	53,1	2	17,6	0,1	0,8	11	41	78	7
10,4	7,3	60	8,1	3,3	1,7	3,3	109	100	0	35
3,3	2,6	21,4	1,2	9,9	7,1	0,7	25,7	27,4	6,8	5,3
6,4	16,8	42,5	2,8	11,9	0,3	1,1	25	55	46	13
8	6,9	6,7	2,2	0,4	9,6	1,2	21,3	464,7	31	25,2
2,5	3,7	9,9	2,3	0,4	15,7	0,7	15,9	506,1	20,9	6,4
9,4	9,1	17	1,3	0,1	0	0,9	20,2	462,6	43,3	16,6
3,3	5,9	13,5	2,6	0,7	15	0,7	19,7	548,8	23,6	12,4
4,4	1	24,4	1,9	0,1	0	0,5	21	3	34	7
6,9	14,4	11,9	1,1	0,9	9,2	0,6	21,1	642,5	44,7	8,8
1,2	1,2	4,2	0,3	0	0	0,1	5,7	772,1	5,4	2,6
6,8	22,7	39,8	2,4	14,5	0,3	1,3	29	64	53	12
5,9	15,7	49,5	2,3	29,3	0,4	1,2	32	39	20	10

LEBENSMITTEL (bezogen auf 100g)	KILOKALORIEN (kcal)
Nusskuchen	456
Obstkuchen (allgemein)	229,2
Obstkuchen aus Hefeteig, fettarm	144,4
Obstkuchen aus Mürbeteig, fettreich	229,2
Obstkuchen aus Rührmasse	213,9
Obstkuchen Fertigmischung	518,6
Obstkuchen mit Steinobst	278,9
Obstpie mit Teigboden und -deckel aus Mürbeteig	424,2
Paella (R)	82,2
Paniermehl	358,3
Pfeffernüsse	395,8
Plätzchen aus Mürbeteig	489,5
Plätzchen, eiweißarm, glutenfrei, natriumarm	235,4
Plätzchen Kekse	498,6
Printen	465,6
Puffmais	369
Puffreis	390,1
Puffreis mit Zucker/Honig, geröstet	383,6
Pumpernickel	187,9
Quarkstrudel	223,9
Ravioli mit Tomatensoße (R)	177,9
Reis, geschält	348,9
Reis, geschält, gegart	93
Reis, parboiled	351,3
Reis, parboiled, gegart	107,8
Reis, ungeschält	349,7
Reis, ungeschält, gegart	112,1
Reiscrispies	377,6
Reissalat (R)	132
Roggen Mehl Type 1150	318,4
Roggen, Vollkorn	294,2
Roggen, Vollkornmehl	294,2
Sachertorte	337,7
Salzgebäck	347
Salzstangen	347
Sandkuchen	440,2
Schnecken aus Hefeteig, fettarm	335,6
Schoko-Müsli	390,1
Schupfnudeln (R)	145,8
Schwarzwälder Kirschtorte	247,1

NÄHRSTOFFE					WIRKSTOFFE				RISIKO-SUBSTANZEN	
Proteine g	Fett g	Kohlenhydrate g	Ballaststoffe g	Zucker (Saccharose) g	Vitamin C mg	Eisen mg	Magnesium mg	Natrium mg	Cholesterin mg	Purin mg
8,8	31,6	34,7	4,1	19,4	0,1	1,7	54	32	130	6
2,8	8,9	34,2	2,1	14,5	1,5	0,7	12	49	17	6
2,8	3,4	25	2,1	4,6	1,8	0,7	10	12	19	9
2,8	8,9	34,2	2,1	14,5	1,5	0,7	12	49	17	6
3,4	9,5	28,4	1,6	12,6	1,4	0,8	8	88	74	5
7,2	32,7	49,3	0,2	0,2	0	0,5	10	690	0	10
3,5	16,8	28,5	1,8	11,1	2,6	0,7	12	26	39	5
4	23,6	48,7	2,8	14	1,7	0,9	13	6	66	10
5,3	2,5	8,8	1,5	0,4	19,2	1,2	20	281,6	24,3	15,5
10,1	2,1	73,5	5,3	4,4	0	1,2	23	400	0	20
7,2	5,2	78,7	3	21,1	0,6	1,8	28	75	46	8
7,8	25,6	56,8	3,3	23,9	0,3	1,7	33	84	97	8
0,3	0,3	56,9	1,2	0	0	0	3	175	0	0
6,2	25,6	59,6	1,9	25,5	0	1,1	11	82	127	6
8,1	21,3	60,2	5,5	26,7	0,7	2,6	77	174	14	8
12,7	5	67,2	10	1,2	0	1,7	81	3	0	20
7,5	2,3	83,5	2	0,1	0	1,1	25	3	0	32
6,8	2,1	83	1,8	0,3	0,2	1,1	23	3	0	29
6,5	1	37,6	8,7	0,6	0	2,7	56	430	0	19
9,5	8	27,9	1,2	5,8	0,2	0,9	13	105	49	5
8,2	7,4	19,2	1,7	0,2	5,5	1,5	19,5	228,5	45	15,1
6,8	0,6	77,7	1,4	0,1	0	0,6	64	6	0	29
2	0,2	20,5	0,4	0	0	0,2	21	2	0	10
6,5	0,5	78,9	1,4	0,1	0	2,9	28	6	0	28
2,2	0,2	24	0,5	0	0	1,1	11	2	0	11
7,2	2,2	74,1	2,2	0,1	0	2,6	157	10	0	45
2,6	0,8	23,3	0,8	0	0	1	62	4	0	18
6,1	0,9	84,9	2	7,5	0	0,9	30	1061	0	26
4,6	7,4	11,5	0,7	0,5	4,2	0,5	19,7	576,8	8,2	16,3
8,3	1,3	67,2	8,6	1	0	2,6	67	1	0	22
9	1,7	59,7	14	0,9	0	4,9	120	4	0	23
9	1,7	59,7	14	0,9	0	4,9	120	4	0	23
5,8	14,5	45,7	1,8	32	0	1,5	23	101	145	3
9	0,5	75,3	0,7	0,3	0	0,7	0	1790	0	33
9	0,5	75,3	0,7	0,3	0	0,7	0	1790	0	33
5,3	26,8	44,6	0,7	24,4	0	1	14	58	151	4
5,8	8,1	58,7	2,7	23,7	0,2	1	18	33	29	15
9,8	11,8	60,4	6,8	12,6	0,7	3,2	104	61	2	29
3,8	2,1	27,3	2	0,2	3,9	0,6	14,7	626,5	0,2	5,8
3,9	16,1	21,4	0,9	8,7	0,8	0,7	13	51	88	4

LEBENSMITTEL	KILOKALORIEN
(bezogen auf 100g)	(kcal)
Spekulatius aus Mürbeteig	489,5
Teigwaren (allgemein) Schnitt-/Bandnudeln	352,3
Teigwaren, eifrei, gegart	149,6
Teigwaren ohne Ei	347,8
Toast Hawai (R)	191,5
Toast mit Käse und Schinken (R)	280,8
Torten	247,1
Vollkornbrot	187,9
Vollkornbrot mit Ölsamen	203,9
Vollkornbrötchen	221,8
Vollkornkeks	471,1
Vollkornteigwaren, gegart	138,9
Vollkornteigwaren, gegart	138,9
Vollkornteigwaren ohne Ei	322,9
Vollkornzwieback für Diabetiker	351,8
Waffel-Maisbrot, glutenfrei	335,3
Waffeln	554
Waffeln, eiweißarm, glutenfrei	370,2
Weißbrot-Toastbrot	253,3
Weißbrot-Weizenbrot	235,4
Weizen Grieß	325,8
Weizen Keim	313,8
Weizen Kleie	172,3
Weizen Mehl Type 1050	334,1
Weizen Mehl Type 405	336,8
Weizen Mehl Type 550	337,5
Weizen, Vollkorn	313,1
Weizen, Vollkornmehl	309
Windbeutel aus Brandmasse mit Sahne und Kirschen gefüllt	315,2
Zwieback	365,4
Zwieback, glutenfrei	435,5
Zwiebelkuchen	171,1
NÜSSE & HÜLSENFRÜCHTE	
Bohne weiß, frisch, gegart	111,9
Bohnen weiß, reif, Konserve, gegart, abgetropft	60,2
Cashewnuss, geröstet	594,6
Edelkastanien (Marone), frisch, gegart	168,5
Edelkastanien (Maronen), geröstet	239
Erbsen, reif, frisch, gegart	145,3

NÄHRSTOFFE					WIRKSTOFFE				RISIKO-SUBSTANZEN	
Proteine g	Fett g	Kohlen-hydrate g	Ballast-stoffe g	Zucker (Saccha-rose) g	Vitamin C mg	Eisen mg	Magnesium mg	Natrium mg	Cholesterin mg	Purin mg
7,8	25,6	56,8	3,3	23,9	0,3	1,7	33	84	97	8
12,3	2,8	68,3	5	0,3	0	1,6	67	17	94	20
5,4	0,5	30,3	2,3	0,1	0	0,5	22	1	0	9
12,5	1,2	70,4	5,1	0,3	0	1,5	56	5	0	20
12,3	8,7	15,5	0,9	6,1	1,4	0,7	21,2	467,7	27	16,6
16,3	18,5	12,3	0,7	0,7	0	0,7	21,8	623,2	56	19,7
3,9	16,1	21,4	0,9	8,7	0,8	0,7	13	51	88	4
6,5	1	37,6	8,7	0,6	0	2,7	56	430	0	19
7,1	2,9	36,5	8,6	0,6	0	2,8	70	412	0	20
8	1,5	43,3	6,6	0,4	0	2,7	95	541	0	21
11,5	24,2	51,8	8,5	0,6	0,5	4,3	86	333	0	18
5,8	1,1	26,1	5,2	0,3	0	1,3	46	1	0	11
5,8	1,1	26,1	5,2	0,3	0	1,3	46	1	0	11
13,4	2,5	60,6	11,5	0,6	0	3,9	120	5	0	27
20,8	9	46,1	12,5	0,6	0	6,2	178	226	0	45
4,4	3,5	70,5	2,5	0,7	0	1,4	27	455	0	5
6,2	40,7	41,6	0,8	14,2	0,3	1,2	11	137	240	2
0,4	3,4	83,3	1,3	0,3	0	0,5	2	3	0	0
7,4	3,3	47,7	2,9	1,5	0,1	1,2	13	435	0	16
7,1	1,3	48,1	3	0,9	0	1,3	20	428	0	14
9,6	0,8	68,9	7,1	0,7	0	1	30	1	0	27
26,6	9,2	30,6	17,6	9,2	0	7,9	250	5	0	281
14,9	4,7	17,5	45,4	1,9	0	12,9	590	28	0	47
11,2	1,8	67,2	5,2	0,5	0	2,9	53	2	0	15
9,8	1	70,9	4	0,3	0	1,5	20	2	0	13
9,8	1,1	70,8	4,1	0,3	0	1,5	10	3	0	13
11,7	2	61	10,3	0,6	0	3,3	128	8	0	30
11,4	2,4	59,5	10	0,6	0	3,4	124	3	0	27
8	19,6	26,7	1	8,2	1,3	1,3	15	102	183	5
9,2	4,3	71,4	5,2	0,3	0	1,5	16	263	0	20
7,7	16,1	64,4	2,1	20,1	0	2	34	309	58	15
6,6	7,8	18,4	1,4	4,6	1,9	1	15	130	90	10
9,1	0,7	16,9	7,5	0,5	0,6	2,5	56	1	0	26
4,9	0,4	9,1	4	0,3	0,1	1,3	32	140	0	14
16,1	48,2	25,3	3,2	11,4	0	4,1	255	17	0	0
2,4	1,8	35	8,4	10,5	14,6	0,9	26	2	0	0
2,3	10,8	33	7,7	9,9	12,4	0,9	36	4	0	0
12	0,8	22	9	0,9	0,5	2,5	58	11	0	29

LEBENSMITTEL	KILOKALORIEN
(bezogen auf 100g)	(kcal)
Erdnuss, geröstet	579,3
Getreidesprossen (Getreide gekeimt)	69,6
Haselnuss, frisch	636,2
Hülsenfrüchte, reif	277,7
Hülsenfruchtgerichte, Konservensuppen	60,9
Kokosmilch	24,4
Kokosnuss Raspeln	610,7
Kürbiskern, frisch	560,2
Leinsamen, frisch	372,4
Luzernensprossen (Alfalfa)	32
Mandel, süß, frisch	569,6
Mohn, frisch	472,3
Mungobohnensprossen	23,7
Nüsse, frisch	561,7
Oliven grün, gesäuert	143,4
Oliven schwarz, gesäuert	353,3
Paranuss, frisch	660,4
Pinienkern, frisch	575,5
Pistazie geröstet und gesalzen	615
Sesam, frisch	559
Sonnenblumenkern, frisch	574,8
Studentenfutter mit Erdnüssen	483,5
Walnuss, europäisch	654,4
OBST	
Ananas, frisch	58,8
Ananas, Konserve, abgetropft	87,2
Apfel, frisch	51,9
Apfel, frisch, gegart	54,5
Apfel, frisch mit Küchenabfall	47,8
Apfel, geschält, frisch	55,7
Apfel, geschält, Konserve, abgetropft	85,6
Apfel, getrocknet	278,4
Apfelmus (R)	102,4
Aprikose, frisch	42,3
Aprikose, frisch, gegart	44,5
Aprikose Fruchtnektar	58,3
Aprikose, getrocknet	249,5
Aprikose Konfitüre	271,7
Aprikose, Konserve, abgetropft	78,4
Avocado, frisch	217,3

NÄHRSTOFFE					WIRKSTOFFE				RISIKO-SUBSTANZEN	
Proteine g	Fett g	Kohlen-hydrate g	Ballast-stoffe g	Zucker (Saccha-rose) g	Vitamin C mg	Eisen mg	Magnesium mg	Natrium mg	Cholesterin mg	Purin mg
25,6	49,4	9,4	11,4	3,8	0	2,3	182	11	0	24
3,2	0,4	13	2,5	0,6	0	0,8	50	1	0	5
12	61,6	10,5	8,2	6,3	3	3,8	155	2	0	13
22,9	1,4	41,8	16,6	1,7	1,6	5	116	26	0	56
3,3	2,6	5,9	3,3	0,4	10	1,1	24	173	3	11
0,3	0,4	4,9	0	4,8	2	0,1	30	47	0	0
6,2	63,3	6,4	20	6,2	1	3,5	90	33	0	0
24,4	45,6	14,2	8,8	0,3	0,2	12,5	402	18	0	0
24,4	30,9	0	35	0	0	8,2	350	0	0	35
4	0,7	2,2	1,6	0,1	8,2	1	27	6	0	5
18,7	54,1	3,7	15,2	3,7	0,8	4,1	220	5	0	13
20,2	42,2	4,2	20,5	0,1	0	9,5	333	21	0	57
3,2	0,3	1,8	5,6	0,3	11	0,9	18	5	0	4
25,3	48,1	8,3	10,9	3,3	0	1,8	160	11	0	23
1,4	13,9	1,8	2,4	0	0	1,6	19	2100	0	8
2,2	35,8	4,9	3,8	0,1	0	1,6	16	3288	0	10
13,6	66,8	3,5	8,1	1,4	0,7	3,4	160	2	0	7
24	50,7	7,3	7,2	0,1	1,9	9,2	235	4	0	0
17,5	54,3	15,6	6	3,1	7,2	3	130	768	0	0
17,7	50,4	10,2	11,2	0,2	0	10	347	45	0	27
22,5	49	12,3	6,3	0,2	0	6,3	395	2	0	53
15,2	33,1	30,4	8,8	3,8	0,7	1,9	132	13	0	24
14,4	62,5	10,6	6,1	6,9	2,6	2,5	130	2	0	8
0,5	0,2	13,1	1,4	8,3	19	0,4	17	2	0	7
0,4	0,1	20,3	1,3	17,7	4,3	0,4	16	2	0	6
0,3	0,4	11,4	2	2,5	12	0,5	6	3	0	5
0,4	0,4	12	2,1	2,7	7,3	0,5	7	2	0	6
0,3	0,4	10,5	1,8	2,3	11	0,4	6	3	0	5
0,3	0,4	12,4	1,8	3,4	4	0,4	6	3	0	5
0,2	0,3	19,9	1,6	15,1	0,9	0,4	6	3	0	4
1,8	2,1	61,3	10,7	13,7	38,6	2,6	32	16	0	27
0,5	0,6	23,2	2,9	10,5	4	0,7	9,8	3	0	8,2
0,9	0,1	8,5	1,9	5,1	9	0,6	10	2	0	7
0,9	0,1	8,9	2	5,4	5,5	0,6	11	2	0	7
0,3	0	13,6	0	12,4	2	0,3	5	1	0	3
5,3	0,6	50,5	11,2	30,3	42,5	3,8	59	12	0	39
0,3	0	66,2	0,7	64,9	0,3	0,4	4	1	0	2
0,7	0,1	17,6	1,7	15,8	2	0,5	10	2	0	6
1,9	23,5	0,4	3,3	0	13	0,6	29	3	0	10

LEBENSMITTEL	KILOKALORIEN
(bezogen auf 100g)	(kcal)
Banane, frisch	95,1
Banane, getrocknet	290,6
Birne, frisch	52,3
Birne, frisch, gegart	54,7
Birne, frisch mit Küchenabfall	48,8
Birne, Fruchtnektar	67,6
Birne, Konserve, abgetropft	83,7
Brombeere, frisch	29,9
Brombeere Konfitüre	267,2
Clementine, frisch	45,9
Dattel, getrocknet	285,4
Erdbeere, frisch	32
Erdbeerkonfitüre	267,9
Feige, frisch	63,1
Feige, getrocknet	284,4
Granatapfel, frisch	77,9
Grapefruit, frisch	50
Grapefruit Fruchtnektar	64,3
Grapefruit Fruchtsaft	47,6
Hagebutte Konzentrat	246,7
Heidelbeere, frisch	42,1
Heidelbeere Konfitüre	271,5
Himbeere, frisch	33,9
Himbeere Fruchtnektar	56,2
Himbeere Konfitüre	268,6
Holunderbeere, frisch	47,6
Holunderbeere Fruchtsaft	50
Johann. schwarz, Konfitüre	277,2
Johannisbeere rot, frisch	43,3
Johannisbeere rot, Fruchtnektar	67,4
Johannisbeere rot, Konfitüre	272
Johannisbeere schwarz, frisch	57,1
Johannisbeere schwarz, Fruchtnektar	70,3
Kaki, frisch	71
Kiwi, frisch	60,9
Kiwi, Konfitüre	278,7
Litchi, Konserve, abgetropft	98,2
Mandarine, frisch	50,2
Mandarine Konserve, abgetropft	83,2
Mango, frisch	60,2

NÄHRSTOFFE					WIRKSTOFFE				RISIKO-SUBSTANZEN	
Proteine g	Fett g	Kohlenhydrate g	Ballaststoffe g	Zucker (Saccharose) g	Vitamin C mg	Eisen mg	Magnesium mg	Natrium mg	Cholesterin mg	Purin mg
1,1	0,2	21,4	2	11	12	0,6	36	1	0	8
3,5	0,6	65,3	6,1	33,7	29,3	1,7	110	3	0	25
0,5	0,3	12,4	2,8	1,8	5	0,3	7	2	0	5
0,5	0,3	13	3	1,9	3	0,3	8	2	0	6
0,5	0,3	11,5	2,6	1,7	4,7	0,2	7	2	0	5
0,2	0,1	16,4	0	11,5	1,4	0,2	4	1	0	3
0,4	0,2	19,9	2,5	14,3	1,1	0,3	6	2	0	4
1,2	1	2,7	6,6	0,1	17	0,9	30	3	0	5
0,4	0,4	64	2,4	63,1	0,6	0,5	11	1	0	2
0,7	0,3	9	2	5,8	30	0,3	11	2	0	7
2	0,5	66,1	8,8	0,1	2,4	1,9	51	5	0	5
0,8	0,4	5,5	2	1	65	1	15	3	0	8
0,3	0,1	65,1	0,7	63,4	2,4	0,5	6	1	0	3
1,3	0,5	12,9	2	0,4	2,7	0,6	20	2	0	5
5,9	2,3	58,2	9,2	1,8	9,9	2,7	90	9	0	23
0,7	0,6	16,7	2,2	0,3	7	0,5	3	7	0	5
0,6	0,2	8,9	0,6	3,5	44	0,3	10	2	0	5
0,3	0,1	14,2	0	12	12	0,2	5	1	0	3
0,5	0,1	8,5	0,1	4,1	26,7	0,3	10	2	0	5
8,9	1,3	42,4	0	4,2	2060,3	0,9	175	197	0	14
0,6	0,6	7,4	4,9	0,3	30	0,7	2	1	0	7
0,2	0,2	65,8	1,8	63,1	1,1	0,5	1	0	0	2
1,3	0,3	4,8	6,7	1	25	1	30	1	0	6
0,5	0,1	12,4	0	10,9	5,7	0,4	13	1	0	3
0,5	0,1	64,8	2,5	63,4	0,9	0,6	11	0	0	2
2,5	0,5	7,4	4	0,3	18	1,6	30	1	0	11
2,3	0,4	8,3	0	1,7	11,2	1,6	31	1	0	12
0,5	0,1	66,8	2,5	63,5	7	0,6	6	1	0	2
1,1	0,2	7,3	7,4	0,4	36	0,9	13	2	0	5
0,2	0	15,5	0	14,1	4,4	0,2	4	1	0	1
0,4	0,1	65,7	2,7	63,2	1,3	0,5	5	1	0	2
1,3	0,2	10,3	6,8	1,2	189	1,2	17	2	0	5
0,3	0	16,1	0	14,3	23,2	0,3	4	1	0	1
0,6	0,3	16	3	1	16	0,4	8	4	0	5
1	0,6	10,8	3,9	1,3	71	0,8	24	4	0	6
0,4	0,2	67	1,4	63,5	2,6	0,5	9	1	0	2
0,8	0,3	22,7	1,5	18,1	9,1	0,3	10	3	0	4
0,7	0,3	10,1	1,7	7,1	30	0,3	11	1	0	7
0,6	0,2	18,5	1,5	17	6,8	0,3	10	2	0	6
0,6	0,4	12,8	1,7	9,2	38,7	0,4	18	5	0	5

LEBENSMITTEL	KILOKALORIEN
(bezogen auf 100g)	(kcal)
Mango, Konserve, abgetropft	88,7
Melone, frisch	38,2
Mirabelle, frisch	64,3
Mirabelle Konfitüre	279,9
Mirabelle Konserve, abgetropft	91,1
Nektarine, frisch	56,9
Obst, Kompott (R)	106,8
Obstmischung (R)	58,3
Obstmischung, frisch	86
Obstmischung, Fruchtnektar	71,9
Obstmischung, Fruchtsaft	62,9
Obstmischung, getrocknet	289,2
Obstmischung, Konserve, abgetropft	106,8
Obstsalate (R)	134,5
Orange, frisch	47,1
Orange, Konfitüre	273,4
Papaya, frisch	12,9
Passionsfrucht /Maracuja	80,1
Passionsfrucht Fruchtsaft	79,8
Pfirsich, frisch	40,6
Pfirsich, Fruchtnektar	59,8
Pfirsich, Konserve, abgetropft	76,5
Pflaumen, frisch	47,1
Pflaumen, Fruchtsaft	48,8
Pflaumen, getrocknet	261
Pflaumen, Konserve, abgetropft	81,3
Preiselbeere, Konfitüre	270,3
Quitte, Konfitüre	270,3
Reineclaude, frisch	63,1
Rosinen	298
Rote Grütze (R)	80,7
Sanddornbeere Konzentrat	401,3
Satsuma, frisch	46,1
Sauerkirsche, frisch	57,6
Sauerkirsche, Fruchtnektar	60,9
Sauerkirsche, Fruchtsaft	58,1
Sauerkirsche, Konfitüre	277,2
Sauerkirsche, Konserve abgetropft	88,4
Stachelbeere, frisch	44
Stachelbeere, Konfitüre	272,2

NÄHRSTOFFE					WIRKSTOFFE				RISIKO-SUBSTANZEN	
Proteine g	Fett g	Kohlen-hydrate g	Ballast-stoffe g	Zucker (Saccha-rose) g	Vitamin C mg	Eisen mg	Magnesium mg	Natrium mg	Cholesterin mg	Purin mg
0,5	0,4	20,1	1,5	18,2	8,8	0,4	16	3	0	4
0,6	0,2	8,3	0,2	2,4	6	0,4	3	1	0	7
0,7	0,2	14	1,3	4,6	7	0,5	15	0	0	7
0,3	0,1	68,2	0,5	64,7	0,3	0,4	6	0	0	2
0,6	0,2	20,8	1,2	15,9	1,6	0,4	15	0	0	6
0,9	0,1	12,4	2,2	8,7	8	0,5	10	9	0	6
0,3	0,1	25,6	0,9	22,8	1,3	0,3	7	2	0	3
0,7	0,3	12,5	2,1	4	24,2	0,5	14	2	0	6,3
0,7	0,2	19,6	2,1	11,5	20	0,4	16	2	0	6
0,5	0,1	16,3	0	12,7	7,2	0,3	7	3	0	3
0,9	0,3	12,7	0	5,4	16	0,6	13	6	0	6
2,5	0,8	65,8	6,9	38,7	53,9	1,4	54	7	0	20
0,3	0,1	25,6	0,9	22,8	1,3	0,3	7	2	0	3
1,7	2,3	26,1	2,3	18,8	17,4	0,5	20,9	2,2	0	6,2
1	0,2	9,2	2,2	3,8	50	0,4	14	1	0	7
0,4	0,1	66,4	0,8	64,4	1,8	0,3	5	0	0	2
0,5	0,1	2,4	1,9	1	82	0,4	41	3	0	5
2,4	0,4	13,4	1,5	4,3	24	1,3	0	28	0	5
2,2	0,3	13,7	0	5,4	14,7	1,3	0	25	0	5
0,8	0,1	8,9	2,3	5,7	10	0,5	9	1	0	6
0,3	0	14,3	0	13	2,5	0,2	5	1	0	3
0,7	0,1	17,8	2	16,2	2,2	0,4	8	2	0	5
0,6	0,2	10,2	1,7	3,4	5	0,4	10	2	0	7
0,5	0,2	10,7	0	4,5	3	0,4	10	2	0	7
3,3	1,1	56,5	9,4	18,7	22,1	2,4	55	11	0	37
0,5	0,2	18,6	1,5	15	1,1	0,4	10	2	0	6
0,1	0,2	65,6	1,1	63,1	0,4	0,4	2	1	0	2
0,1	0,2	65,7	2,1	63,2	0,5	0,4	3	1	0	4
0,8	0,1	13,5	2,3	4	6	1,1	10	1	0	7
2,5	0,6	66,2	5,4	1,1	1	0,3	15	21	0	36
0,5	0,2	16,5	1,3	9	17,1	0,6	10,6	1,7	0	3
6,6	29,8	21,8	0	1,9	1414,5	2,2	153	15	0	26
0,8	0	9,4	0,7	6,6	61	0,1	6	1	0	7
0,9	0,4	11	1	0,5	12	0,6	8	2	0	5
0,3	0,1	14	0	10,6	2,3	0,2	3	1	0	2
0,8	0,3	11,4	0	1,8	7,3	0,6	8	2	0	5
0,3	0,1	67,1	0,4	63,2	0,4	0,4	3	1	0	2
0,7	0,3	19	0,9	13,5	2,7	0,5	8	2	0	4
0,8	0,2	8,5	2,9	0,9	35	0,6	15	2	0	5
0,3	0,1	66,2	1,1	63,3	1,3	0,4	6	1	0	2

LEBENSMITTEL	KILOKALORIEN
(bezogen auf 100g)	(kcal)
Sultaninen	298
Süßkirsche, frisch	63,3
Süßkirsche, Konserve, abgetropft	90,8
Wassermelone, frisch	38,2
Weintrauben, frisch	71
Weintrauben, getrocknet	303,8
Zitrone, frisch	56,2
Zitrone, Fruchtsaft	100,1
Zwetschge, frisch	43,3
Zwetschgenknödel (R)	75,8
GEMÜSE / PILZE	
Algen, frisch	36,6
Artischockenboden, Konserve	12
Aubergine, frisch, gegart	17,4
Bambussprossen Kons., gegart, abgetropft	10,5
Batate (Süßkartoffel)	111,4
Blattsalat mit Dressing (R)	79,1
Blattsalat mit Öl (R)	86,8
Blattsalate mit Joghurt (R)	26,8
Blattspinat, frisch	17,4
Blattspinat, gegart	19,1
Bleichsellerie, frisch	16,7
Bleichsellerie, gegart	16,7
Blumenkohl, frisch	22,7
Blumenkohl, frisch, gegart	18,4
Blumenkohlsuppe, Trockenprodukt	367,1
Bohnen dick, getrocknet	326
Bohnen grün, gegart	25,3
Bohnen grün, Konserve, gegart	21,5
Bohnen grün, tiefgefroren, gegart	27
Bohneneintopf, mexikanisch (R)	65
Bohnensalat grün, gegart mit Öl (R)	107,9
Bohnensalat Sauerkonserve	19,6
Bratkartoffeln (R)	163,8
Bratkartoffeln mit Speck und Zwiebeln (R)	114,4
Broccoli, frisch, gegart	23,2
Brunnenkresse, frisch	18,6
Champignon, frisch	15,3
Champignon, gegart	15,1
Champignon, Konserve, gegart, abgetropft	14,1

NÄHRSTOFFE					WIRKSTOFFE				RISIKO-SUBSTANZEN	
Proteine g	Fett g	Kohlen-hydrate g	Ballast-stoffe g	Zucker (Saccha-rose) g	Vitamin C mg	Eisen mg	Magnesium mg	Natrium mg	Cholesterin mg	Purin mg
2,5	0,6	66,2	5,4	1,1	1	0,3	15	21	0	36
0,9	0,3	13,3	1,5	0,2	15	0,4	11	3	0	5
0,8	0,3	20,4	1,3	13,5	3,4	0,4	10	3	0	4
0,6	0,2	8,3	0,2	2,5	6	0,4	3	1	0	7
0,7	0,3	15,6	0,8	0,4	4	0,5	9	2	0	7
3	1,3	66,8	3,4	1,9	13,7	2,1	39	9	0	29
0,7	0,6	8,1	1,3	1	53	0,4	28	3	0	7
0,6	0,4	19,8	0,1	14,9	28,1	0,4	24	2	0	6
0,6	0,1	8,8	2,3	2,5	4	0,4	8	2	0	7
2,3	0,7	14,1	2,3	1,3	7,1	0,5	13,5	92,3	20,4	6,1
5,9	0,4	2,1	0,3	0,4	0,9	2,3	100	98	0	17
1,3	0,1	1,4	5,9	0,3	2,2	0,7	14	227	0	9
1,2	0,2	2,5	2,9	0,1	2,8	0,4	11	2	0	7
1,6	0,2	0,5	1,7	0	1	0,4	2	196	0	6
1,6	0,6	24,1	3,1	3,4	30	0,9	25	4	0	5
1,6	7,2	1,7	1	0,1	8,3	0,7	12,7	499,4	3,5	1,9
1,1	8,8	0,9	1,4	0,1	11,2	0,9	12,4	679,2	0,1	2,6
1,8	1,2	1,9	1,1	0,1	9,4	0,7	12,8	568,3	3,9	2,1
2,5	0,3	0,6	2,6	0,2	52	4,1	58	65	0	19
2,8	0,3	0,5	3	0,2	29	3,8	43	61	0	24
1,2	0,2	2,2	2,5	0,6	7	0,5	12	132	0	23
1,3	0,2	1,9	2,9	0,5	3,9	0,5	9	123	0	29
2,5	0,3	2,3	2,9	0,2	73	0,6	17	16	0	15
2,2	0,3	1,6	2,7	0,1	36,3	0,5	15	12	0	15
11	9	60	1,4	4,8	2	1,5	40	4450	0	47
28,1	2	47,6	12	2,9	52,9	6,8	135	92	0	56
2,4	0,2	3,2	3,1	0,2	12,2	0,8	25	2	0	16
2,2	0,2	2,5	2,9	0,2	4,8	0,6	19	181	0	16
2,6	0,3	3,3	3,4	0,2	8,7	0,8	25	2	0	17
6,3	2,6	3,8	2,4	0,3	17,9	1	17,7	181,1	10,4	16
2	9,9	2,6	2,5	0,2	9,9	0,7	24,8	950,6	0,1	13
1,6	0,2	2,2	1,9	0,1	6,5	0,6	21	198	0	9
1,6	12,2	11,7	1,9	0,3	10	0,3	18	949,6	24,4	4,3
3,1	6,3	10,9	1,9	0,3	9,4	0,4	16,2	7,3	12,7	7,4
3,2	0,2	1,9	3	0,4	61,1	1,2	23	15	0	18
1,6	0,3	2	3	0,2	51	3,1	34	12	0	10
2,7	0,2	0,6	2	0	4,9	1,2	13	8	0	20
2,7	0,2	0,5	2,1	0	3,8	1,1	11	7	0	22
2,6	0,2	0,4	2	0	0,8	0,9	11	238	0	23

LEBENSMITTEL	KILOKALORIEN
(bezogen auf 100g)	(kcal)
Champignoncremesuppe, Trockenprodukt	391
Chicoree, frisch	17,2
Chinakohl, frisch	13,6
Chinakohl, frisch, gegart	12
Cornichons Sauerkonserve	12
Eintopf (R)	56,9
Eisbergsalat, frisch	13,1
Endivien, frisch	11
Erbsen grün, frisch	81,7
Erbsen grün, frisch, gegart	83,7
Erbsen grün, Konserve, gegart	70,3
Erbsen grün, tiefgefroren, gegart	84,1
Erbsen u. Möhrengemüse (R)	113,4
Erbseneintopf mit Würstchen (R)	62,9
Feldsalat, frisch	14,3
Fenchel, frisch	24,6
Fenchel, frisch, gegart	22,2
Gartenkürbis, frisch	13,4
Gemüsemischung, frisch, gegart	33,7
Gemüsemischung, roh (R)	21,5
Gemüsemischung Trunk	12,4
Gemüsepaprika, grün, frisch	20,3
Gemüsepaprika rot, frisch	36,8
Gemüsepaprika rot, Konserve	23,4
Gemüseplatte (R)	84,7
Gemüserisotto (R)	107,6
Gemüsesalat mit Dressing (R)	106,4
Gemüsesuppe (R)	23,2
Gemüsesuppe mit Wurst (R)	64,2
Gewürzgurken Sauerkonserve	12
Griechischer Salat (R)	87,1
Grünkohl, frisch, gegart	27,7
Grünkohl Konserve, gegart	24,9
Gurke, frisch	12,2
Gurke, frisch, gegart	12,4
Gurkensalat (R)	23,8
Karottensalat, Sauerkonserve	20,1
Kartoffelbrei (R)	83
Kartoffelbreipulver	328,6
Kartoffelchips (verzehrsfertig)	535,9
Kartoffeleintopf mit Fleisch (R)	64,7

NÄHRSTOFFE					WIRKSTOFFE				RISIKO-SUBSTANZEN	
Proteine g	Fett g	Kohlenhydrate g	Ballaststoffe g	Zucker (Saccharose) g	Vitamin C mg	Eisen mg	Magnesium mg	Natrium mg	Cholesterin mg	Purin mg
10,2	25	47	0,3	1,4	2	1	60	4680	0	33
1,3	0,2	2,3	1,3	0,2	8,7	0,7	13	4	0	5
1,2	0,3	1,2	1,9	0,3	26	0,6	11	19	0	8
1,1	0,3	0,9	1,9	0,2	12,4	0,5	7	15	0	9
0,5	0,1	1,5	0,3	0,3	2,6	0,4	10	317	0	2
2,7	2,5	5,7	1,7	0,4	4,3	0,7	13,5	559,5	4,9	7,2
1	0,2	1,6	1,8	0,3	3,9	0,5	7	12	0	4
1,8	0,2	0,3	1,2	0,2	10	1,4	10	53	0	4
6,6	0,5	12,3	5	4,9	25	1,8	33	2	0	50
6,7	0,5	12,6	5,3	5	15,6	1,8	34	2	0	57
6,2	0,5	9,8	5,1	3,9	6,2	1,2	27	185	0	58
6,9	0,5	12,4	5,5	5	10,5	1,7	32	2	0	59
3,5	7,8	7,3	4	2,8	9,1	1,7	22,5	537	21,5	27,8
3,2	4	3,4	1,2	0,6	6,1	0,5	9,9	101,1	7,9	10,8
1,8	0,4	0,7	1,8	0,2	35	2	13	4	0	8
2,4	0,3	2,8	4,2	0,4	93	2,7	49	86	0	5
2,4	0,3	2,2	4,4	0,3	46,8	2,3	32	73	0	6
0,5	0,2	2,2	1,1	0,4	11	0,2	10	1	0	2
2,7	0,3	4,8	3,7	1,5	32,5	1,1	17	15	0	20
1,1	0,2	3,5	1,9	0,4	41,6	0,8	15,8	18,3	0	4,3
1	0,1	1,8	0,2	0,6	9,9	0,5	9	186	0	7
1,2	0,3	2,9	3,6	0,1	139	0,8	12	3	0	3
1,3	0,5	6,4	3,6	0,1	140	0,6	14	5	0	5
0,9	0,3	4	2,4	0	46,1	0,3	9	201	0	3
2,7	4,9	7,3	2,9	1	16,8	1,1	19,3	15,3	13,3	15,6
2,3	5,3	12,4	1,7	1	5,5	0,7	21,1	604,6	14,8	14,8
2,3	8,8	4,5	3,1	1,3	12,1	1	16,7	584,8	8,6	17,6
1,3	0,1	4	1,5	0,5	11,3	0,4	9	270,1	0	7
3,4	4,1	3,4	1,3	0,4	13	0,5	10,7	354,8	8	10,6
0,5	0,1	1,5	0,3	0,3	2,6	0,4	10	317	0	2
4,3	6,8	2,1	1,2	0,2	32,1	0,7	14,2	467,6	35,3	4,3
3,4	0,7	1,6	3,4	0,4	41,6	1,3	17	28	0	9
3,1	0,7	1,2	3,3	0,3	17,8	0,9	12	160	0	9
0,6	0,2	1,8	0,5	0,1	8	0,5	8	8	0	3
0,6	0,2	1,8	0,6	0,1	4,4	0,5	8	7	0	3
1,1	0,9	2,2	0,4	0,1	5,8	0,4	11,4	564,8	3	2,1
0,7	0,1	3,2	2,3	1,1	2,3	1,4	16	236	0	3
2,3	3	11,3	1,6	0,2	8,6	0,3	16,1	16,9	6,5	3,5
8,6	0,6	71	14,9	1,4	20	2,4	69	160	0	20
5,5	39,4	40,6	3	0,8	8	2,3	64	450	0	23
4,7	3,2	4,1	1,2	0,3	4,5	0,8	10	159,4	8,8	10,5

LEBENSMITTEL	KILOKALORIEN
(bezogen auf 100g)	(kcal)
Kartoffelgratin (R)	132,7
Kartoffelkloß, gekocht, Trockenprodukt	326,7
Kartoffelklöße (R)	108,9
Kartoffelkroketten (R)	223,2
Kartoffeln, geschält, frisch, gegart	68,6
Kartoffelpuffer (R)	153,4
Kartoffelsalat (R)	118,7
Kartoffelstärke Mehl	341,1
Kartoffelsuppe (R)	81,1
Kichererbsen, getrocknet	325,3
Kidney-Bohnen, Konserve	62,6
Knoblauch, frisch	141,7
Knollensellerie, frisch	19,4
Knollensellerie, frisch, gegart	15,3
Kohlrabi, frisch	24,6
Kohlrabi, frisch, gegart	20,3
Kohlrouladen (R)	117,9
Kohlrübe (Steckrübe), gegart	22
Kopfsalat, frisch	11,7
Kräutermischung	45,2
Krautsalat (R)	97,5
Kresse, frisch	38
Kürbis, frisch, gegart	27
Lasagne mit Gemüse (R)	158,5
Lauchgemüse (R)	66,1
Limabohne, getrocknet, gegart	79,8
Linsen reif, Konserve, gegart, abgetropft	28
Linseneintopf mit Wurst (R)	87,2
Linsengemüse (R)	88,5
Löwenzahn, frisch	54,5
Maiskeks, glutenfrei	438,6
Mangold, frisch	25,3
Maniok (Cassava)	137,4
Meerrettich Konserve	40,4
Minestrone (Gemüseeintopf) (R)	30,7
Mixed Pickles	35,9
Möhrensalat, gegart mit Öl (R)	76,3
Mohrrübe, frisch	25,8
Mohrrübe, frisch, gegart	21
Mohrrübe Konserve, gegart	17,2
Mohrrübensalat (R)	109,2

NÄHRSTOFFE					WIRKSTOFFE				RISIKO-SUBSTANZEN	
Proteine g	Fett g	Kohlenhydrate g	Ballaststoffe g	Zucker (Saccharose) g	Vitamin C mg	Eisen mg	Magnesium mg	Natrium mg	Cholesterin mg	Purin mg
3,7	8	11,2	1,7	0,2	9,2	0,3	18,5	343,3	21,6	4
7,1	1,4	70,2	6,3	1,4	20	2,4	45	1180	0	17
2,4	0,5	23,4	2,1	0,5	6,7	0,8	15,7	394	0	5,7
3,8	12,7	23,3	2,4	0,8	7,8	0,8	17,7	431,1	55,5	6,7
2	0,1	14,2	2,3	0,3	12	0,4	18	2	0	5
4,4	8,7	14,1	1,7	0,2	7,9	0,7	17,5	777,6	88	4,5
1,8	6,8	12	1,9	0,3	10	0,4	20,2	671,4	0,1	4,3
0,6	0,1	83,1	0,1	0	0	1,8	6	8	0	1
2	4,4	8,2	1,5	0,3	6,6	0,5	13,3	970,7	9	4,8
17,8	6,4	47,8	11,9	0,7	23,7	5,9	119	37	0	119
5,5	0,3	9,1	5,3	0,3	0,4	1,6	39	199	0	12
6,1	0,1	28,4	1,8	5,7	14	1,4	35	19	0	5
1,7	0,3	2,3	4,2	1,7	8,3	0,5	9	77	0	10
1,5	0,3	1,6	3,9	1,1	4,9	0,4	5	35	0	10
2	0,1	3,7	1,5	1,1	64	0,9	43	32	0	10
1,9	0,1	2,8	1,5	0,9	40,9	0,8	28	15	0	11
7,9	8,3	3,1	1,2	0,1	10	0,9	14,1	392,3	35,4	16,6
1,1	0,2	3,7	2,4	0,5	21,2	0,4	7	5	0	7
1,3	0,2	1,1	1,6	0,1	13	1	11	10	0	3
3,9	0,6	5,7	5,2	0,6	94,3	4,3	38	21	0	9
1,2	8,7	3,6	2,5	0,3	39,1	0,5	22,7	675,3	0,1	6
4,2	1,4	1,8	3	0	59	2,9	40	5	0	10
1,4	0,2	4,6	0,8	0,7	7,8	0,7	23	6	0	3
6,5	9,7	11,3	2,1	0,4	4,2	0,9	22,8	328,4	66,9	8,5
2,7	4	4,8	1,5	0,3	7,7	0,6	12,8	256,2	4,2	9,6
4,3	0,3	14,6	4	0,9	10,3	1,1	28	3	0	48
2,1	0,1	4,5	1	0,2	0	0,6	11	57	0	6
4,4	5,4	5,2	1,8	0,5	9,9	0,7	14,3	393,6	10,5	11,8
3,7	5,2	6,6	1,1	0,3	1,9	0,7	14,8	430,2	6	9,3
2,6	0,6	9,1	2,6	0	30	3,1	36	76	0	20
5,4	16,3	67	1,9	14,7	0,4	1,3	26	277	0	6
2,1	0,3	2,9	2,6	0,3	39	2,7	81	90	0	19
1	0,2	32,1	2,9	0,2	30	1,2	65	1	0	5
1,8	0,2	7,3	4,9	2,6	37,6	0,8	21	203	0	7
1	1,9	2,3	1,1	0,4	6,9	0,4	7,9	290,3	0	6,4
1,3	0,3	6,1	1,3	0,8	10,3	0,6	18	257	0	5
0,8	6,6	3	3	1	3,7	1,6	14,9	973,2	0,1	4,1
1	0,2	4,8	3,6	1,7	7	2,1	18	60	0	5
1	0,2	3,6	3,6	1,3	4,5	1,9	12	29	0	5
0,9	0,2	2,8	3,4	1	1,6	1,3	11	122	0	6
0,8	10	4	3	1,4	5,7	1,8	18,3	687,5	0,1	4,1

LEBENSMITTEL (bezogen auf 100g)	KILOKALORIEN (kcal)
Palmenherz Konserve, gegart	26,1
Paprika gefüllt mit Hackfleisch (R)	115,2
Paprikaschoten, frisch, gegart	20,3
Pastinake, frisch	22,2
Pastinake, frisch, gegart	17,2
Pellkartoffeln (R)	68,6
Perlzwiebel Konserve, abgetropft	61,9
Petersilienblatt, frisch	52,6
Pfifferling, frisch	11,5
Pfifferling, getrocknet	120,2
Pfifferling, Konserve	6,7
Pilze, frisch, gegart	15,1
Pilze Konserve, gegart, abgetropft	14,1
Pommes Frites (R)	276,3
Porree, frisch, gegart	22,9
Portulak, frisch	27
Radicchio, frisch	13,6
Radieschen, frisch	14,6
Ratatouille (R)	41,8
Rettich, frisch	13,6
Rhabarber, frisch	13,1
Rohkostsalat mit Joghurt (R)	29,5
Rohkostsalat mit Öl (R)	84,1
Romanosalat, frisch	16
Rosenkohl, frisch, gegart	28,2
Rösti (R)	94,1
Rote Rübe, frisch	41,8
Rote Rübe, frisch, gegart	32,3
Rote Rübe, Konserve, gegart	26,3
Rote-Beete, Sauerkonserve	30,4
Rotkohl, frisch, gegart	17,9
Rotkohl, frisch mit Küchenabfall	17,7
Rotkohl, Konserve, gegart	15,1
Salate (R)	117,2
Salzkartoffeln (R)	67,2
Sauerampfer, frisch	22,2
Sauerkraut, frisch, gegart	16,7
Sauerkraut, Konserve, abgetropft	15,5
Schalotte, frisch	22
Schnittlauch, frisch	27,2
Schwarzwurzel, frisch	16,7

NÄHRSTOFFE					WIRKSTOFFE				RISIKO-SUBSTANZEN	
Proteine g	Fett g	Kohlenhydrate g	Ballaststoffe g	Zucker (Saccharose) g	Vitamin C mg	Eisen mg	Magnesium mg	Natrium mg	Cholesterin mg	Purin mg
2,3	0,1	3,7	4,2	0,7	2	0,6	13	204	0	12
10,8	5,7	4,9	2,2	0,1	41,6	1,3	15,3	325,4	41,8	21,7
1,2	0,3	2,9	3,7	0,1	77,2	0,7	12	2	0	4
1,3	0,4	2,9	4,3	1,6	18	0,6	22	8	0	10
1,1	0,3	2	3,9	1,1	10,5	0,5	13	4	0	10
2	0,1	14,2	2,3	0,3	12	0,4	18	2	0	5
1,4	0,2	13,2	1,8	2,6	4	0,7	10	225	0	5
4,4	0,4	7,4	4,3	0	166	5,5	41	33	0	13
1,6	0,5	0,2	5,6	0	6	6,5	14	3	0	10
16,4	5,2	2,1	58,3	0,1	25	57,6	135	31	0	104
0,9	0,3	0,1	3,2	0	1	3,2	8	207	0	6
2,7	0,2	0,5	2,1	0	3,8	1,1	11	7	0	22
2,6	0,2	0,4	2	0	0,8	0,9	11	238	0	23
3,5	17,6	26	2,6	0,5	10,2	1,2	38,4	201,1	0	13
2,3	0,3	2,5	2,3	0,4	12,1	0,8	12	4	0	15
1,5	0,3	4,3	2,5	0,9	22	3,6	151	2	0	10
1,2	0,2	1,5	1,6	0,3	28	1,5	11	10	0	3
1	0,1	2,1	1,6	0,1	29	1,5	8	17	0	3
1,2	2,6	3,2	1,9	0,7	22,1	0,7	14,5	138,4	0	5,1
1	0,2	1,9	2,5	0,1	27	0,8	15	18	0	3
0,6	0,1	1,4	2,3	0,3	10	0,5	13	2	0	2
1,5	1	3,4	2	0,5	28,5	0,7	13,8	442,9	2,8	3,8
1	7,6	2,9	2,3	0,5	31,7	0,8	13,5	484,7	0,1	4,3
1,6	0,2	1,7	1,3	0,3	24	1,1	6	8	0	3
3,8	0,3	2,2	3,8	0,7	47,3	0,8	12	8	0	19
1,9	3,3	13,7	2,2	0,3	11,6	0,4	18,1	251	6,4	4,8
1,5	0,1	8,4	2,5	7,7	10	0,9	25	58	0	7
1,4	0,1	6,1	2,4	5,6	6,2	0,8	16	27	0	7
1,3	0,1	4,8	2,3	4,4	2,3	0,6	11	119	0	7
1,1	0,1	5,5	1,6	5	3,2	0,7	21	234	0	4
1,4	0,2	2,5	2,4	0,3	22,9	0,4	11	3	0	14
1,2	0,1	2,8	2	0,3	39	0,4	14	3	0	10
1,3	0,2	2	2,2	0,2	9,7	0,3	10	166	0	14
1,2	11,7	2,1	2	0,4	10,6	0,9	12,8	572,8	5,4	5,1
1,9	0,1	14	2,2	0,3	11,8	0,4	20	763,7	0	4,9
2,3	0,4	2	2,6	0,2	47	8,5	41	4	0	18
1,5	0,3	0,6	3,6	0,2	10	0,5	9	296	0	7
1,4	0,3	0,6	3,3	0,2	5,1	0,4	11	431	0	7
1,5	0,2	3,3	1,5	0,7	13	1,2	4	12	0	5
3,6	0,6	1,6	6	0,3	47	1,9	44	3	0	10
1,4	0,4	1,6	4,3	0,4	4	3,3	23	5	0	23

LEBENSMITTEL	KILOKALORIEN
(bezogen auf 100g)	(kcal)
Schwarzwurzel, frisch gegart	14,8
Schwarzwurzel, Konserve, gegart	12,9
Sellerie, frisch	16,7
Selleriesalat, Sauerkonserve	15,8
Shiitakepilz, frisch	42,1
Sojaaufschnitt	265,5
Sojabohne, geröstet	359
Sojabohnen, getrocknet	416,3
Sojaeiweiß, texturiert (TVP)	285,1
Sojafleisch mit Gewürzen, Trockenprodukt	305,2
Sojamehl (entfettet), entbittert	196,7
Sojamilch, flüssig	152,2
Sojawurst, Konserve	292,5
Spargel, frisch, gegart	16
Spargel, Konserve, gegart	13,9
Spargelcremesuppe (R)	30,4
Spinat, tiefgefroren, gegart	20,1
Steinpilz, frisch	19,8
Steinpilz, getrocknet	148,9
Steinpilz, Konserve	11,2
Suppengrün, frisch	23,9
Tapioka	349,4
Tofu, frisch	77,2
Tomate rot, frisch	17,4
Tomaten, frisch, gegart	19,6
Tomaten, Konserve, gegart	16,5
Tomaten, Konzentrat	175,2
Tomatencremesuppe (R)	62,2
Tomatensalat (R)	102,4
Topinambur, frisch	31,1
Wachsbohnen, gegart	31,5
Wachsbohnen, Konserve, gegart	26,3
Waldpilze	15,1
Weinsauerkraut, frisch	16,7
Weiße Rübe, frisch	25,6
Weiße Rübe, frisch, gegart	20,6
Weißkohl, frisch	24,9
Weißkohl, frisch, gegart	19,8
Wirsingkohl, frisch, gegart	21,7
Wurzel-und Knollengemüsesuppen, Trockenprodukt	343,7

NÄHRSTOFFE					WIRKSTOFFE				RISIKO-SUBSTANZEN	
Proteine g	Fett g	Kohlenhydrate g	Ballaststoffe g	Zucker (Saccharose) g	Vitamin C mg	Eisen mg	Magnesium mg	Natrium mg	Cholesterin mg	Purin mg
1,3	0,4	1,2	4,2	0,3	2,5	3	15	2	0	25
1,2	0,3	0,9	4	0,2	0,9	2,1	11	104	0	25
1,2	0,2	2,2	2,5	0,6	7	0,5	12	132	0	23
1,2	0,2	1,6	2,7	1,1	2,7	0,4	10	247	0	6
1,6	0,2	12,3	2	0,4	2	0,4	14	4	0	17
15,6	21,4	3,1	1,5	0,4	2,4	1,7	16	614	0	16
37,1	23,3	0,4	17	0,4	0	10	250	4	0	63
35,1	17,4	29,2	8,9	1,7	34,3	7,8	65	6	0	41
69	0,5	0,2	16,6	0,2	0	12,5	300	30	0	120
43	1,1	29,5	10	1,2	1,2	6,7	157	779	0	78
45,2	1,2	0,6	27,5	0,6	0	12	300	35	0	115
15,7	9,9	0,2	7,5	0,2	0	4	101	1	0	27
11,4	25,4	5,3	1	0,5	0,4	0,8	18	456	1	10
1,9	0,1	1,6	1,5	0,2	10	0,5	12	3	0	9
1,8	0,1	1,2	1,4	0,2	4,2	0,4	11	182	0	9
0,4	2,2	2,2	0,2	0	0,6	0,1	3	229,1	6,3	0,9
2,9	0,4	0,5	3,1	0,2	21,3	3,6	41	58	0	25
3,6	0,4	0,5	6,9	0	2,5	1	12	6	0	27
27,1	3	4	51,8	0,1	7,5	6,4	83	38	0	200
2,1	0,2	0,3	3,9	0	0,4	0,5	7	208	0	15
1,5	0,3	3,6	3	1,2	11,6	1	18	60	0	8
0,6	0,2	84,9	1,8	0	0	1	3	4	0	10
8,1	4,8	0,5	0,5	0,5	0,1	1,9	110	7	0	23
0,9	0,2	2,6	0,9	0,1	24,5	0,5	13	6	0	3
1,1	0,2	2,9	1,1	0,1	15,2	0,5	15	6	0	4
1	0,2	2,3	1	0,1	6,2	0,4	12	204	0	5
9,8	2	25,3	1,2	1	149,1	5,5	144	60	0	40
1,4	3,1	7,2	0,7	0,1	5,6	0,4	9,8	40,2	0,3	5,4
0,8	10	2,2	0,8	0,1	20,1	0,4	14,2	643,2	0,1	2,5
2,4	0,4	4	12,5	1	4	3,7	20	3	0	5
1,7	0,2	5,5	3,1	0,3	12,8	1	27	6	0	16
1,6	0,2	4,3	3	0,3	5,1	0,7	22	184	0	16
2,1	0,7	0,1	7,6	0	5	0,9	13	3	0	17
1,5	0,3	0,8	3,5	0,2	20	0,6	14	355	0	7
1	0,2	4,7	3,5	0,5	20	0,4	8	58	0	7
1	0,2	3,5	3,5	0,3	12,8	0,4	5	28	0	7
1,4	0,2	4,2	3	0,3	45,8	0,5	23	12	0	7
1,3	0,2	3	2,8	0,2	21,4	0,4	15	9	0	7
2,7	0,4	1,7	2,4	0,4	22,6	0,7	7	7	0	14
15	9	50	1,1	37	2,3	0,2	60	9000	0	0

LEBENSMITTEL	KILOKALORIEN
(bezogen auf 100g)	(kcal)
Zucchini, frisch	19,1
Zucchini, frisch, gegart	19,1
Zuckermais, frisch, gegart	89,4
Zuckermais, Konserve, abgetropft	75,8
Zwiebeln, frisch	28
Zwiebeln, frisch, gegart	23,9
SÜSSWAREN & EIS	
Blütenhonig-Mischungen	306,6
Cocktail-Kirsche	264,8
Cremeeis	187,9
Diabetikerbrotaufstriche	272
Diabetikerschokolade	409,2
Diabetikersüßigkeiten	246,2
Diabetikerzucker	236,6
Dragees	372,4
Eis mit Früchten (R)	154,5
Eis mit Früchten, Sahne und Alkohol (R)	139,3
Eis mit Sahne (R)	194,6
Eis, Sorbet (R)	163,4
Energieriegel mit Haselnusscreme	461,3
Erdnuss, dragiert	530,4
Flammerie, Pudding (R)	110,8
Fruchteis	131,7
Fruchtmischung-Kanditen	263,6
Fruchtzucker	405,6
Gelee, einfach	280,1
Geleefrüchte	329,3
Götterspeise (R)	57,9
Gummibonbons	188,6
Kakaogetränkepulver, löslich	391,5
Kakaopulver	342,5
Kaugummi	387,2
Kirsche, kandiert	264,8
Kompott, gemischt (R)	96,4
Konfitüre, einfach	279,6
Konfitüre, Gelee, Marmeladen	279,6
Konfitüre/Marmelade mit Zuckeraustauschstoff und Süßstoff	69,1
Krokant	451,7

NÄHRSTOFFE					WIRKSTOFFE				RISIKO-SUBSTANZEN	
Proteine g	Fett g	Kohlenhydrate g	Ballaststoffe g	Zucker (Saccharose) g	Vitamin C mg	Eisen mg	Magnesium mg	Natrium mg	Cholesterin mg	Purin mg
1,6	0,4	2	1,1	0,3	16	1,5	22	1	0	7
1,6	0,4	2	1,1	0,3	8,9	1,4	22	1	0	7
3,3	1,2	15,7	2,9	0,6	6,7	0,5	48	1	0	16
3,1	1,2	12,6	2,8	0,5	3,2	0,4	38	223	0	15
1,3	0,3	4,9	1,8	1	8,1	0,5	11	9	0	5
1,3	0,3	3,9	1,9	0,8	4,1	0,4	8	8	0	6
0,4	0	75,1	0	2,3	2,4	1,3	6	7	0	0
0,4	0,1	64,3	0,5	40	5,3	0,6	6	69	0	2
6,6	9	19,8	0	13,4	2,3	1,1	18	75	187	0
0,2	0	78	0	0	0	0	0	19	0	0
11,1	10,1	67,4	6,5	1,7	2	2,8	107	113	1	5
7,7	0	90	0	0	0	0	1	5	0	0
0	0	99	0	0	0	0	0	0	0	0
4	4,9	76,8	6,5	56,8	0	3	85	70	0	5
3,7	7,5	17,8	0,4	13,9	4,4	0,4	10,8	46	74,9	1,3
2,5	4,7	19,7	0,8	14,5	6,9	0,5	10,3	32	46,1	2,6
3,5	11,2	19,8	0,2	14,9	2,6	0,5	11,9	42,6	93,3	0,7
3,4	4,5	26	0,2	22,1	6,1	0,6	11	38	93,5	0,5
10,5	27,5	42,5	9,4	17,2	13,3	3,2	124	129	3	15
20,2	38,5	26,6	8,7	22,6	0	1,5	128	9	0	19
2,9	3,1	17,4	0	6,9	0,7	0,2	10,8	66	11,2	0
1,3	1,4	28,1	0,6	23,6	4,1	0,3	8	20	5	2
0,3	0,1	64,3	0,8	41,5	7,3	0,6	8	68	0	2
0	0	99,8	0	0	0	0,3	0	0	0	0
0,1	0,1	68,5	0	65,4	2,5	0,4	2	1	0	2
1,6	0,2	79,1	12	53,9	0	0,7	12	85	0	0
1,4	0	12,8	0	12,8	0	0,1	1	1,7	0	0,1
1	0	45	0	24,8	0	4,2	110	60	0	12
5,5	6	77,4	6	73,5	0	2,4	150	250	0	7
19,8	24,5	10,8	32,7	8,7	0	12,5	414	17	0	24
0,1	0	95,2	0	95,2	0	0,5	6	0	0	0
0,4	0,1	64,3	0,5	40	5,3	0,6	6	69	0	2
0,5	0,2	22,6	1,5	17,2	10,7	0,3	11,5	2	0	4,5
0,1	0,1	68,3	0,7	65	4	0,4	2	1	0	2
0,1	0,1	68,3	0,7	65	4	0,4	2	1	0	2
0,3	0,2	18	1,9	0,1	10,3	0,3	1	7	0	2
2,4	12,3	81,9	1,6	81,1	0,6	1	31	0	0	3

LEBENSMITTEL	KILOKALORIEN
(bezogen auf 100g)	(kcal)
Kunsthonig	336
Kunstspeiseeis	60,7
Lakritze	375,5
Marmelade	279,6
Marzipan	458,9
Milchschokolade	536,6
Milchschokolade, Vollmilch-Nuss	521,7
Milchspeiseeis	84,8
Milchzucker	405,6
Mokkacreme (R)	115,4
Müsli-Riegel	375
Nougat	474,4
Nuss dragiert	590,1
Nuss-Nougat-Creme, süß	521,7
Obstmischung, Konfitüre	273,9
Pfannkuchen, süß (R)	190,2
Pflaumenmus	195,5
Pralinen, gefüllt mit Alkohol	387,2
Pralinen, gefüllt mit Nüssen	455,3
Pralinen, gefüllt mit Sonstigem	502,4
Pudding-/Soßenpulver/Cremespeisenpulver	382,4
Rahmeis	249,3
Sahne-Frucht-Eis (R)	195,4
Schokolade	536,6
Schokolade, gefüllt mit Sonstigem	346,3
Schokolade, weiß	542,1
Schokoladensoße (R)	122,1
Schokoladenüberzugsmassen	396
Sirup	322,2
Softeis	129,5
Sorbet	138,9
Süßwaren	405,6
Toffees	449,6
Traubenzucker	405,6
Vanilleeis (R)	169,3
Vanillesoße (R)	93,7
Weichkaramellen, Bonbons	449,6
Weincreme (R)	279,1
Weinschaumsoße (R)	163,8
Zartbitterschokolade	496,7
Zucker	405,6

NÄHRSTOFFE					WIRKSTOFFE				RISIKO-SUBSTANZEN	
Proteine g	Fett g	Kohlen-hydrate g	Ballast-stoffe g	Zucker (Saccha-rose) g	Vitamin C mg	Eisen mg	Magnesium mg	Natrium mg	Cholesterin mg	Purin mg
0,2	0	82,5	0	5,8	0	0	0	19	0	0
0	0	14,9	0	14,9	0	0,1	2	2	0	0
4,3	0,9	86,2	1,9	55,6	1,3	2,8	18	3	0	7
0,1	0,1	68,3	0,7	65	4	0,4	2	1	0	2
6,1	17,6	68,6	4,9	68,6	0,3	1,5	72	2	0	4
9,2	31,5	54,1	1,4	44,6	0	2,3	86	58	9	20
8,5	32,4	49,1	5,6	41,6	1,7	2,4	92	75	9	4
2,3	2,4	13,2	0	9,9	1,2	0,1	9	35	9	0
0	0	99,8	0	0	0	0,3	0	0	0	0
3,6	5,9	11,8	1,1	3,7	0,8	0,5	23,5	45	11,4	0,8
6,9	18,9	43,9	4,4	22,7	1,8	2,2	84	5	0	14
5,2	21,4	65	5	63,5	1	2,3	79	2	0	6
9,6	49,3	28,4	6,6	25	2,4	3,1	124	2	0	11
4,3	29,6	59,6	3,9	57,7	0,7	1,8	60	13	0	4
0,3	0,1	66,7	0,7	64,4	0,4	0,4	4	1	0	2
6,3	8,8	21,3	0,6	9,9	0,9	0,8	10,4	41,9	128,8	2,6
0,9	0,2	48	2,5	31,7	0,8	0,2	3	13	0	0
1,3	6,1	68,7	2,2	68,3	0	1	28	2	0	2
6,6	16,2	70	4,5	68,9	0	1,4	62	3	0	7
10,5	32,5	42,5	9,6	42,3	0,4	3	135	4	0	8
0,6	0,7	92	0,5	0	0	1,4	7	320	0	0
1,8	21	13,9	0	11,6	0,7	0,1	7	21	63	0
1,2	7,3	30,7	1	25,7	10,5	0,3	11,1	11,8	21,8	3
9,2	31,5	54,1	1,4	44,6	0	2,3	86	58	9	20
1,5	6,1	69	2,2	68,2	0	1	30	2	0	2
5,1	30,1	62,5	0	54,9	2	0,3	20	74	20	0
4,2	5,6	13,4	0,1	6,8	0,7	0,3	15,9	49,8	38,5	1,4
10	10,7	63,9	10,1	57,6	1,1	4,1	142	66	0	7
0,3	0	79	0	0	0	1,5	10	270	0	0
2,1	2,2	24,9	0	21,7	0,8	0,1	11	33	9	0
0,2	0	32,1	0,4	30,7	10	0,2	4	1	0	1
0	0	99,8	0	99,8	0	0,3	0	0	0	0
2,1	17,2	71,1	0	71,1	0	1,5	25	320	0	0
0	0	99,8	0	0	0	0,3	0	0	0	0
4,3	9,1	17,5	0	14,4	1	0,4	9,7	55,4	91,1	0,3
3,8	3,9	10,7	0	4,3	0,7	0,2	11,1	49,3	40,5	0,2
2,1	17,2	71,1	0	71,1	0	1,5	25	320	0	0
7,4	14,6	24,2	0	24	0	3,5	10,3	24	576,9	0,9
3,1	2,6	23,8	0	20,3	2,2	0,8	9	43,5	91,4	0,9
7,1	32,7	43,8	11,8	43	0	4,6	149	6	1	9
0	0	99,8	0	99,8	0	0,3	0	0	0	0

LEBENSMITTEL	KILOKALORIEN
(bezogen auf 100g)	(kcal)
Zucker, braun, Rohzucker	395,8
Zuckerwaren	390,8
SONSTIGES	
Frühlingsrolle (R)	155,6
Gebundene Suppe (R)	41,2
Grießbrei (R)	124,8
Klare Suppe mit Einlage (R)	10
Leberknödel (R)	173,9
Leberspätzle (R)	180,7
Semmelknödel (R)	143,9
Suppen mit Einlage, gebunden (R)	52,7
Bratlinge, vegetarisch, tiefgefroren	146,7
Vegetarische Bratlinge, Trockenprodukt	298
Vegetarische Pasteten	212,2
GETRÄNKE	
Apfel, Fruchtnektar	64,5
Apfel, Fruchtsaft	49,5
Apfelwein	66
Bier	42,3
Bier, alkoholarm (max. 1,5 Gew% Alkohol)	55,2
Bier, alkoholfrei (<0,5Gew% Alkohol)	25,6
Bier mit Limonade	33,9
Bier Pils, Hell	42,3
Bier, Starkbier	59,8
Bowle, Punsch	108
Branntwein aus Getreide (Brände aus Getreide)	250
Brausen	41,6
Brausen, kalorienarm	2,6
Cocktails	141,3
Cola Mix	44,9
Colagetränke (coffeinhaltig)	60,7
Colagetränke, kalorienarm	3,6
Eierlikör	284,9
Fruchtsaftgetränke	47,3
Getränkepulver	383,1
Glühwein	104,7
Kaffee (Getränk)	2,2
Kaffee Instantpulver trocken	339,1
Kaffee mit Kondensmilch (Getränk)	6,2
Kaffee mit Kondensmilch und Zucker (Getränk)	13,9
Kaffee mit Milch (Getränk)	4,1

NÄHRSTOFFE					WIRKSTOFFE				RISIKO-SUBSTANZEN	
Proteine g	Fett g	Kohlenhydrate g	Ballaststoffe g	Zucker (Saccharose) g	Vitamin C mg	Eisen mg	Magnesium mg	Natrium mg	Cholesterin mg	Purin mg
0	0	97,4	0	96,4	0,7	0	14	2	0	0
0,5	0,3	95	0	95	0	0,1	3	25	0	0
4,2	8,5	15,5	2	0,2	2,8	1	12,1	260,4	75,2	5,8
0,8	3	2,8	0,4	0,1	1,4	0,1	3,6	436,5	8,3	2,6
3,7	3,6	19	0,7	8,2	0,7	0,2	12,8	41,4	12,5	2,7
0,7	0,2	1,4	0,1	0	0	0,1	3,3	695,5	1,6	1,6
14,7	6,8	13,4	0,8	0,3	11,5	4,1	17,3	641,7	225,7	54,2
11	3,3	26,3	1,4	0,1	4,4	4,4	16,1	329,2	144,1	27,5
7,3	6	15	1,1	0,3	2,6	1	14,9	418,3	111,2	7
1,8	1,2	8,6	0,5	0	0	0,2	6,2	742,5	3,9	3,2
11	8,1	7,6	2,5	0,3	0,5	2	44	438	0	20
18,7	1,9	50,3	11,5	2,3	6,1	5,5	129	1658	0	48
11,7	11,3	15,9	3,7	0,3	0,8	4,4	63	209	0	130
0,2	0,2	15,3	0	11,2	3,3	0,3	3	2	0	3
0,3	0,3	10,6	0	2,4	7,4	0,5	6	3	0	5
0	0	7,3	0	0	0	0,3	4	2	0	0
0,5	0	3,1	0	0	0	0	10	4	0	3
0,5	0	10,9	0	0,1	0	0,2	6	4	0	8
0,4	0	5,3	0	0	0	0	8	3	0	3
0,3	0	4,9	0	0,1	0	0,2	6	5	0	3
0,5	0	3,1	0	0	0	0	10	4	0	3
0,7	0	4,6	0	0	0	0	12	3	0	4
0,2	0,1	16,7	0,5	13,4	6,3	0,4	10	7	0	2
0	0	0,1	0	0	0	0	1	1	0	0
0	0	10	0	0,4	0	0,4	2	7	0	0
0	0	0,4	0	0	0	0,4	2	5	0	0
0,2	0,9	9,1	0	9,1	6	0,1	4	35	0	1
1,7	0	8,9	0	3,1	0	0,2	2	5	0	2
3,3	0	10,9	0	5,9	0	0	1	4	0	3
0	0	0,1	0	0,1	0	0	1	6	0	0
4	7	28	0	26,3	0,3	0,7	4	5	150	23
0,2	0	11,2	0,3	0,4	6,4	0,4	2	4	0	1
0	0	90	0,3	3,6	200	1,7	2	8	0	0
0,2	0	14,8	0,1	13	1,3	0,6	6	3	0	0
0,2	0	0,3	0	0	0	0,2	6	1	0	0
15,9	0,5	63,7	0,2	3,2	0	4,4	390	58	0	33
0,4	0,2	0,6	0	0,3	0	0,2	7	4	1	0
0,4	0,2	2,5	0	2,1	0	0,2	6	4	1	0
0,3	0,1	0,4	0	0	0,1	0,2	6	3	0	0

LEBENSMITTEL	KILOKALORIEN
(bezogen auf 100g)	(kcal)
Kaffee mit Milch und Zucker (Getränk)	11,7
Kaffee mit Zucker (Getränk)	10
Kaffee-Ersatz (Getränk)	2,2
Kaffee-Ersatz mit Kondensmilch (Getränk)	6,2
Kaffee-Ersatz mit Kondensmilch und Zucker (Getränk)	13,9
Kaffee-Ersatz mit Zucker (Getränk)	10
Klarer	185
Kräuter-/ Gewürz-/ Bitterlikör	248,6
Kräutertee (Getränk)	0,7
Liköre	242,6
Likörwein süß und trocken	153,4
Limonaden	41,6
Limonaden, kalorienarm	2,6
Malzbier	55,2
Mohrrübe Gemüsesaft	21,7
Multi-Vitamin-Nektar mit Süßstoff	31,5
Natürliches Mineralwasser mit Kohlensäure	0
Natürliches Mineralwasser, still	0
Orange, Fruchtnektar	63,1
Orange, Fruchtsaft	44,9
Orangensaft mit Süßstoff	22,5
Rotwein, mittel, Qualitätswein	66,2
Rotwein, schwer	78,4
Rum	231,6
Schorle	37,3
Sekt	78,9
Tee (Getränk)	0,5
Tee schwarz mit Milch (Getränk)	2,4
Tee schwarz mit Milch und Zucker (Getränk)	10
Tee schwarz mit Zucker (Getränk)	8,4
Tomaten, Gemüsesaft	14,6
Trinkmilch mit Kakao/Schokolade	130,7
Trinkwasser	0
Weinbrand	237,6
Weintrauben, Fruchtsaft	71,5
Weißwein / Rotwein	74,3
Weißwein Auslese (lieblich)	98
Weißwein, halbtrocken	74,3
Weißwein, trocken	72,2
Weizenbier (Weißbier), obergärig	42,8
Weizenbier, Export	42,8

NÄHRSTOFFE					WIRKSTOFFE				RISIKO-SUBSTANZEN	
Proteine g	Fett g	Kohlen-hydrate g	Ballast-stoffe g	Zucker (Saccha-rose) g	Vitamin C mg	Eisen mg	Magnesium mg	Natrium mg	Cholesterin mg	Purin mg
0,3	0,1	2,3	0	1,9	0,1	0,2	6	3	0	0
0,2	0	2,3	0	2	0	0,2	6	1	0	0
0	0	0,5	0	0	0	0,1	4	4	0	0
0,2	0,2	0,8	0	0,3	0	0,1	5	7	1	0
0,2	0,2	2,7	0	2,2	0	0,1	5	7	1	0
0	0	2,4	0	2	0	0,1	4	4	0	0
0	0	0	0	0	0	0	0	1	0	0
0	0	10	0	7,7	0	0	1	1	0	0
0	0	0,2	0	0	0	0,1	1	1	0	0
0	0	29	0	22,3	0	0	1	1	0	0
0,2	0	12	0	0	0	0,4	9	9	0	0
0	0	10	0	0,4	0	0,4	2	7	0	0
0	0	0,4	0	0	0	0,4	2	5	0	0
0,5	0	10,9	0	0,1	0	0,2	6	4	0	8
0,9	0,2	4	0,4	1,4	2,9	2	19	274	0	5
0,5	0,1	6,3	0	2,7	7,9	0,3	7	15	0	3
0	0	0	0	0	0	0	11	12	0	0
0	0	0	0	0	0	0	10	12	0	0
0,5	0,1	14,4	0,1	12,2	13,9	0,2	8	1	0	4
0,9	0,2	8,8	0,2	4,4	30,9	0,4	15	1	0	7
0,5	0,1	4,4	0,1	2,2	15,3	0,2	8	12	0	3
0,2	0	2,4	0	0	1,8	0,6	10	3	0	0
0,2	0	2,5	0	0	2	0,7	8	4	0	0
0	0	0	0	0	0	0,1	0	1	0	0
0,1	0	1,3	0	0	0	0,3	10	17	0	0
0,2	0	3,5	0	0	0	0,5	8	3	0	0
0,1	0	0	0	0	0	0	3	1	0	0
0,2	0,1	0,2	0	0	0,1	0	3	3	0	0
0,2	0,1	2	0	1,9	0,1	0	3	3	0	0
0,1	0	2	0	2	0	0	3	1	0	0
0,8	0,2	2,1	0,1	0,1	9,9	0,5	13	218	0	3
3,4	3,6	20,9	0,8	16,5	1,4	0,4	29	73	10	1
0	0	0	0	0	0	0	1	1	0	0
0	0	2	0	0,6	0	0	1	2	0	0
0,6	0,2	15,5	0	1,8	2,4	0,5	9	2	0	7
0,1	0	2,6	0	0	0	0,5	9	21	0	0
0,2	0	5,9	0	0	0	0,6	11	13	0	0
0,1	0	2,6	0	0	0	0,5	9	21	0	0
0,2	0	0,1	0	0	0	0,6	10	2	0	0
0,3	0	3	0	0	0	0	10	4	0	5
0,3	0	3	0	0	0	0	10	4	0	5

ADRESSEN & LITERATUR

Hier finden Sie viele Adressen, Internetadressen und Buchempfehlungen, die Ihnen helfen, mehr über eine gesunde Ernährungsweise, über Kalorienkiller, Fatburner und ein gesundes Abnehmen zu erfahren. Wenn Sie weitere Informationen benötigen, können Sie sich gerne an den Autor dieses Buches wenden (Kontaktdaten siehe Seite 2), der auch Kalorienkiller-Fatburner-Seminare und Personal-Coaching anbietet.

LINKTIPPS:

www.ellviva.de
www.svendavidmueller.de
www.dkgd.de
www.slimcoach.de
www.muellerdiaet.de
www.almutcarlitscheck.de

BUCHTIPPS:

Das Kalorien-Nährwert-Lexikon,
Schlütersche Verlagsgesellschaft mbH,
Sven-David Müller
Die Müller-Diät,
Schlütersche Verlagsgesellschaft mbH,
Sven-David Müller
Die 50 effektivsten Fatburner,
Humboldt Verlag, Sven-David Müller
Das Kaum Cholesterin Kochbuch,
Verlag Mainz Aachen, Sven-David Müller
Zimt gegen Zucker,
Verlag Mainz Aachen, Sven-David Müller
Kalorien-Ampel,
Trias Verlag, Sven-David Müller
Cholesterin- und Fett-Ampel,
Trias Verlag, Sven-David Müller
Diabetes-Ampel,
Trias Verlag, Sven-David Müller
Die 50 besten Fettkiller,
Trias Verlag, Sven-David Müller
Das Abnehmkochbuch,
Horn-Verlag, Bruchsal, Sven-David Müller
Die 50 besten Kalorienkiller
Weltbild Verlag, Sven-David Müller
Mythos Süßstoff,
Kneipp Verlag, Wien, Sven-David Müller
Die Schlafmangel Fett-Falle,
2011, Systemed Verlag, Dr. Nicolai Worm
Entspannung – so genießen Sie jeden Tag,
Schlütersche Verlagsgesellschaft mbH,
Almut Carlitscheck
Glück – so genießen Sie jeden Tag,
Schlütersche Verlagsgesellschaft mbH,
Almut Carlitscheck
Gicht-Ampel
Trias Verlag, Sven-David Müller
Rheuma-Ampel
Trias-Verlag, Sven-David Müller
Das Kein Gluten Kochbuch
Verlag Mainz Aachen, Sven-David Müller
Die 50 besten Blutzuckerkiller
Trias Verlag, Sven-David Müller
Die 50 besten Erkältungskiller
Trais Verlag, Sven-David Müller

WICHTIGE ADRESSEN:

Deutsches Kompetenzzentrum Gesundheitsförderung und Diätetik e.V.
Ostheimer Str. 27d,
61130 Nidderau bei Frankfurt a.M.,
www.dkgd.de
kompetenz-zentrum@email.de

Zentrum und Praxis für Ernährungskommunikation, Diätberatung und Gesundheitspublizistik (ZEK)
Sven-David Müller, M. Sc.
Ostheimer Str. 27d,
61130 Nidderau bei Frankfurt a.M.,
www.svendavidmueller.de
info@svendavidmueller.de

ABNEHMEN MIT DEM INTERNET:

- www.svendavidmueller.de
Ernährungsinformationen

- www.formmed.de
Ärztliche Adipositasberatung

- www.muellerdiaet.de
Ernährungsprogramm von
Sven-David Müller für ganz schwere Fälle

- www.aid.de
Informationen zu Lebensmitteln

- www.vdd.de
Qualifizierte Diätberatung

- www.vitaspur.de
Vitalstoffinformationen

- www.finde-deine-diaet.de
Ärztliche Beratung von
übergewichtigen Menschen

- www.dge.de
Wissenschaftliche Ernährungsaufklärung

- www.almutcarlitscheck.de
Verhaltenstherapeutische Ansätze zur
Gewichtsreduktion

- www.spek-institut.de
Entspannung und Kommunikation mit
Dipl.-Päd. Almut Müller

- www.slimcoach.de
Der interaktive Abnehm-Trainer im Internet

ADRESSEN FÜR EINE SCHLANKERE LINIE:

Deutsche Gesellschaft für Ernährung e.V.
Godesberger Allee 18, 53175 Bonn
Telefon: 0228 3776-600
Telefax: 0228 3776-800
E-Mail: webmaster@dge.de
Internet: www.dge.de

Deutsche Adipositas Gesellschaft e.V.
Fraunhoferstr. 5, 82152 Martinsried
Telefon 089 71048358
Telefax: 089 71049464
E-Mail: mail@adipositas-gesellschaft.de
Internet:
www.deutsche-adipositas-gesellschaft.de

LITERATUR & QUELLEN

(1) Hermanussen M et al.: Obesity, voracity, and short stature: the impact of glutamate on the regulation of appetite. European Journal of Clinical Nutrition (2006) 60, 25-31.

1) Arne Astrup, Thomas Meinert Larson etal., Diets with high or low protein content and glycemic index for weight-loss Maintenance, New England Journal of Medicine, November 2010

2) SA Jebb, AL Ahern etal., primary care referra to a commercial provider for weight loss treatmet versus standard care: an randomised controll trial, Lancet, 2011

3) P Sumithran, LA Prendergast etal., Long term persistance of hormonal adaptations to weight loss, New England Journal of Medicine, 2011

4) Diätetik und Ernährungsberatung – das Praxisbuch, Hippokrates Verlag, Eva Lückerath

5) Berufspraxis für Diätassistenten und Diplom Oecotrophologen, Hippokrates Verlag, Sven-David Müller

(1) Zittermann A: Niedriger Vitamin-D-Status und geringe Calciumzufuhr – Risikofaktoren des metabolischen Syndroms?. E-Umschau 50 (2003), S.84-90

(3) Zemel MB: Calcium modulation of hypertension and obesity: mechanisms and implications. J Am Coll Nutr 20 (2001), S. 428S-435S

(4) Davies KM, Heaney RP, Recker RR, Lappe JM, Barger-Lux MJ, Rafferty K, Hinders S: Calcium intake and body weight. J Clin Endocrinol Metab. 85 (2000), S. 4635-4638

(1) Bray et al. Consumption of high-fructose corn syrup in beverages may play a role in the epidemic of obesity.Am J Clin Nutr 79: 537-543.

(2) Jürgens et al. Consumpting Fructose-sweetened Beverages Increases Body Adiposity in Mice. Obes. Res. 2005 13: 1146-1156.

Julia A. Ello-Martin et al.: The influence of food portion size and energy density on energy intake: implications for weight management, The American Journal of Clinical Nutrition 2005; 82 (Suppl): 236S-41S .

Mark A. Pereira et al.: Fast-food habits, weight gain, and insulin resistance (the CARDIA study): 15-year prospective analysis. The Lancet 2005, 365: 4-5 .

Bes-Rastrollo, M. et al.: Predictors of weight gain in a Mediterranean cohort: the Seguimien-to Universidad de Navarra Study. American Journal of Clinical Nutrition 2006; 83: 362-70 .

McCarron D. A., Morris C. D., Bukoski R.: The calcium paradox of essential hypertension. Am J Med 82 (1987): S. 27-33.

Rolls, Barbara et al.: Reductions in portion and energy density of foods are additive and lead to sustained decreases in energy intake. American Journal of Clinical Nutrition 2006; S. 83: 11- 7.

Gustavsen H. S. M. , Bestimmung des L-Carnitin- Gehaltes in rohen und zubereiteten pflanzlichen und tierischen Lebensmitteln, Inaugural-Dissertation zur Erlangung des Doktorgrades, Physiologisches Institut der tierärztlichen Hochschule Hannover, Bischofsholer Damm 15/102 , 30173 Hannover, unter der Leitung von Prof. Harmeyer (2000).

REGISTER

A

B

C

D

I

J

K

U

V

W

Y

Z

ÜBER DEN AUTOR

Sven-David Müller gehört zu den bekanntesten und beliebtesten Diät- und Ernährungsberatern im deutschsprachigen Raum. Er ist einer der erfolgreichsten Buchautoren im Bereich Ernährung und Diätetik in Europa die Deutsche Nationalbibliothek verzeichnet circa 150 Titel von ihm. Seine Ernährungsratgeber sind in zehn Sprachen erschienen und haben eine Gesamtauflage von mehr als 4,5 Millionen. Sven-David Müller übersetzt aktuelle wissenschaftliche Erkenntnisse in eine publikumsverständliche Sprache und macht sie damit für eine breite Leserschaft zugänglich. Seine Diät- und Ernährungskonzepte entwickelt er auf Basis wissenschaftlicher Studien und Veröffentlichungen.

Geboren wurde Sven-David Müller am 13. September 1969 in Braunschweig geboren, er ist mit der Diplom-Pädagogin und Germanistin Almut Müller verheiratet und lebt in Weimar an der Lahn. Als staatlich anerkannter Diätassistent und Diabetesberater der Deutschen Diabetes Gesellschaft ist er erster Vorsitzender des Deutschen Kompetenzzentrums Gesundheitsförderung und Diätetik e.V. In Krems hat er nutritive Medizin studiert und mit dem Master of Science in Applied Nutricional Medicine (Angewandte Ernährungsmedizin) abgeschlossen.

Sven-David Müller war zehn Jahre lang an der Universitätsklinik Aachen tätig und hat sich dort intensiv mit der Beratung und Schulung von Patienten, die unter Stoffwechselstörungen, Übergewicht und Adipositas leiden, befasst. Hier sowie im Zentrum und in der Praxis für Ernährungskommunikation, Diätberatung und Gesundheitspublizistik (ZEK) hat er mehr als 30.000 Patienten beraten, ebenso Krankenkassen und andere Organisationen, hält Vorträge und gibt Seminare. Regelmäßig hält er Vorlesungen an der Donau Universität Krems. Im Jahr 2005 wurde Sven-David Müller vom damaligen Bundespräsidenten Horst Köhler für seine Leistungen in der Förderung der Volksgesundheit mit dem Bundesverdienstkreuz ausgezeichnet.

Vielen Menschen ist Sven-David Müller auch aus Funk und Fernsehen bekannt: er ist Moderator der Fernsehsendung „Gut geht´s" und als führender Experte ist er für viele Zeitungen, Zeitschriften, Radiosender und TV-Anstalten als Autor oder Kolumnist tätig. Dazu gehören unter anderem Radio Energy, MDR Jump, Hessischer Rundfunk, Westdeutscher Rundfunk, Pro7, RTL, SAT1, Fit for fun, Mini, InTouch, InStyle und BILD.

WICHTIGER HINWEIS

Die im Buch veröffentlichten Ratschläge wurden von Verfasser und Verlag mit größter Sorgfalt erarbeitet und geprüft. Eine Garantie kann jedoch nicht übernommen werden. Ebenso ist eine Haftung des Verfassers bzw. des Verlages und seiner Beauftragten für Personen-, Sach- oder Vermögensschäden ausgeschlossen.

IMPRESSUM

WIR ESSEN UNS SCHLANK - DIE 100 BESTEN FATBURNER UND KALORIENKILLER AUS DER NATUR
© 1. Auflage 2013
Druck-& Verlagshaus Mainz GmbH
Süsterfeldstraße 83
52072 Aachen - Deutschland
Tel.: 02 41/87 34 34
Fax: 02 41/87 55 77
www.verlag-mainz.de
info@verlag-mainz.de
ISBN 978-3-86317-022-6

Herstellung/Satz:
Druck-& Verlagshaus Mainz GmbH
Süsterfeldstraße 83
52072 Aachen - Deutschland
Tel.: 02 41/87 34 34
Fax: 02 41/87 55 77
www.druckereimainz.de

Bibliografische Information der Deutschen Nationalbibliothek
Die Deutsche Nationalbibliothek verzeichnet diese Publikation in der Deutschen Nationalbibliografie; detaillierte bibliografische Daten sind im Internet über http://dnb.d-nb.de abrufbar.

BILDNACHWEIS:

S.: 8 photoxpress.com/.shock
S.: 11 photoxpress.com/Bram J. Meijer
S.: 14 photoxpress.com/Adam Borkowski
S.: 16 photoxpress.com/Ivan Sinyakov
S.: 23 photoxpress.com/Gorilla
S.: 26 photoxpress.com/alfred koch
S.: 28 photoxpress.com/Nathalie P
S.: 29 photoxpress.com/GeoM
S.: 32 Darmflora wikipedia-Photo by Eric Erbe
S.: 35 photoxpress.com/Lucky Dragon
S.: 36 photoxpress.com/Yvonne Bogdanski
S.: 38 photoxpress.com/jonnysek
S.: 41 photoxpress.com/Lucky Dragon
S.: 43 photoxpress.com/Stepanov
S.: 46 photoxpress.com/dinostock
S.: 50 photoxpress.com/Vadim
S.: 51 photoxpress.com/Xuejun li,
photoxpress.com/Lucky Dragon
photoxpress.com/chinatiger
S.: 55 photoxpress.com/LuckyDragon
S.: 56 photoxpress.com/.shock
S.: 58 photoxpress.com/sil007
S.: 59 photoxpress.com/sil007
S.: 60 photoxpress.com/Paolo Frangioll
S.: 62 photoxpress.com/Paul Moore
S.: 65 photoxpress.com/Nathalie P
S.: 67 photoxpress.com/Paul Moore
S.: 69 photoxpress.com/.shock
S.: 70 photoxpress.com/sil007
S.: 72 photoxpress.com/greg
S.: 74 photoxpress.com/Leonid Nyshko
S.: 76 photoxpress.com/Lucky Dragon
S.: 77 photoxpress.com/amlet
S.: 79 photoxpress.com/Gorilla
S.: 80 photoxpress.com/cleomiu
S.: 81 photoxpress.com/amlet
S.: 84 photoxpress.com/dinostock
S.: 85 photoxpress.com/David Smith
S.: 88 photoxpress.com/Adam Borkowski
S.: 89 photoxpress.com/sil007
S.: 90 photoxpress.com/amlet

S.: 93 photoxpress.com/Veniamin Kraskow
S.: 95 photoxpress.com/Alex Klementiev
S.: 96 photoxpress.com/araraadt
S.: 97 photoxpress.com/Anton Gvozdikov
S.: 98 photoxpress.com/Mykola Velychko
S.: 99 photoxpress.com/Ramon Grosso
S.: 104 photoxpress.com/Benko Zsolt
S.: 106 photoxpress.com/fotografische.eu
S.: 108 photoxpress.com/anna karkowska
S.: 109 photoxpress.com/Victoria Dolidovich
S.: 110 photoxpress.com/David Smith
S.: 111 photoxpress.com/Marek Kosmal
S.: 112 photoxpress.com/Lucky Dragon
S.: 113 photoxpress.com/dinostock
S.: 114 photoxpress.com/dinostock
S.: 115 photoxpress.com/Yvon Bogdanski
S.: 116 sxc.com/ericchark
S.: 117 photoxpress.com/Sophia Winters
S.: 118 photoxpress.com/tenjedendzien-pl
S.: 119 photoxpress.com/sil007
S.: 120 photoxpress.com/Jakub Cejpek
S.: 121 photoxpress.com/Maria Brzostowska
S.: 122 photoxpress.com/sil007
S.: 123 photoxpress.com/Igor Dutina
S.: 124 photoxpress.com/AnVer
S.: 125 photoxpress.com/Camabs
S.: 126 photoxpress.com/Paul Hill
S.: 127 photoxpress.com/Richard Oechsner
S.: 128 photoxpress.com/Alexey Klementiev
S.: 129 photoxpress.com/dinostock
S.: 130 photoxpress.com/fooddesign
S.: 131 photoxpress.com/sil007
S.: 132 photoxpress.com/dinostock
S.: 134 photoxpress.com/Lucky Dragon
S.: 137 photoxpress.com/sil007
S.: 138 shutterstock.com/91767131
S.: 139 shutterstock.com/107807129
S.: 140 shutterstock.com/65556886
S.: 141 shutterstock.com/71352688
S.: 147 shutterstock.com/sil007
S.: 149 photoxpress.com/Lucky Dragon
S.: 150 photoxpress.com/Yvonne Bogdanski
S.: 151 photoxpress.com/sil007
S.: 152 shutterstock.com/99109046
S.: 154 shutterstock.com/36796402
S.: 155 shutterstock.com/83900572
S.: 156 shutterstock.com/1062151
S.: 158 shutterstock.com/84728392
S.: 160 shutterstock.com/2967567
S.: 161 shutterstock.com/48408427
S.: 162 shutterstock.com/107505656
S.: 164 shutterstock.com/60424768
S.: 165 shutterstock.com/95408731
S.: 166 shutterstock.com/107204966
S.: 167 shutterstock.com/18803041
S.: 168 shutterstock.com/65714182
S.: 169 shutterstock.com/99542804
S.: 170 shutterstock.com/71358514
S.: 171 shutterstock.com/30823804
S.: 173 photoxpress.com/Hannes Eichinger
S.: 174 shutterstock.com/73193599
S.: 175 shutterstock.com/86263318
S.: 178 shutterstock.com/75159079
S.: 181 shutterstock.com/ 86083459
S.: 182 shutterstock.com/ 66862480
S.: 183 shutterstock.com/ 102954815
S.: 184 shutterstock.com/ 65802745
S.: 186 shutterstock.com/ 68173486
S.: 189 shutterstock.com/ 79527208
S.: 190 shutterstock.com/ 83610847
S.: 193 shutterstock.com/ 83610847
S.: 194 shutterstock.com/ 24184495
S.: 197 shutterstock.com/ 35258170
S.: 190, 199 shutterstock.com/ 79527208
S.: 200 shutterstock.com/ 101102086
S.: 202 shutterstock.com/ 91610945
S.: 203 shutterstock.com/ 2680481
S.: 204 shutterstock.com/ 47164927
S.: 207 shutterstock.com/ 54482305